产教融合理念下校企协同创新机制研究

吴懋刚◎著

中国商务出版社
·北京·

图书在版编目（ＣＩＰ）数据

产教融合理念下校企协同创新机制研究 ／ 吴懋刚著
. -- 北京：中国商务出版社，2023.12
ISBN 978-7-5103-5100-6

Ⅰ．①产… Ⅱ．①吴… Ⅲ．①高等学校－产学合作－
研究－中国 Ⅳ．①G640

中国国家版本馆CIP数据核字(2024)第023866号

产教融合理念下校企协同创新机制研究

CHANJIAORONGHE LINIANXIA XIAOQI XIETONG CHUANGXIN JIZHI YANJIU

吴懋刚　著

出版发行：中国商务出版社有限公司
地　　址：北京市东城区安定门外大街东后巷 28 号　　邮编：100710
网　　址：http://www.cctpress.com
联系电话：010-64515150（发行部）　　010-64212247（总编室）
　　　　　010-64283818（事业部）　　010-64248236（印制部）
责任编辑：刘姝辰
印　　刷：北京四海锦诚印刷技术有限公司
开　　本：787 毫米×1092 毫米　　1/16
印　　张：12.75　　　　　　　　字　　数：263 千字
版　　次：2023 年 12 月第 1 版　　印　　次：2023 年 12 月第 1 次印刷
书　　号：ISBN 978-7-5103-5100-6
定　　价：62.00 元

前　言

随着产教融合的教学内涵不断深入，如何让企业与职业院校的联系更加紧密，从而达到良好的教学效果，便成为当今职业院校教师与企业合作者需要考虑的问题。因此，为了实现这一目标，我们应当努力创新，打破传统的职业院校和企业合作的模式，消除原有的弊端，从而为职业院校校企的协同发展提供一种新颖而又可行的教学途径。

职业院校与企业协调发展是产教深度融合的前提和基础，推进产教融合是现代职业教育创新发展的主要形式之一。鉴于此，应该在协同创新视角下，从政府层面加强投入与约束；从校企合作层面打造交流合作平台，构建合作共赢机制；从人才培养层面创新办学模式，调整人才培养方案。从而推进职业教育产教深度融合，探索产教融合内涵式发展路径。

本书首先从产教融合的理论基础出发，对职业教育校企合作的相关内容进行梳理与总结，并对校企合作中的资源共享、企业责任与利益驱动做出了专业的解读与研究；其次从产教融合与校企一体化的角度，对体制机制、教学创新、构建路径进行深入研究与分析；最后从创新角度对校企合作的相关内容进行探索与研究。本书适合相关工作者以及对此感兴趣的人员阅读，对产教融合理念下校企协同创新机制研究有一定的借鉴意义。

在本书的策划和写作过程中，曾参阅了国内外有关的大量文献和资料，从中得到启示；同时，也得到了有关领导、同事、朋友及学生的大力支持与帮助。在此，致以衷心的感谢。本书的选材和写作还有一些不尽如人意的地方，加上编者学识水平和时间所限，书中难免存在缺点，敬请同行专家及读者指正，以便进一步完善提高。

作　者

2023 年 10 月

目 录

第一章　产教融合的理论基础

第一节　相关构想界定

一、产教融合

（一）产教融合的含义

　　产教融合作为一个新出现的相关构想目前尚无统一的定义，通过调研发现，在我国最先提出产教融合的是江苏无锡市技工学校，该学校是高职教育的典型代表。产教融合最早由高等职业院校提出，并且在高等职业院校根据其人才培养特点提出，现在已经扩展到各个层次的教育之中。江苏无锡市技工学校之所以提出产教融合与其自身的发展探索密不可分，他们在办学过程中结合高职人才培养的特殊性和时效性对已有的教学方案和人才培养进行了专门的改革，该学校通过不断地改革与探索提出了一个重要的论断：千方百计寻求与生产实习紧密结合的产品，以提高学生产教融合的水平意识、产品意识、时间观念及动手能力。在调研中了解到，上面所提到的产品就是学生实习，虽然从范围和层次上来说这个相关构想所涉及的面比较狭窄，但这毕竟是中国职业教育第一次提出了产教融合这一全新的相关构想。产教融合非常符合时代发展要求和人才培养要求，目前已经逐渐成为各个层次人才培养中的重要环节。

　　在江苏无锡市技工学校提出产教融合这一相关构想之后，《中国职业技术教育》《中国劳动保障报》和教育报刊先后在不同版面中引用了产教融合这一说法，当时只是觉得这一说法比较具有前瞻性，但未能明确其定义。从此开始，产教融合逐渐引起了教育界的关注，大家纷纷开始探究到底该如何给产教融合进行一个完整的诠释。国家教育部曾在 2011 年的《关于加快发展面向农村的职业教育的意见》中提出一个要求，就是要促进产教深度合作，这个时候产教融合才开始逐渐被国家教育部门所重视，在随后的教育改革和发展中，产教融合逐渐成为大家所关注的重点。产教融合的相关构想是一个从无到有、从模糊到具体的过程，这符合事物发展的一般规律，更加符合教育发展的规律。

　　通过对历史资料、文献和调查结果进行分析可以发现，当前的产教融合主要针对的是职业院校。虽然职业院校在产教融合方面取得了比较好的成绩，但是不同地区、不同类型的职业院校却存在着比较大的差异。经济发达地区的产教融合发展得非常深入和全面，对助推地方经济的发展也有着重要的助推价值。大家也探索出了丰富的产教融合经验，这些经验具有比较强的地方性和产业性，要想大面积地复制和推广存在一定的困难。

产教融合对学生、学校、产业和社会来说是一个多方共赢的机制，尤其是对学生来说，既能够提升专业能力又能够为以后立足社会提供保障。传统的职业院校虽然给学生提供了实习的条件和场所，但是由于各种条件的限制导致实习缺乏针对性和激励性。产教融合中有大量的实习、实践机会，而且这种实践是经过专门设计的、有针对性的，与在校期间所学知识融会贯通的实践。传统的职业院校学生实践的一个很大弊端就是缺乏针对性，这导致学生所学与所用之间无法实现无缝对接，而产教融合能够弥补传统实践存在的缺点。

产教融合的学生实践就是把课堂所学到的知识应用到实践中，在课程设计上存在着对应性，这是一个非常好的现象。产教融合会涉及每一门课程，从专业培养目标入手，学校与企业在充分合作的基础上共同制定培养目标及课程标准。所涉及的骨干课程均是理论与实践的高度结合，这就可以让学生带着问题学知识，并且在实践中解决问题，形成了一个遇到问题、解决问题的良性循环。通过产教融合培养出来的学生，在动手能力和解决问题的能力方面具有更强的优势，他们可以更加灵活地对问题进行分析并且选择合理的方式进行解决。这种人才培养模式的改变还在很大程度上改善了学生的"三观"，从而培养出更多能够为建设社会主义服务的优秀人才。不仅如此，产教融合还会激发出学生创造、创新的愿望和热情，激励他们在实践中不断探索、不断创新，而这种创新意识、创新能力、创新人才的培养正是我们职业教育的办学方向。

产教融合不仅可以让企业参与其中，而且在有条件的学校，其也可以自己创办企业，以学生为主体进行发展；学生在整个过程中可以取得一定的报酬，这客观上也为学生工读结合、勤工俭学创造了条件，还能够解决贫困学生的学费和生活费用问题，为精准扶贫提供支持和保障。

产教融合在更大层面上能够为助推地方经济发展提供专门的服务，因为我国的职业院校多为地方性的，其最主要的作用就是服务于地方经济发展。我国当前的职业教育是以就业为导向的教育，在社会主义市场经济制度之下主要以培养技能型人才为主要目标，技能型人才的特点非常明显，培养的是生产、建设、管理和服务第一线需要的高技能人才。这类人才具有鲜明的职业性、技能性、实用性等岗位特点——简单地说，就是工作在第一线，懂技术、会操作、能管理的技术员。

产教融合的培养思路正是在上述背景之下产生的，为了满足需求而改进相应的教育策略，这是我国教育不断改革、发展和完善的重要体现，应当受到更加广泛的关注。产教融合的重要参与对象是企业，在融合的过程中要格外注重对企业需求的满足。只有充分调动企业的积极性和资源才能实现产教融合效果的最大化，当前进行产教融合的企业多数为生产制造型企业，这对学校提出了新的要求，学校也应针对企业所需的产品与技术进行开发，以实现学校培养人才、研发产品和技术服务的三大功能。为使企业需求与学校教学无缝衔接，与技术发展方向合拍，就必须依靠和吸收企业技术骨干、学者专家参与培养目标的研讨、教学计划的制订。产教融合的基础是"产"，即必须以真实的产品生产为前提，在这样的基础和氛围中进行专业实践教学，学生才能学到真本领，教师才能教出真水平。这样的"产"不能是单纯的工厂生产，必须与教学紧密结合，其目的是"教"，在产教融合比较成熟的情况下，再逐步向"产、学、研"发展。学校真正形成了"产、学、研"的能力，职业学校适应了市场的需要，形成的发展能力就落到了实处，做强做优也就有了基础。

目前，已经有的产教融合主要是根据学校和企业的情况双方进行深度融合，正如前面所提到的全社会还没有形成一套完整的、可以通用的经验，对已经完成的调研总结出当前教育界比较常用的一些做法。产教融合的发展实际上是经历了一段时间的摸索，学校和企业在探索中寻求最佳的解决途径。在产教融合中学校和企业始终坚持"双赢"原则，实施责任共担，这就形成了一种具有约束力的制度保证。一些比较主流的做法就是引入社会上管理和技术较为先进的企业，企业愿意加盟校企合作，通过利用该校的设备，进行产品生产，在生产过程中引入教学内容，校企共同制订产教融合的实施性教学生产计划，让教师学到技术，让学生加入生产，让生产产生效益，学校和企业共同发展，共生共荣。

（二）产教融合的特点

产教融合在国内和国外经过了多年的发展取得了一些经验，在梳理国内外产教融合发展经验的基础上可以总结出所具有的一些特点。通过文献梳理和国际经验对比可以发现，德国的双元制、美国的合作教育模式及英国的工读交替模式都非常值得学习。我国在产教融合方面也取得了一些成绩，早期的产教融合以校企合作的形式存在，其中几个典型模式分别是"学院+创业中心区""专业+大型企业""专业+龙头企业+企业联盟""专业+校办企业""专业+行业协会"等。上述五种模式都是职业院校结合当地经济发展而创造出来的，具备了初步的产教融合特性。

这些模式都不同程度地促进了职业教育的发展和产教融合的深入，但主要侧重于产、学结合，结合的内容没有达到"产教融合"的广度，也没有体现职业教育的高度和校企合作的深度，整体生态不能达到"产教融合"的效果，其成功经验也难以推广和复制。

1. 立体式融合

社会主义市场经济追求的是多元化，产教融合服务于社会主义市场经济，所以其发展的路径也必然受到社会主义市场经济的影响，产教融合在发展中也更加注重立体式的融合。立体式融合区别于平面融合，从融合的层次来说校企合作属于层次比较低的融合，也就是平面融合。产教融合是高层次的融合，可以说是立体式的融合，它打破了原有单一合作或双项合作的局限，在产、学、研三个方面进行全面、深入的合作，融合后的组织结合了生产、教学和科研的特点，不仅自身是生产的主体，具有企业创造经济效益的功能，而且能提供产业发展需要的专业技术人才，为产业的可持续发展提供源源不断的智力支持。通过对比产教融合培养出来的人才与传统模式培养出来的人才，就可以发现二者存在着比较大的差异，产教融合模式下培养出来的人才具备更强的可持续发展能力。从另一个角度来说，企业的需求也能为学校的教育教学改革提供方向和目标，保证了职业教育能满足行业需要。融合的组织能科学地配置内部资源并开展基础研究、应用研究和开发性研究，为产业发展提供有力的技术支持，为学校教育内容的更新提供最前沿的信息资源，保证了教育与时俱进。三者融合在一起，形成一个良性的循环体系，开展教学、科研、生产等服务活动，在促进内部发展的同时，不断向外辐射，发挥其更大的社会效应和作用。这种立体式的融合对于经济发展和社会进步都有着非常重要的助推价值，反过来也促进了教育的发展和进步。

2. 社会主义市场经济产业化发展的融合

社会主义市场经济产业化发展是指某种产业在社会主义市场经济条件下，以行业和企业的真实需要为导向、以实现效益为目标、依靠专业服务和产教融合的水平管理形成的系列化和品牌化的经营方式和组织结构，其基本特点是：面向市场、行业优势、规模经营、专业分工、相关行业配合、龙头带动、市场化运作。对于不符合市场需求的项目，要遵循市场进退机制，及时终止不必要的投入，避免产教融合运作过程中机制的片面性。所以，社会主义市场经济产业化发展的产教融合是一种面向市场需求的融合，在产、学、研三个方面做大做强，分工合作，强强联合，能创造出良好的市场发展前景，具备其他组织无法复制的竞争优势，形成自己的品牌，在市场中具备核心竞争力，并且能形成一定的规模，带动其他合作项目不断地深入进行，严格按照市场规律开展活动。

3. 以企业需求为出发点

教育是以培养人才为主要目标的，早期的教育在人才培养中不是十分注重与企业之间的对接，产教融合在培养目标方面领先于传统的教育，产教融合的出发点是企业的需求。企业参与到人才培养的全过程之中，能够将自身的需求以最大化的形式表达出来，并且在课程设计中逐个满足。传统的职业教育产教融合实践过程中，搞形式、走过场、学校"一头热"的现象并不少见，每所职业院校在产教融合实践中都会遇到这种现象。通过分析可以发现，导致这种现象出现的原因很多，主要是双方在合作的早期并未找到能够让彼此共赢的路径。而很多企业迫于政策的压力或是学校的单方意愿，在没有找到双方合作的需求点时就盲目开展形式上的校企合作，合作之前双方缺乏严谨的调研。

这样的产教融合违背了社会主义市场经济的需求导向，不可能产生有益的效果。真正实现产教融合的组织，能够以企业、学校和相关合作部门的需求为前提，结合各种市场正在发生的变化，明确市场的供需状况，确定各自的实际需求，寻求利益结合点开展相关合作，在满足自身需求的同时，能为市场的供给和需求的均衡做出一定的贡献，并能根据供给和需求的均衡变化，调整自己的需求发展战略，这样不仅解决了合作的随意性、被迫性问题，也提高了合作双方的积极性与主动性。

4. 多主体管理的融合

产教融合就是一个重新确立组织主体地位的过程，也是在社会主义市场经济条件下产教融合活动获得法治保障的关键要素。以往很多的校企合作活动难以实现产教融合的关键原因，主要还是没有明确各个主体之间的权利和义务关系，关系的不明确导致了合作的问题，从而影响了校企合作的发展。产教融合的主体正在悄然之间发生着变化，已经从学校转移到了企业和行业，这种变化既与当前的社会发展有关，也与教育的进步有关。正是基于此，在有效的产教融合组织中，学校、企业、政府、行业协会等分工合作、共同管理，在开展任何活动之前，都应明确各自的权利和义务，并对其后果承担最终的法律责任。这样不仅可以增强企事业单位对此项工作的责任意识，发挥其主人翁地位，也可以让学校和合作单位在此项活动中的管理工作更为合法、有序，避免了产教融合管理工作的零乱性。

二、实践型人力资源

实践型人力资源是根据社会发展的需要而出现的新生事物，实践型人力资源主要是指能将专业的技能和专业的知识应用于所从事工作的一种具有更强动手能力的人才，实践型人力资源需要熟练掌握企业工作所需要的基础知识和基本技能，主要是指一线从事操作的专业技术人才。总之，实践型人力资源是具有实际技能的人，是能把理论应用于实践的人才。实践型人力资源培养要以能力的培养为中心，突出培养每个学生的思考、掌握、应用知识的能力为主要方针，以让学生未来适应社会的需要、适应经济发展为主要目标。地方工科院校中的实践型人力资源指的是使用型比较强的、大众化的技能人才。按照行业领域、学科专业、教育层次、岗位职位等不同的分类标准，可以将人才划分为不同的类型，我们把从事揭示事物发展客观规律的科学研究人员称为研究型人才，而把科学原理应用到社会实践并转化为产品的工作人员称为应用型人才。这种人才的能力体系是以一线生产的实际需要为核心目标的，在能力培养中特别突出对基本知识的熟练掌握和灵活应用，比较而言，对于科研开发能力就没有了更高的要求。实践型人力资源的培养过程更强调与一线实践知识的传授的结合，更加重视实践性教学环节，如实验教学、生产实习等，通常将此作为学生贯通有关专业知识和集合有关专业技能的重要教学活动，而对于研究型人才培养模式中特别重视的毕业论文，一般就不会有过高的要求。实践型人力资源和其他人才相比，属于一种中间人才，既有一般人才应具有的理论知识，同时又必须有较强的理论技能，这样的要求是比较高的。

与其他类型人才培养模式相比较，实践型人力资源培养模式主要有以下特点：

第一，这种人才的知识结构是围绕着一线生产的实际需要加以设计的，在课程设置和教材建设等基本工作环节上，特别强调基础、成熟和适用的知识，而相对忽略对学科体系的强烈追求和对前沿性未知领域的高度关注。

第二，构架出一套完善的人才知识、思维、能力、素质全面发展的结构，优化专业教学计划，整合学科教学内容，为我国培养出更多、更出众的一专多能型实践型人力资源。同时，不同层次的实践型人力资源在培养定位上也是不同的。

实践型人力资源主要是应用知识而非科学发现和创造新知，社会对这种人才有着广泛的需求，在社会工业化乃至信息化的过程中，社会对这种人才的需求占有较大比重，应该是大众化职业教育必须重视的人才培养模式，也正是这种巨大的人才需求，才为职业院校的发展提供了广阔的空间。这种人才同样需要经历一个复杂的培养过程，同样也能反映一所学校的办学水平。

此外，职业院校注重产教融合的水平和达到的高度的原则不仅体现在职业院校自身专业设置、教学层面、管理产教融合的水平等微观方面，还体现在职业院校在宏观上将产教融合办学模式提高到一定层次，提高为学生、行业企业、政府及社会经济发展服务的能力。同时，不能不顾实际，盲目地与企业合作，为了产教融合而产教融合。职业院校要避免片面地追求合作行业企业的数量、合作的规模及合作的速度等短视行为，应在保持自身优势资源、提高自身产教融合的水平的同时，注重提高与行业企业、商业协会及培训机构等多方主体合作的产教融合的水平及合作的深度，注重与地方政府、行业企业、商业协会等主体形成互利共赢，注重可持续和长远发展，注重兼顾社会效益和经济效益的合作关系。

三、产教融合生态圈

产教融合生态圈是本研究的一个创新之处，主要在于把产业、教育、社会发展等相关利益群体融合到一起，从而构建出一个全新的事务，即产教融合生态圈，这一生态圈的构建有利于助推整体教育水平的提升。

生态圈即生物圈，在整体生态中，不同物种在物质形态上以群体的形式共存于整体生态的大环境中，群体之间构成特定的关系链条，在这个圈内按一定的规划实现相互储存。产教融合生态圈是指高等院校以自身为主体，在地方政府的支持下，围绕地方产业经济发展，积极与地方工业园区开展深入的战略合作。地球上所有的生物与其环境的总和就构成了生物圈。生物圈是所有生物链的统称，它包含了生物链上所有生物、生态环境和生态系统等，又分为森林生态系统、草原生态系统和湿地生态系统等。生态圈具有可持续性、相对稳定和自动平衡等特性。产教融合生态圈的构建有利于教育水平的进步，需要多个部门的协同参与。通过政府部门的统筹参与，一方面为职业院校进行校企合作搭建平台，另一方面为企业参与校企合作出台更多鼓励政策。在此过程中，职业院校为地方区域经济发展提供智力驱动，企业为区域经济发展提供经济驱动。通过校企合作，职业院校人才培养产教融合的水平得以提高，学校抓住市场的脉搏，办学形成特色，同时也使更多的社会资源转化为教学资源；企业急需实践型人力资源缺口得到填补，企业经济效益得以提高；区域经济得到较好发展，地方政府经济实力得到较好提升；促使学校与企业开展更深入与全面的各种类型合作，构建一个稳定、持续和高效的合作关系，从而形成一个共生共赢的产教融合生态圈。

四、产教融合的构建原则

（一）多主体原则

产教融合需要多个主体参与其中，这个原则已经被证明为一个非常重要的原则。职业院校实施的学生双创教育涉及政府、学校、行业与企业、学生、社会五大主体，他们在产教融合中实施职业院校的学生双创教育承担相应的职能，双创教育也是一个重要的主体，参与到产教融合之中，助推了产教融合的向前发展。全社会要通过舆论的倡导和创业文化的弘扬，促进整个社会民众的心理意识、思想观念、行为准则、习惯及价值观的转换。同时，让社会力量参与职业院校的学生双创教育督导评估工作，形成全社会的推进合力。作为推进校企一体化协同育人模式的另一个执行主体，它们应该与职业院校对接，形成两个执行主体的合力。要改革校企共建的就业前实践专门基地建设机制，从资金、设备、场地上为职业院校学生创业实践提供硬件条件，使其在现代企业管理的真实环境中掌握社会主义市场经济运作的技术，在职业技能培养中同步培养创业素质。职业院校学生要转换思想观念，提高双创教育在个人成长成才和促进就业及助推社会经济发展中作用的认识，将其内化为自觉行动。在职业院校教育产教融合中，注重培养产教融合的水平原则包括注重职业院校自身人才培养产教融合的水平和产教融合培养产教融合的水平，职业院校人才培养产教融合的水平影响着产教融合培养产教融合的水平。

第一，政府是职业院校的学生双创教育的领导和管理主体。职业院校的学生双创教育发展是否顺利很大程度上取决于政府的支持与助推。正是基于此，国家在宏观层面上政策引领、措施落实、监督和服务体系的搭建都是非常重要的，必须通过出台法律、法规和政策来引导支持和促进职业教育与行业企业深度融合，发展职业院校的学生双创教育。

第二，学校是职业院校学生双创教育的主要执行主体。职业院校发挥着为社会提供创业创新人才历史重任的主导作用，承担了职业院校学生双创教育最重要的角色和职能。

第三，行业和企业是职业院校学生双创教育的对接主体和受益主体。具有创业创新素质的高端技能人才，将有力地提升生产力，助推产业创新和转型升级，提高企业的竞争力和效益，最终使行业和企业收益。

第四，学生是职业院校学生双创教育的学习主体和受益主体。

第五，社会是职业院校学生双创教育的参与主体和监督主体。

（二）自组织原则

产教融合的发展在探索时期主要是依靠学校和企业的自组织发展，在这样的发展过程中，自组织发展逐渐成为一种共识，自组织是指客观事物自身的结构化、有机化、有序化和系统化的过程。职业院校的学生双创教育各实施主体开展职业院校学生双创教育包含自组织行为，具有自组织演变的特性。政府只有在逐渐意识到产教融合发展需要进行调控的时候，这种自组织原则才逐渐被打破。在职业院校教育产教融合过程中运用产教融合的水平原则，用符合性、适用性及经济性三个层次去检验产教融合人才培养产教融合的水平情况。用符合性检验人才培养与市场用工需求间的匹配程度；用适用性检验所培养的人才是否适应行业企业相应岗位的具体工作；用经济性检验人才将创造的经济效益情况。在这里有必要论述职业院校发展的特点，主要有以下三个特点：

第一，职业院校的学生双创教育具有开放性特点，创业能力培养要求突破以往教育体系的封闭性，与社会进行开放式互动教学。

第二，职业院校的学生双创教育过程具有复杂性，涉及行业、企业不同的专业群、产业类型、规模大小、技术含量、管理方式等多种因素，在教学、科研、生产、管理、市场等多方资源的相互作用下，各主体教育过程自组织机制同样具有复杂性和关联性，因而职业院校的学生双创教育机制形式也应具备多样性，分类组织，分类指导，分类实施。

第三，职业院校创新学生双创教育具有自发性特点，它处于经济社会发展的宏观环境之中，是动态开放的系统，各实施主体结构通过与外部环境的交换，获得自组织演化需要的各种资源和能量，然后通过组织内部各个要素的交互作用，获得自组织演化的核心能力，从而使学生双创教育机制能够自发调节、自我完善，实现从稳定到不稳定，再到稳定的连续有序发展。

（三）协同性原则

与自组织原则相对应的就是协同性原则，产教融合在探索阶段主要依靠的是自组织，随着发展的深入，各个利益群体需要进行协同发展，因此协同性原则便应运而生。我们要借鉴协同教育理念，探索政府、行业与用人单位和职业院校之间整体与部分、各要素或子系统间的协同作用，增强职业院校的产教融合多主体协同性。协同开展职业院校的产教融合的关键是协同五个主体尤其是政府、行业与企业开展职业院校的产教融合的积极性、主动性。政府要完善法规政策，强化制度的约束力和系统的政策激励；职业院校要不断提升服务社会的能力，增强协同行业与企业全方位支持和参与其职业院校的产教融合的吸引力，提供更多的合作桥梁和纽带；行业和企业要以人才培养为己任，突破仅限于学校主体资源要素利用的协同瓶颈，积极参与扶持校企协同开展职业院校的产教融合，为学校开展职业院校的产教融合提供更多资源平台和合作空间；全社会都要强化对职业院校的产教融合意义的宣传，提高全社会包括学生对职业院校的产教融合的认知度和参与度。要协同目的、协同内容、协同资源、协同时间、协同各主体的责任和成果分担，从而构建政府有效宏观管理、行业与企业主动对接、社会广泛参与、学校主导、学生执行的职业院校的产教融合机制。

产教融合的水平是组织机构、体制机制等事物发展的根本前提和动力。在评价事物产教融合的水平时涉及符合性、适用性及经济性三个层面。职业教育人才培养与市场用工需求间存在较大差异的原因包括：一方面，广东省作为产业经济发展迅速、产业转型升级较快的地区，其技术技能更新迅速，行业企业对人才的要求——不但要具备较高的技术技能，而且要具备不断学习和提升自身技术技能的能力。职业教育作为以育人为本的教育活动，培养周期较长，难以跟上行业企业的更新速度。另一方面，受社会文化及历史传统因素影响，职业院校的认可度不高，学生生源产教融合的水平不高。在一定程度上，由此形成的学习风气与动力不强，学生缺乏内在学习动力、外在学习的风气与动力，职业院校人才培养产教融合的水平难以提高。但是，职业院校也只有提高教育教学产教融合的水平，提高毕业生的社会影响力，才能提高自身社会地位，吸引行业企业参与，提高职业教育产教融合的合作深度。

（四）共享性原则

如今共享经济已经成为社会经济发展的重要组成部分，共享性原则也成为产教融合的重要原则。产教融合、产学合作开展职业院校的学生双创教育，共同培育创新创业人才，国家、学校，行业与企业、学生都是受益者。要注意发挥市场对资源配置的作用，建立政府激励机制、互惠互利的动力机制、共生发展的利益分享机制，使各主体做到责任共担、利益共享，助推职业院校的学生产教融合有序发展。产教融合是现代职业教育的重要特点，也是建设现代职业教育的非常重要的制度，从"产学融合"到"产教融合"，描述了我国产教融合向深度和广度发展的趋势，为创新职业院校的学生双创教育机制提供宽广路径。

专业教育与职业院校学生双创教育的融合，是两种教育目标的融合，融知识教育与素质教育为一体，其契合点是学生创业素质和职业技能培养并重，建设和完善职业院校的学生双创教育与专业教育融合一体化的课程体系具体如下：

一是构建基于社会生活的素质教育课程体系，完成通识教育，将职业院校目前以选修课形式出现的创业课程融入素质教育的公共课程之中，以学生职业岗位将面临的典型社会生活的问题、情景、事件、活动和矛盾为内容，开设生活通识与通用技能类课程、就业创业类课程、审美和人文类课程、身心健康类课程、思想政治类课程。

二是构建基于工作任务导向的专业课程体系，将创业要素融入专业课程目标，根据学生工作面临的典型工作任务的对象、工具、方法、组织和要求，开设公共平台课程和专业方向课程，从而形成包含职业院校学生双创教育的素质教育与专业教育一体化的新型职业院校课程体系，最终达到提升学生综合职业能力和可持续发展的目的。学校和企业共建校内产学合作平台，一般都有学校和企业合作的背景，教师或企业带训人员都有创业实践经验。

职业院校的学生双创教育实践教学只有根植于专业教育的实践，在专业实践中映射职业院校学生双创教育，才能真正实现两种教育在实践环节的结合。要发挥市场在资源配置上的调节作用，引导学校和企业发现培养职业院校学生双创教育合作的利益共同点，助推产教融合开展职业院校学生双创教育从现在的感情机制向市场利益机制转变，从而建立长效合作机制，逐步使行业和企业成为实施职业院校学生双创教育的另一个主体。

目前，校外专业实训平台须加强向职业院校学生双创教育的渗透。当前职业院校均与企业签订合作育人协议，合作中的就业前实践的专门基地一般只作为学生短时间的就业前实践场所或以就业为目的的岗位实操场所，学生只能接触与专业技能相关的实训，学生创业实践无法在校外实训中落实。在构建职业院校学生双创教育实践教学体系过程中，要改变传统的以职业院校第二课堂为主没有系统性的实践教学模式，以产教融合、学校和企业结合为依托，从行业、专业、地域特点出发，以培养具有扎实创业知识、较强创业实践能力和创新创业精神的创新型技能人才为目标，将人才培养与社会服务及产品设计开发紧密结合，将教学过程与项目实施过程融为一体，将学生的专业实践和创业实践融合，构建"一线三平台"学校和企业协同的职业院校学生双创教育实践模式。"一线"是以岗位职业能力为主线，"三平台"是校内实训平台、学校和企业共建校内产学合作平台企业驻校研发中心、教师工作室、学生创业工作室等和校外实践平台三级平台，为学生优质就业、成功创业铺平道路。在校内实训平台建设中，要改变开设商业一条街、创业实践训练项目游离于学生专业实践单一的做法，不能将职业院校学生双创教育活动简单与第二课堂活动画等号，要在第一课堂专业实践教学中增强创业实践活动与学生各自专业教育的关联性和相容性，将专业实践向创业实践延伸，创新人才培养模式。

对于有创业意愿的学生，学校负责提供项目来源、教师技术指导和免费办公场所等支持建立创业工作室，挂牌后参照公司模式由学生独立运作。此外，基于市场性出发，职业院校教育产教融合的发展过程应是职业院校与行业企业等多元主体间资源相互利用和相互依赖的过程。职业院校与行业企业等多元主体间应基于互补性稀缺资源，形成互利互惠、相互依赖、共同发展的良性动态互动关系。在产教融合制度下，政府应加强宏观管理，改革就业前实践的专门基地建设机制，改变创业孵化基地建设与就业前实践的专门基地建设两张皮的现象，鼓励行业龙头企业将最新技术和设备投到学校和企业共建的实训平台，同时担负起创业孵化平台的责任，使其既服务于产业链企业又服务于同类职业院校，既服务于职业院校的专业教育又服务于职业院校学生双创教育，积极构建良性运转的区域性资源融合平台，创新就业前实践的专门基地投入方式，对行业企业投到实训平台的技术和设备给予适当经费奖励，完善健全产教融合培养具有创新创业素质的高端技能型人才机制。产教融合、学校和企业协同建立职业院校学生双创教育与专业教育融合的校外实践平台，是职业院校开展学生双创教育的重要保障机制。在推行项目教学、案例教学、工作过程导向教学等模式中，培养学生的创新创业素质和专业技能。正是基于此，要推进学校和企业全过程培养人才，创新岗位实操方式，职业院校在与企业签订就业前实践合作协议时要与企业共同制订完善的培养计划，注重利用企业资源，增加学生企业经营运作的知识和技能，明确培养学生创业素质的路径和实施办法，确保学生在获取职业实践经验的同时，同步提升创业素质。学校和企业要协同建立各平台对工作任务或项目实施的规范、监督和信息反馈与评价的机制，实现人才培养模式的升级。正是基于此，职业院校应在行业企业等多元主体利用和依赖职业院校设备与学生等优势资源的同时，对企业、商业协会、政府等相关部门的优势资源加以利用，如利用人力资源和社会保障部的统计数据，借助第三方机构分析劳动力市场人才需求情况、职业院校人才与市场需求间匹配情况，预测未来人才需求情况，提高产教融合的水平和达到的高度，实现合作关系的持久开展，实现"产""教"的共同发展。

毋庸置疑，职业教育的发展与产业经济的发展密切相关，职业教育的发展源于经济社会的发展需求，又助推着经济社会的前进与发展。当前，我国实行社会主义市场经济，要求职业教育的人才培养活动置身于市场环境中。同时，职业教育作为一种教育类型，应保持自身的相对独立性和特殊性，确保所培养的毕业生是具备创造价值的人力资源，而不能被简单地等同于普通的资源或商品。这不仅直接关系到毕业生能否符合市场需要、能否为企业创造价值、能否促成产教融合的持续发展，也关系到毕业生就业情况、职业生涯发展状况及职业院校自身的生存状态与发展前景。

第二节　产教融合的相关理论

一、杜威的从做中学理论

美国著名教育学者、专家杜威在教学的过程中会把教学的过程看作是一个"做的过程"。他认为，人们"做"的兴趣和冲动都是以人为主体的。人们对知识经验的来源基本上基于主体与客体经验的总结。正是基于此，他强调学校在教育的过程中应该设置成类似于雏形社会的地方，即开设好各类工厂、实验室、农场、厨房等，让学生能够在学校这个"小型社会"环境之中学习好自己所感兴趣的专业和课程。为此，他还提出了在教学的过程中要安排和编创好实践生产场景的教学方式，即在场景教学之中，激发学生的创造性思维，根据资料策略从场景活动中入手，解决好学生在场景活动中所遇见的问题。这就是杜威所提出来的"从做中学"的教学理论。从杜威对整个教学的主张来看，他主张学生需要在学校里获得生活和工作中的全部知识，他的这种教学理论对当时社会教育来说具有很好的创新性，缺点是在其开展的过程中有一定的局限性。但在对地方工科院校产教融合培养实践型人力资源的研究中，产教的深度融合需要真正把产业与教学对接，强调了"做"与"学"相结合的重要性，工科型地方类院校在实践型人力资源的培养上要把理论与实际对接，加强实践、加强学生动手能力，杜威的"从做中学"理论贯彻了从做中学、从经验中学，要求以活动性、经验性的主动作业来取代传统书本式教材的统治地位。他的"做中学"理论贯彻到我国的教育方面，将对我国教育中的管理理念、师生关系、教学方法、教学的评估方式等都具有非常深远的指导意义。

现代美国教育家杜威以"教育即生活""教育即生长""教育即经验的改造"为依据，对知与行的关系进行了论述，并提出了举世闻名的"从做中学"的理论。其理论实质就是要加强对学生实际操作能力的培养，培养学生探究和解决问题的能力，培养学生从事和适应实际工作的能力，这也是我国职业教育所需要的一种理论，一种既定的培养目标。杜威从他的哲学观——实用主义观出发，主张"实用"，并把它引入教育，形成了实用主义教育哲学。他主张学生亲历探究过程，建立与真实世界的关系，实现学生从一个被动的观察者到一个积极的实践者的转化，学生通过自己的活动，逐步形成对世界的认识，充分体现学与做的结合。

杜威认为，人类获得解决问题的探究能力才是最重要的，而这种能力的培养应该通过科学方法的训练来获得。同时，他认为，教学活动的要素与科学思维的要素应当相同，并由此提出了相应的"思维五步"或"问题五步"教学，具体包括：其一，学生要有一个真实的经验情境，要有一个对活动本身感兴趣的连续的活动，即要有一个能实现"做"的情境；其二，在这个情境内部产生一个真实的问题，并作为思维的刺激物，即要有一个可"做"的内容；其三，学生要占有知识资料，从事必要的观察以对付这个问题，即要有一个实现"做"的必要支撑；其四，学生必须负责一步一步地展开他所想出的解决问题的方法，即要有一个完整的"做"的过程；其五，他要有机会通过运用来检验他的想法，使这些想法意义明确，并且让他自己去发现它们是否有效，即有一个针对"做"的结果的检验。这里的"五步"教学表面上看完全是一个学生"做"的过程，但在"做"的过程中却是对"学"的积累。职业教育旨在培养生产、服务与管理第一线的高素质技能型专门人才，就是在基层岗位和工作现场做实事、干实务、实践性很强的实用性人才，也就是专门面向"一线"的高等技术应用性专门人才。而这种"一线人才"，不是单单依靠学历教育在学校里就能培养出来的，他们必须也只有在生产和工作的实践中获得能力、提高能力。正是基于此，职业教育应更注重有效培养学生的职业能力，在教学过程中强调与实践相结合，实现学生的"做"，从而完成学生的"学"，以提高学生适应职业岗位能力的要求，缩短从学校教育到实际工作岗位的距离。

结合杜威的"思维五步"，不难看出，"从做中学"理论在职业教育教学中的应用，具体体现在师生关系的准确定位及教学方法的合理运用上。实施"从做中学"初期，常常会出现一个角色误区，认为教师是"做"的准备者，即为学生准备好所有资料和设备，而在学生真正"做"的时候，教师也不过是个旁观者。如果以这样的态度处理"从做中学"，其结果便是学生盲目地"做"，却谈不上"学"。强调"从做中学"，并不是对教师的忽视，无论把课堂搬到实验室还是工厂，无论教学中采取什么方法，都不能缺少的一个人就是教师。只不过此时的教师不再是"一言堂"的主人，而是一个"方向标"。他的具体作用有三个，具体如下：

第一，为学生营造一个真实的经验情境，并提出一个能引发学生兴趣的问题。

第二，是在学生实际"做"的过程中出现错误、疑惑、困难、有所发现、有争论时进行有目的、富于智慧的引导，当学生有操作经验之后进行提炼、总结等；否则学生的操作可能是无效或低效的。

第三，给学生创造一个可以检验其"做"的结果的机会。"从做中学"理论的中心是学习者本身，是学习者通过"做"，形成"思"，最终实现"学"，是学生通过自己的努力获取知识与培养能力的过程。在这个过程中，既少不了教师这根指挥棒的引导，更少不了学生自身的操作与思考，学生只有通过实际的动手与动脑，对问题进行分析处理，才能在"做"中体会知识的运用。

随着我国职业教育的发展，教学方法越来越注重其实践性，强调与社会相结合，与用人单位的需求相结合，突出学生实际动手能力的培养，但无论采取什么样的教学方法，在其具体运用的时候依旧落点到"教与学"上。

传统观念认为，所谓"教"，就是教师站在讲台前，通过语言、行为，再配合教具、多媒体课件等手段展示教学内容，而"学"就是学生坐在教室里去听、去看、去写。在这个观念的理解中，非得处于关系上位的教师做出教授、告知的行为才是"教"，否则教师就会被认为是偷懒，不负责任。这是过于关注"教"的行为表现。至于教师"教"的行为对学生的"学"是否有实际的效果就不在研究范围了。而"从做中学"却是对"教"的另一种更为人性化的诠释，"做中学"绝不意味着让学生"做"就行，而是必须在教师指导下富有意义地"做"与"思"。这其实是把"教"的过程融入实际的情境中，教师在学生"做"的情境中教。要达成"做"以成"思"，"思"建立在平等与对等的关系上，平等的价值高于对等，没有平等就无法谈及对等，平等是对等的前提。

二、陶行知的教学做合一理论

我国著名现代教育家、思想家、学者陶行知先生具有美国留学的经历，在留学过程中师从杜威、克伯屈等美国最具影响力的教育学家。他回国之后，便积极地将其在美国所学习到的先进的教育思想与中国当时的国情结合起来进行教育工作。终于在 1926 年，陶行知先生开创了自己的生活教育理论。陶行知先生提出了三大教育理论，即 "生活即是教育" "社会即是学校" "教学做合一" 的教育理论。而 "生活即是教育" 则是重中之重。在陶行知先生看来，教育如果脱离了生活，那么教育就是死的，没有生活作为中心的学校教育是一种死的教育。他的生活教育理论在当时中国社会中的反传统与反对旧教育中具有非常重要的意义和作用。他的 "教学做合一" 理论深刻地批判了旧社会教育中所存在的不足之处，同时给出了相应的具体的解决问题的办法和方式。这种教学理念的改革和践行对于当时的社会来说具有非常好的作用。同时，他还强调，教学应该同实际的生活方式结合起来，这就需要教师运用好新的教学方式，根据学的方法来进行教学。教与学都应该以做为中心，做才能够让学生获得全面的知识能力。陶行知先生的理论基础，在以市场需求为导向的产教融合培养学生的模式下同样适用。"生活即教育" 用五个字明晰地体现出了知识结构与市场及社会发展同步的理念。对当今部分地方工科院校的应届毕业生出现综合素质能力低下、职业意识缺乏、动手能力比较差的现象，解决办法是：在借鉴陶行知先生理论基础之上，使学校所传授的知识能够适应社会经济发展的需求。

"生活即教育" "社会即学校" 和 "教学做合一" 是陶行知生活教育理论的三个基本命题，研究者对这三个命题的历史流变一直缺乏较为系统的研究。作为生活教育理论的方法论，"教学做合一" 在生活教育理论体系中居于重要位置。本书试图在教学方法层面，对 "教学做合一" 进行述评，以期望更好地还原和借鉴这一理论。

三、福斯特的产学合作理论

英国著名学者、教育家福斯特在现代产学合作中具有非常重要的代表价值，他的产学合作理念对教育界的发展来说具有很高的战略性。福斯特认为，当前许多职业教育计划难以实现都是因为受训者缺乏必要的基础理论知识与基础技能知识。正是基于此，福斯特认为，产学合作的过程中应该首先从课程职业化设计出发，以理论基础为切入点，最终搭建就业化平台。同时，职业院校中中、低级人才的培养应该注重走 "产学融合" 的道路。正是基于此，学校在开展各种职业培训计划的过程中应该从以下个方面进行培养和改造：

第一，要控制好地方工科院校发展的规模，拓展学生能力的基础上要结合社会经济发展的现实状况。

第二，要改革好地方工科院校的课程内容，多设置一些工读交替的"三明治"课程。

第三，要控制好地方工科院校中生源的比例，有可能的话让在职人员成为地方工科院校生源的主要来源渠道之一。福斯特产学合作的理论对包括中国在内的发展中国家的教育来说具有很好的借鉴作用。

福斯特是当今国际职业教育理论界深具影响力的著名学者，多年来致力于职业教育理论的研究。他早年毕业于伦敦大学经济学院，曾经担任过美国芝加哥大学教育学和社会学教授、比较教育中心主任，澳大利亚麦夸里大学教育学教授兼院长，美国纽约州立大学教育学和社会学教授。福斯特以他的《发展规划中的职业学校谬误》一文而闻名于世。此文发表于1965年，其许多关于职教发展的重要思想即包含在此文中。福斯特职教思想的许多观点被世界银行借鉴，成为当今指导各国职教发展政策性文件的重要组成部分。20世纪60年代，正是西方"发展经济学"盛行时期。这一理论提出，发展中国家的经济增长"可以让政府去发挥主要作用"，可采用"集中的、非面向市场的计划模式"。受其影响，当时教育理论界有人提出了"人力资源说"，即主张学校可以根据政府的经济发展计划和"长期性的人力预测"来提供一定数量训练有素的人力储备为经济发展服务。在教育发展战略上，这一学派主张发展中国家通过重点投资学校形态的职业教育和在普通学校课程中渗入职教内容来促进经济发展。人力资源说在当时得到了包括联合国教科文组织和世界银行在内的一些国际组织的支持，成为当时发展中国家教育与经济发展的指导理论。这一学派的观点以当时英国经济学家巴洛夫为代表。针对巴洛夫的主流派理论，作为长期致力于发展中国家教育理论研究专家的福斯特，以他多年来的研究成果为依据，写下了《发展规划中的职业学校谬误》这一名作，从教育发展的一些根本问题上系统地阐述了他的职教思想，提出了许多与巴洛夫为首的主流派不同的观点，从而在职教理论界引发了一场长达1/4世纪的大论战。最后，福斯特由少数派成为当今职业教育界最有影响的主流学派。福斯特的职业教育思想福斯特职教思想反映在《发展规划中的职业学校谬误》这篇名作以及他以后发表的文章中，我们可对其主要思想和观点进行以下概括：

1. 职业教育必须以劳动力就业市场的需求为出发点

福斯特认为，受训者在劳动力市场中的就业机会和就业后的发展前景，是职业教育发展的最关键因素。正是基于此，职业技术教育的发展必须以劳动力就业市场的实际需求为出发点。

2. "技术浪费"应成为职教计划评估中的一项重要内容

福斯特注意到，许多发展中国家的职教毕业生的就业岗位与其所受的专业训练不一致，从而他提出了职教中的"技术浪费"问题。他认为，"技术浪费"通常是以下三个方面的原因造成的：一是国家为促进经济发展提前培训某类人才，但现有经济并不能利用和消化这些人才；二是市场需要这些人才，但被安排到与训练不相关的职位，所用非所学；三是市场需要这类人才，但职业前景和职业报酬不理想导致职业教育毕业生选择了与培训无关的职业。对这种"技术浪费"资源缺乏的发展中国家应足够重视，把它纳入职业教育计划评估，并作为其中的一项重要内容。他还认为，尽管"技术浪费"现象在发达国家也存在，但在发展中国家更严重，而由于发展中国家的资源更加有限，所以这种"浪费"更应该加以足够的重视。

3. 职业化的学校课程既不能决定学生的职业志愿也不能解决其失业问题

以巴洛夫为首的主流派认为，通过学校课程的职业化可引导学生的职业志愿，从而避免学生产生不切实际的就业期望，减少失业。福斯特认为，学生的职业志愿更多地由个人对经济交换部门的就业机会的看法决定，学校课程本身对这一选择过程并无多大的影响；失业的原因并不简单是学校课程上的缺陷，很大程度上是劳动力市场对受训者缺乏实际需求。

4. 基于简单预测的"人力规划"不能成为职业教育发展的依据

20世纪60年代是"人力规划"最时兴的时期，大规模人力预测成果作为各级各类教育与人才培养的依据，对职业教育的影响尤为突出。福斯特对此持批评态度。首先，他对人力预测的准确性表示怀疑，他认为"经济交换部门的增长率是很难准确估计的"。其次，他对人力规划的后果表示担忧，因为一旦经济增长率不足以吸收和消化人力规划所培养的人才，不仅会造成人力和物力浪费，还会加重社会上的失业状况。应当指出的是，在计划经济下大规模计划是行不通的，但与实际发展密切相关的小规模的培训计划还是应提倡的，福斯特反对的是那种脱离市场的"大规模的"人力规划，他支持那种"与实际发展密切相关的""小规模的"职业教育计划。这也是他所强调的"职业教育发展必须以劳动力就业市场的实际需求为出发点"。

5. 职业学校谬误论

巴洛夫等主张发展中国家用职业学校培养初、中级人才。福斯特从职校体制内部指出"学校形态"职业教育办学方式的局限性和一些自身难以克服的缺陷，具体包括：职校办学成本高；培训设备很难跟上现实要求；发展中国家职业学校学生不甘于放弃升学的希望，把职业教育课程作升学的奠基石，学生期望与职业教育规划者志愿相悖；学校所设课程往往与就业岗位所需经验格格不入，所学技能往往与现实职业要求不符，职业培训与职业工作情景不相关；不易找到合适的师资；等等。另外，职校的学制较长，一般要 3 年左右，不能对劳动力市场做出迅速而灵活的反应。正是由于以上原因，福斯特认为，学校本位的职业教育最终难免失败的命运。正是基于此，就结果而言，职业学校只能是一种"谬误"。

6. 职业教育的重点是非正规的在职培训

"企业本位"的职业培训优于学校本位的职业教育。福斯特认为，发展企业本位的在职培训计划要比发展正规的职校"更加经济""更少浪费"。因为，企业比职校更了解培训"产品"的标准和要求，而且企业有提供在职培训的良好条件。

7. 倡导"产学合作"的办学形式

福斯特认为，职校在人才培养上有规模效益，但鉴于职校本身一些难以克服的缺陷，必须对职校进行改造。最重要的措施是走产学合作的道路。如改革课程形式，多设工读交替的"三明治"课程；实践课尽量在企业进行，缩小正规学校职教与实际工作情景之间的距离等。另外，在生源方面，可招收在职人员。总之，职业教育和培训逐渐从学校本位走向产学合作。

8. 职教与普教的关系是互补关系而非替代关系

福斯特指出，成功的职教需要成功的普教做基础。随着社会生产力水平的提高，生产过程要求人才具有更为深厚的文化基础知识。学生具备扎实的文化基础也有助于提高其以后的继续教育能力和职业转换能力。正是基于此，要在扎实的普教基础上开展职业教育。

9. 反对"普通教育职业化"

巴洛夫主张，除大力发展职业学校外，还要在普通学校增设职业课程，实现"普通教育职业化"。福斯特认为，在发展中国家不应采用这种形式的职业教育。他认为，"普通教育职业化"既达不到普教的目的，也达不到职教的目的。

10. 农村职业教育要点

福斯特非常重视农村职业教育，对此提出以下主要观点：

第一，农村职业教育的对象是农民而非学生。

第二，农村职业教育的主要任务是向农民推广生产知识、新技术。

第三，农村职业教育必须注意农民的求知积极性：农民非常注重实际，只有当他们看到科技带来的实际收益时，才会有学习的意愿，农村职业教育只有与当地发展和农民收益直接相关，才有可能获得成功。

福斯特长期从事职业教育理论研究，并在大量调查研究的基础上提出其职教思想，有着坚实的理论和实践基础。虽然福斯特职教思想主要产生于 20 世纪 60 年代中期，但其中的许多观点今天来看仍然具有强大的生命力。如职业教育必须以劳动力就业市场的需求为出发点、基于简单预测的人力规划不能成为职教发展的依据、要在扎实的普教基础上开展职业教育与培训等，被证明依然符合当前职教发展的实际。特别是福斯特认为，"对职业学校进行改造，走产学结合的办学道路"，更是一种先进的战略定位，因为职业教育不同于研究型的院校，它不需要太多的超前理论，而是更多地注重于实践知识的传授，技能重于研究，动手操作重于理论思维。所以，注重"产学合作"，加强对职业学校学生动手能力的培养是一个永恒的主题，也是当前世界范围内对职业教育的一个主流认识。福斯特职教理论主要是基于当时非洲几个发展中国家职业教育发展的实践得出的，难免有其局限性。其局限性的核心是几乎全盘否定了"学校形态"的职业教育。福斯特对学校本位的职教持否定态度，显然是不符合我国的现实状况的，这一点已无须怀疑。学校本位的职业教育作为我国教育的一种基本形式，已被职业教育法的形式规定，在现实中，职业学校仍然是我国职业教育中的办学主体。学校形态职业教育有其难以取代的优势，除了有人才培养的规模优势外，关键在培养学生的文化基础、人文素质等方面是其他形式的职教不可比拟的。即使在发达国家，学校形态的职业教育仍是当今职业教育的主流。虽然学校形态的职业教育有其局限性和一些缺陷，但是通过改革办学形式、课程体系、教学方式等手段可以加以弥补。再者，在多元化的社会，不同国家和同一个国家的不同地区，人们对职业教育的需求也是多方面的，应该提倡多元化的职业教育办学形式。

第三节　产教融合的功能与作用

一、有利于专业定位和建设

企业和职业院校紧密合作，当社会经济发展的路径发生变化时，企业能够第一时间感知到，企业将所需要的人才培养标准及时传达给职业院校，职业院校及时做出响应，使专业定位始终跟上时代的步伐。企业拥有丰富的技术能手，对于行业需要的人才定位比较清楚，能够给专业定位和学科发展把脉。产教融合、校企合作培养技术技能人才是国际职业教育成功国家的共同规律。呼唤和渴求产教融合、校企合作培育技术技能人才在我国有着深刻的教育和经济背景。从经济领域看，我国正在进入工业化中期，努力实现产业升级转型、建立创新驱动的现代产业体系，对复合型和创新型技术技能人才的需求在倒逼行业企业做出变革。发展所面临的体制机制困境，保障技术应用和技能人才发展的实践问题，具有重大的研究意义与价值。从教育方面看，近一段时期以来，我国职业教育的一大特色是以职业学校为主体培养初入职的技术技能人才，经济领域行业企业相对脱离于人才的正规职业准备教育，出现了职业院校对产教融合、校企合作共同育人和研发的需求格外强烈，然而困难也格外多的情景。从经济领域看，我国正在进入工业化中期，努力实现产业升级转型、建立创新驱动的现代产业体系，对复合型和创新型技术技能人才的需求在倒逼行业企业做出变革。

当前职业教育的体制机制不畅、承担和参与主体缺位、相关制度不匹配、政策措施不协调、发展动力不足等问题成为制约职业教育发展的瓶颈。推进国家治理体系和治理能力现代化，为解决上述职业教育的瓶颈问题提出了全新视角、顶层思路。职业教育作为与社会经济发展密切相关的一种教育类型，同时肩负着面向人人和培养高技能人才的重任，关乎国家的经济发展与社会和谐。职业教育治理体系与治理能力的现代化，是国家治理体系与治理能力现代化不可或缺的一部分，对全面深化改革，推进国家治理体系和治理能力的现代化具有重大意义。改革开放以来，在政府及各部门的积极努力下，职业教育的发展取得了巨大成就。但是，目前与我国经济社会的需求和人民群众的期盼相比，职业教育发展依然面临很多困境，许多问题表面看似乎在职业教育自身，而其实质是职业教育的外部制度、体制机制使然。21 世纪以来，我国职业教育的校企合作创设了"订单式"培养、工学交替、校中厂、厂中校、"政、校、企"三方联动等一批具有区域行业特色的校企合作人才培养实现形式，形成了"合作办学、合作育人、合作就业、合作发展"的校企合作人才培养理念，但是职业教育校企合作也遇到了较多的困惑、问题和困难，尤其是参与各方对职业教育校企合作的国家制度政策的缺失体会颇深，对职业教育在国家政策、制度层面的顶层设计改革有着较为迫切的诉求。实行校企合作、工学结合的职业教育人才培养模式，是技能型人才培养的有效途径，体现了职业教育的本质特点。职业教育所肩负的培养技能型人才的任务需要职业院校与行业企业共同承担，日益成为职业院校、广大企业和社会各界的共识。

从"单维"管理理念转向"多元"治理理念，在治理理论的指导下，借鉴国际比较经验，研究职业教育的多元治理主体的权责、实行管办评分离、多样化治理工具、完善的治理制度体系、治理指标体系、治理的制度包与工具包等，具有巨大的经济和社会意义。首先，完善职业教育治理体系、实现职业教育治理能力现代化，将有助于我国数以亿计的技术技能人才的培养和可持续发展，有助于职业教育突破上述制约瓶颈和困境，增强职业教育服务产业结构调整、经济发展方式转变的针对性和实效性；其次，对职业教育治理体系和治理能力现代化的研究，有助于促进我国社会民主与全面提升，增强人民群众学有所教、学有所用的终身学习途径和机会，依靠职业教育提升国民素质和发展能力，提升体面就业、幸福生活的民主和谐境况。党的十八届三中全会进一步指出："加快现代职业教育体系建设，深化产教融合、校企合作，培养高素质人才和技能型人才。"

二、有利于课程建设

（一）政府作用的边界与市场治理结构的作用发挥

近年来，国家从认识上重视职业教育校企合作的制度和机制建设，各地不断探索实践，校企合作取得了显著成就。但国家和地方职业教育校企合作法制建设仍然十分薄弱。国家层面上存在的相关问题表现如下：

第一，政府自身对如何发挥主导作用认识不足，对实现主导作用的形式和路径缺少探索和经验积累，相关校企合作的法律和政策制度不健全，协调引导作用有待加强。

第二，校企合作的管理制度和模式尚不完善，政府及其部门参与的职责分工有待明确。

第三，政府主导不足，导致校企合作多方参与、沟通对话、经费投入引导和保障机制、监督评价体系等还不完善，资源整合力度不够，对参与职业教育优惠政策宣传力度不够。

第四，政府支持的社会化评价体系不健全，参与合作的企业资质缺乏明确规定和认定，企业参与合作的效果缺乏整体评价。

第五，职业准入、职业资格证书与人才培养的关联性不够，校企合作的教育规范和标准不够成熟。

（二）行业指导能力的缺失与弥补

我国法律没有明确规定行业协会在职业教育发展中的地位和作用，使得行业组织的协调指导作用没有得到充分发挥，在制定行业岗位标准、课程标准中的主导作用发挥不够充分，行业组织对职业教育的校企合作的监督机制尚未建立，行业协会与职业教育的交流对话制度有待进一步完善。

我国职业教育的发展对行业寄予了极大的期盼，教育部门成立了 59 个职业教育行业教学指导管理协会，出台了发挥行业作用的政策文件，但是实际上行业组织指导职业教育的作用还远远没有发挥出来。在我国经济领域，行业组织自身的能力和作用尚未有良好的发展，行业指导职业教育的权限不明确，支持和鼓励行业组织参与职业教育与培训的政策尚不健全。

（三）企业作为育人主体的作用和责任缺失

第一，企业应该成为职业教育和培养未来员工的主体，但我国职业教育处于市场治理结构发展的初期阶段，企业界表达意愿的机会和条件尚不成熟，参与职教内驱力不够。

第二，企业缺乏战略发展理念，参与校企合作动力不足，社会责任意识不够，合作关系大多靠感情维系。

第三，现有的合作组织管理不健全，在具体学科发展、课程开发以及对就业前实践的管理等环节中，企业大多处于被动状态，教育培训的标准和规范缺失，合作流于表面形式。

第四，体力依赖为主而非技能依赖为主的企业大量存在，企业转型升级尚未完成，缺乏参与技能型人才培养的基本动力。

（四）职业院校校企合作育人和研发的制度尚未到位

第一，缺乏现代学校制度理念，校企合作的治理机制、合作发展机制不健全，整合资源能力不够。

第二，品牌创建意识不够，专业水平和技术技能积累不足，难以引领行业发展。

第三，技术服务能力较弱，难以吸引企业参与。

第四，人才培养模式创新不足，未能确立被校企双方共同尊重的教育规范和标准，难以适应产业需求。

第五，学生实习监管不到位，难以保证实习产教融合的水平。

（五）学生实习活动性质错位与纠正

就业前实践应该是教育环节，其活动的性质是教学活动。这一点不容置疑。实际的工作不能直接代替就业前实践，也不能等同于就业前实践。在我国职业教育的实际中，一是学生的岗位实操和实训内容、要求与企业的人才定位，与工作岗位要求不太相符；二是学生在企业实习的内容、场地安全、工作时间等未有明确的规定；三是学生责任心、吃苦耐劳能力等品质的培养尚未有清晰的标准。

三、有利于提升教师的社会服务能力

校企双方经常互派人员轮岗实训，企业派专业技术人员到校为师生讲学，有利于提高师生的实践操作水平。职业院校派教师下企业锻炼，在企业生产一线，教师实践能力能够得到比较大的提高。研究、探讨校企合作促进政策的制定和实施是一项重要的攻坚任务，需要深挖现存的问题，运用理论分析其原因，并将其放在国家宏观层面来思考解决的思路和办法。我国职业教育的主体是职业学校，主要由教育部门统筹管理，但国家教育部或者任何单一部门都无法有效地解决职业教育校企合作的跨部门、跨领域问题。2009 年，《宁波市职业教育校企合作促进条例》开始施行，这是我国第一部地方性职业教育校企合作促进法规，为明确职业院校、企业和政府部门职责，预防学生在实习期间意外伤害事故，保护企业商业秘密等提供了法律依据，为宁波地区职业院校和企业合作培养高素质技能型人才，促进校企合作可持续、健康发展提供了法律保障，是完善我国地方校企合作法规的重要标志。职业教育实行校企合作和工学结合的人才培养模式，不仅是培养应用型、技能型人才的基本做法，而且符合我国关于教育同生产劳动相结合、培养全面发展的人的基本教育方针，为加快制定国家职业教育校企合作促进法规提供了宏观性的思想框架。鼓励地方先行先试，吸收地方创新经验。许多地方对校企合作的认识水平程度不断提升，认识到人才培养合作项目的收益与产品研发等合作项目的收益相比，回报较低而投入较大。职业院校教师所接触的理论知识较多，但实践方面的技能比较缺乏，大部分职业院校教师都没有太多的项目经验，通过产教深度融合可以提升师资水平。教师在企业真抓实干，掌握了好的技能后，再结合自身丰富的理论知识，就可以提出有创新性的想法，帮助企业解决实际问题。

正是基于此，需要国家统筹职业教育校企合作政策，进行顶层设计。国家从教育、经济和劳动三个方面建立法律性框架。目前，《中华人民共和国教育法》《中华人民共和国劳动法》和《中华人民共和国职业教育法》中关于教育与生产劳动相结合、教育为经济建设服务、经济建设依靠教育及职业教育校企合作的规定，对促进校企合作的发展发挥了一定的作用，其条款大多是宏观性规定，相距建立良好的职业教育产教融合制度的需要还有很大差距。国家应从教育、经济、劳动三个领域修改现有法律和新增相关的法律，为加快建立国家职业教育产教融合校企合制度提供宏观性的法律框架。调查显示，企业所能为职业学校提供的资源中，提供实训设备、为学校提供资金等被排在末位，因而参与职业教育的企业需要政府优惠、补偿政策的引导。

四、有利于学生就业

企业参与人才培养的全过程，按照自身的人才定位进行人才培养，这样学生便能够第一时间掌握行业最新技术，毕业后即可以在相关企业就业，有利于提升就业率和就业产教融合的水平。

职业教育校企合作分类是指根据职业教育校企合作的共同点和差异点，采用一定的标准和方法，依据一定的原则，对其进行系统的划分和归类。本研究依据参与主体、企业所依赖的人力资本类型、企业采用的生产方式，以及校企合作中涉及的专业类别等对校企合作进行了分类，并研究了各类校企合作的特点，以期发现不同类型校企合作的政策诉求。在多样的校企合作类型中，并非所有类型的企业都能积极参与校企合作。例如，知识依赖型企业、手工生产方式下的企业等，他们的合作意愿低，参与合作的面比较窄，形式比较单一，对这些校企合作，政府及各部门应加强引导，不过分鼓励、不强制实施。手工业生产方式下的校企合作，合作的周期长，培养学徒的技能全面，产教融合的水平基本有保障。在政策上，应引导这类企业参与校企合作。体力依赖型企业的一线工作具有简单重复、劳动的知识技术含量低、用人不分专业、计件工资制等特点，是职业院校技术技能人才培养的天敌，尽管体力依赖型企业十分需要实习生的顶岗劳动，对职业院校的学生很有热情，但是这类企业却不适合培养人才，政策上也不应该鼓励与这类企业进行校企合作。

第二章　职业教育的校企合作

第一节　职业院校校企合作育人的内容与模式

一、职业院校校企合作育

职业院校人才培养涉及专业设置、课程建设、条件建设、师资建设、文化建设等层面的内容。从人才培养的角度而言，校企合作育人应当深入展开。当前职业院校校企合作育人的层次还不高，严重影响了人才培养的质量。在国家政策的引导下，职业院校要以校企合作为平台，以人才培养为核心，进一步拓展合作育人的内容，实现从传统的合作向创新的合作转变，从局部合作向整体合作转变，从松散合作向紧密合作转变。

（一）专业设置

职业院校专业是根据社会职业或岗位，以职业能力培养为目标，分门别类进行人才培养的基本单位。职业院校只有抓住了专业建设这个龙头，才能找准学校改革和发展的突破口。而产业是一个国家和社会发展的经济基础，其发展的水平对整个国民经济来说具有举足轻重的作用。从专业与产业的关系来看，区域产业发展是职业院校可持续发展的动力源，其产业结构、劳动力需求结构和技术结构的变化制约着职业院校人才培养结构和规格的调整；职业院校专业发展是区域产业加速发展的助推器，其人才培养的职业定向性、市场针对性和价值功能的高效性能够有效解决区域技术技能人才的结构性短缺矛盾。因此，在市场经济条件下，职业院校要根据区域经济产业特点，科学设计专业体系，要根据区域经济产业结构变化，合理调整专业结构，进一步增强自身服务区域经济发展的能力。根据区域产业实际调整优化专业结构，加强专业内涵建设，有利于职业院校以区域经济社会发展需求为中心，以就业为导向，构建蕴含发展潜力的专业结构和人才培养模式，实现教学资源的合理优化配置，增强人才培养的适应性，从而办出特色，办出层次和水平；有利于职业院校与企业深度融合，大力推进工学结合，培养具有牢固职业道德、职业素养、实践能力强、创新和创业意识强的技能型人才，有利于增强为区域经济建设和社会事业发展服务的能力。

（二）课程建设

课程建设与改革是提高教学质量的核心，也是教学改革的重点和难点。职业教育的职业性决定了课程的建设与改革，必须在市场化的运行机制保障下，走校企合作之路。

1. 校企合作课程建设的必要性

职业教育既要遵循普通教育的一般规律，更要充分体现职业教育的特殊要求，在专业设置、培养模式、课程设置、师资队伍建设、教学内容、实践环节等方面都要办出职业院校的特色。推进校企合作的课程改革，已经成为当前职业教育改革与发展的重要课题，也是国家级示范性职业院校建设工作的突破口。各职业院校在建设的过程中，结合各自的特点，探索了不同形式的校企合作的课程改革模式，搭建了具有区域经济特色的工学结合平台。通过校企合作的课程改革，强化了职业院校的内涵建设，充分凸显了职业教育教学新亮点。因此，基于校企合作的课程改革是职业教育发展和改革的需要。

2. 校企合作课程建设存在的问题

目前，职业院校课程开发还没有完全突破传统学科体系的束缚，存在校企双方主动参与课程开发的意识不强，合作效果不甚理想；个别职业院校教师缺乏对职业教育课程的准确认识，对企业岗位的技术要求了解不够；以及校企合作课程开发的保障机制、管理机制存在障碍等问题。正是这些问题使得校企双方难以实现资源的有效整合，校企合作课程开发还停留在较浅层面，导致学校所教和企业所需脱节，不利于实现职业教育培养目标。

（1）校企合作课程开发的主动性不强

我国职业院校与企业在课程开发方面的合作基本上是由学校倡导的，校企双方主动参与课程开发的意识不强，校企合作也仅局限在聘请企业专家授课和讲座、成立校企合作实习工厂等形式。即使企业参与课程开发也明显缺乏力度，使得企业专家的岗位优势，特别是他们的工作知识、工作经验等对职业教育尤为重要的内容，难以融入到课程内容中去。缺乏企业的有效参与，传统学科体系模式下培养的职业院校教师，由于和外界产业及行业接触的机会不多，对企业工作岗位的技术要求了解不够，对职业教育课程也缺乏准确的认识，只能围绕已有学科知识结构进行教学活动，由其主导的职业教育课程开发必定与真实的职业技术工作相距太远，学生在学习完后适应工作岗位的能力仍然比较薄弱。

（2）校企合作课程开发的适应性不强

职业教育课程与学科课程的主要不同之处在于职业教育课程强调时效性，特别是那些专业技术知识更新较快的行业。由于众多的原因，目前的校企合作课程开发周期普遍过长，导致学校教授的内容很难跟上企业技术更新的速度，学生毕业走上工作岗位后，发现所学知识基本已经过时，造成通常所说的"所学非所用、所用非所学"。同时，由于课程建设过分重视满足企业或就业的需要，课程建设的重点放在了专业技能的培养上，将专业课程演变成了培训课程，忽视了职业道德、职业文化等非专业技能的培养，忽视了学生全面发展目标。

（3）校企合作课程开发的协调性不强

由于校企双方缺乏长期合作进行课程开发的信息协调机制，以及校企双方对职业教育课程开发认识和理解存在差异，使得个别职业院校对与企业合作进行课程开发不够重视，缺乏合作进行课程开发的主动性；而企业不能从校企合作课程开发中直接受益，也缺乏合作进行课程开发的积极性。特别是引入企业员工参与课程建设，还只停留在企业人员参与课程设计阶段；在此过程中，学校和企业的角色分工不明确。另外，缺乏有效运行的信息协调还使得校企双方在合作进行课程开发的过程中，彼此的时间、资金及其他资源难以协调，课程开发过程中阻力不断，合作效果不甚理想。

3. 校企合作课程建设的策略

（1）科学定位职业院校人才培养目标

职业教育为社会和经济发展直接提供数量庞大的技术技能人才，提高职业教育对经济发展实际需要的适应性，必须准确定位人才培养规格，适时调整培养目标。培养目标对课程设置起着重要的导向作用，它直接影响着职业教育的课程开发，规定着各种职业人才的素质和能力规格与标准。只有紧扣当地经济发展的基本状况及其发展趋势，深入了解人才市场和职业市场的变化，了解社会和经济发展对技术应用型人才数量、规格等客观要求，才能明确职业院校人才培养目标，设计出符合人才培养要求的课程体系。

（2）明确校企合作课程开发内容

课程改革与建设是职业学校教学改革的重点、难点和突破口，也是提高职业教育质量的关键。根据课程理论，课程建设可分为三个阶段：课程设计、课程组织、课程实施。课程设计阶段的内容包括课程目标、课程内容、课程评价、课程资源、课程师资等方面的设计。课程目标设计必须考虑两个方面：一是学生的全面发展，二是满足企业需求。课程内容的原型必须来自企业生产实践，课程评价要实施双重标准：一是能否满足企业需求，二是能否满足学生的全面发展的要求。课程资源的建设包括课程实施需要的各类教学条件、实验实训条件。课程师资队伍的建设包括兼职教师队伍建设和双师素质教师队伍建设，在课程组织中，课程内容由学院教师根据认知理论进行知识和能力的序化和整合，并在此过程中加入学生全面发展所需要的各种元素，最终形成课程内容。在课程的实施中，要具体考虑教材、教学的组织方式、教师的教学理念、学校的教学政策、企业要求的变化等教学环境因素。根据这些变化对课程的实施提出具体的要求，对一门具体的课程而言，不但要有教学大纲、教材、教学资源、教师等，还要有当时当地的课程实施方案。

（3）完善校企合作课程开发机制

校企合作课程开发机制由学校、企业、课程专家和政府四个层面的要素构成。学校层面：教师是课程开发的主体，他们参与整个项目课程开发的过程；校长是课程开发的决策者，其办学理念决定着课程开发的方向和特色；课程管理人员的组织协调能力制约着课程开发的进度和效果。企业层面：主要是企业专家的作用，他们能为课程开发工作提供真实的岗位内容和必备的职业能力要求，为课程开发工作中的细节问题提供咨询。课程专家层面：课程专家是课程开发的组织者和指导者，他们的课程开发能力决定着课程开发的每一个环节能否达到项目课程的具体要求。政府层面：政府在职业教育方面的政策和制度是推动职业教育发展的强大动力，有效利用政府的主导作用，能够确保校企合作课程开发的长期性和稳定性。

（三）实习实训条件建设

为了培养满足企业生产与服务一线需要的高素质劳动者和技能型人才，职业院校专业实训基地必须紧跟企业生产，实训基地要体现企业的先进技术、先进工艺，实训内容要纳入企业的技术标准，要让学生通过实训熟练掌握企业的生产工艺和技术标准。但是，由于资金和场地的限制，职业院校不可能大量购置企业生产一线所使用的先进设备。只有校企深度合作，校企共用企业生产设备，才能建立满足专业教学需要的实训基地。一方面，引厂入校，利用学校的场地和企业的生产设备，建立校内实训基地，形成校中厂，满足校内实训需要，学生在校内就能够掌握相关设备性能、使用方法、操作规程和生产工艺；另一方面，在企业建立校外实训基地，形成厂中校，学生以企业职工的身份参与企业的生产，提高操作技能，接受企业文化熏陶，成长为符合企业生产需要的高素质技术技能人才。

1. 校企合作实习实训基地建设的重要意义

职业教育要坚持培养面向生产、建设、管理、服务第一线需要，实践能力强，具有良好职业道德的高技能人才，而稳定的实习实训基地是实践性教学活动的基本前提和保证。校企合作实习实训基地建设是职业院校推行工学结合人才培养模式改革的基础环节。职业院校只有以校企合作实习实训基地为依托，才能为学生提供真实的职业环境和训练情境，从而将实践教学活动融入生产活动，使教学过程和教学内容对接企业生产工作的实际，使课程设置和课程教学内容紧跟产业和职业岗位的要求进行动态调整，实现学习与工作的结合、教育与实践的结合、学校与社会的结合；深化以项目为支撑、以任务为驱动的教学模式改革，实现高素质技能型人才培养目标。因此，职业院校必须充分利用社会企业的各种资源和优势，改善实践教学条件，建立具有良好基础设施的校内外实习实训基地，将课堂建到生产一线，在实践教学方案设计与实施、指导教师配备、协同管理、实习实训安全保障等方面与企业密切合作，提高教学效果。

2. 校企合作实习实训基地建设的基本思路

一是了解企业的规模和发展状况。现代教学改革要求专业面越来越宽，实习实训基地建设应满足这一改革的要求。因此，作为实习实训基地的合作企业，应是具有一定规模的企业，这样才能保证学校和企业能在一定时期和一定范围内进行合作，并能够在相当长的一段时间内成为学校的实习实训基地。二是重点与分散相结合。所谓重点与分散，就是选择一个有代表性的企业，以其作为实习实训基地的重点，再选择几个相关企业作为基地的拓展。随着现代企业的结构和类型的变化，结合现代企业的规模和特点，在选择实习实训基地时，以重点企业和分散点相结合，应该是今后一段时期实习实训基地选点的一个方向。三是企业、学校和社会效益三方共赢。在目前市场经济起主导作用的前提下，效益是企业的生命，要使实习实训基地的功能得到充分的发挥，必须使企业通过与学校的联系，感觉到实习基地的建立能够提高企业技术和管理水平，能够提高企业知名度，给企业的经营带来效益，给企业的发展带来保障等。四是以项目和技术服务作为纽带紧密校企关系。单纯就实习实训基地而言，学校和企业建立了一种联系或关系，这种关系往往只是一种合作和互相支持的协议，双方并不存在法律上的约束关系，因此应使这种一般关系转变为一种牢固和长久合作的关系，而学校和企业只有通过建立一定的项目或技术服务才能保证校企之间有一种经常的联系，才有可能保证校外实习实训基地持久维持下去。

3. 校企合作实习实训基地建设的主要模式

校企合作实习实训基地建设要以职业院校为主体，以与规模以上企业（指工科类）深度合作为基础，以一个主体、特色专业及所属专业群为依托，通过"引企入校"，校企共建"校中厂"模式的生产性实习实训基地；校企双方必须签署协议，明确资源配置、成本核算、收益分配、财产管理、师生实训等方面的责权利，并共同制定生产经营等方面的管理制度，形成以"契约"为保障的利益共享机制；基地参与合作的企业应具有一定的生产或经营规模，生产技术和工艺水平符合职业院校人才培养目标的需要。

4. 校企合作实习实训基地建设的核心内容

（1）基地运行机制建设

建立校企共同参与的管理机构，形成"校企联动、合作育人、协作生产、共同研发"的运行机制，实现学校教学环境与企业现场环境、学校文化与企业文化有机融合；企业主动提供真实的生产项目或经营案例，校企合作开发实训项目；企业生产、技术、标准、设备向基地院校无偿开放，形成校企专业技术人员定期换岗交流机制。

（2）基地管理模式建设

成立基地院校与合作企业共同组成的管理机构，共同负责基地的建设与管理。将企业先进的管理理念、管理方法与职业文化引入基地，建立科学合理的管理模式和运行机制；实施基地院校统一管理下的"专业（群）+基地"运作模式，统筹发挥基地的教学、生产（经营）、培训、鉴定和技术服务功能；推行项目化实训，按照企业实际工作流程组织实训教学，学生和培训对象能参与基地实际项目的实施；以企业标准为依据，形成项目化、模块化教学培训标准，校企共同评定教学培训质量。

（3）基地硬件环境建设

基地场地及设施设备功能完备、技术先进、工位足够，能满足生产性实习实训和培训需要。基地场地及设施设备按照企业生产经营要求配置，具有真实的职业环境；设施设备配套，能满足综合性项目生产性实习实训需要；设备技术参数达到专业领域企业现场设备中等以上水平。生活设施配套，能够满足异地异校学生实习实训和培训需要。设有职业资格鉴定所（站），有行业性培训认证许可资质，能开展实训项目相关工种的职业技能鉴定。

（4）基地教师团队建设

建立校企互培互聘、共同管理与考核的实习实训指导教师队伍建设系列管理制度，确保实习实训指导教师引进有制度、培训有渠道、成长有通道。形成一支数量足够、相对稳定的实习实训指导教师与培训师队伍。实习实训指导教师具有企业工作经历，同时具有中级以上专业技术职务或高级职业资格，全部为"双师型"教师。

（5）实践教学体系建设

按照"生产导向、能力为本、校企互动"的原则，科学构建实习实训与培训体系，实训内容体现系统性、典型性和递进性。根据职业岗位能力要求，在企业专家的指导下，制订覆盖本专业主要技能和职业素养要求的模块化实习实训与培训实施方案，明确各模块的教学目标、教学计划、教学环节和教学方法，形成分模块的训练与考核标准；根据职业技能形成的内在规律，科学划分实习实训阶段（单元），制订不同阶段（单元）实习实训教学计划，形成整体方案与阶段（单元）计划有机结合，阶段（单元）计划又相对独立的实习实训体系，适应不同层次、不同阶段、不同就业需求的实训需要，提高实习实训的针对性和实效性。以分组教学、现场教学、案例教学和项目教学为主要手段，实施以真实产（作）品为载体的实习实训和培训，全程实现"做中教、做中学"；对实习实训过程和结果进行考核，综合评定学生的实习实训成绩。

（6）社会服务能力建设

服务区域内职业院校实践教学，实行职业院校和城乡职业院校共享共用；服务区域内相关社会职业培训；为区域内职业院校实习实训项目建设、管理和培训提供指导和服务。基地具有一定的生产经营能力，并有一定的生产经营利润用于实习实训或培训。基地开展应用技术研究或推广服务，为企业提供产品开发、工艺革新、技术推广服务或经营策划服务。

（四）师资建设

职业院校教师肩负着培养学生专业知识、专业技能、职业素质和传播企业文化的重任，加强师资队伍建设是教学质量建设的关键因素。从职业教育的职业性特征来看，职业院校师资队伍建设必须体现"双师"导向。也就是说，职业院校专业教师既是教师又是企业工程师和技师，其知识和技能要随着企业技术的发展与时俱进。职业院校只有与企业深度合作，专业教师才有机会经常深入企业实践，掌握企业新技术、新工艺，接受企业文化熏陶，使自己的工程师、技师名副其实，不断提高自己的双师素质，也只有与企业深度合作，企业的工程技术人员和能工巧匠才能担任学校的兼职教师，参与学校的专业建设和教学，不断提高专业教学团队的双师结构，满足专业教学需求。

目前，个别职业院校还没有真正建立起专任教师下企业锻炼机制、企业兼职教师教学激励机制、人力资源管理机制和国际交流与合作机制，自身吸纳和培养"双师型"师资队伍的能力严重不足，教学团队与职业教育内涵发展、特色发展的要求很不适应。主要表现在专兼职结构、理论教师与实践教师结构、学历结构等还不合理，绝大部分教师没有企业工作经历；专任教师总量不足，特别是在相关行业和领域享有较高声誉的技术大师、工艺大师的比例偏低，有影响力的优秀教学团队和教学名师的数量还很少；教师基于工学结合的专业改革能力、课程开发能力和实践教学能力还需要进一步提高；专任教师"下企业锻炼"流于形式，企业兼职教师参与教学与管理的深度不够。这种现状严重制约了职业院校教学质量的建设。

教师是职业教育实现可持续发展的战略性资源，在一定程度上，可以说教师是职业院校的核心，教师的知识、能力、技术和素养在根本上决定了教学的质量。对职业院校来说，应该按照人才培养的现实需要，把"双师"结构作为师资队伍建设的重点，创新校企合作培养师资队伍模式。一是根据"双师"结构教师队伍专业化发展的规律，校企共同开发教师培养和评聘标准，形成政策导向，为教师生涯发展明确方向。比如，对"双师型"教师在职称聘任、课时津贴等方面给予特殊政策。改革职称评定办法，建立与"双师"结构对应的职称评定体系。二是根据教学队伍的实际情况，校企共同制订系统的"双师"结构教师队伍建设与培养方案，分层次分类别实施教师培养培训计划，切实加强新技术和职业教育教学新理念培训，提高教师新技术吸收能力和教育教学改革能力。学校应有计划地分期分批安排专业教师到相关企事业单位进行专业实践，参与经营管理、技术攻关、项目设计、现场施工等与专业相关的职业活动，形成职业技能，获得职业资格，迅速成长为"双师型"实践教师。三是制订并实施专业带头人和骨干教师培养培训方案，采取交流和互培等形式，与境外先进企业和职业院校联合培养专业带头人和骨干教师，同时鼓励他们到行业企业兼职或担任行业协会职务，通过应用技术研究、推广和服务，提高在区域经济中的话语权。四是要制定兼职教师管理办法，主动收集区域行业企业技术人才资料，做好兼职教师资源储备，并实行专兼教师一体化管理，使兼职教师与专任教师享受同等的科研奖励和评优评先，激发兼职教师从事职业教育的积极性。同时，根据专业教学的需要，校企共建专兼结合专业教学团队，聘请企事业单位有丰富实践经验、技能过硬的退休专业技术人员、经营管理人员和能工巧匠担任专职实践教师；也可聘请企事业单位在职中青年技术骨干、经营管理骨干作为短期实践教师。建立有效的团队合作教学机制，推进校企之间技术研讨和经验交流的制度化建设，提高教师队伍的技术服务能力。

（五）文化建设

1. 职业院校文化建设的内涵

广义上的文化是指人类社会历史实践过程中所创造的物质财富与精神财富的总和。而狭义的文化指社会的意识形态，以及与之相适应的制度和组织机构。校园文化是一种由学校组织领导的以师生为主体，以学生为核心，以课外文化活动为主要内容，以校园为主要空间，以校园精神为特征的一种群体亚文化。由于职业院校教育主要培养生产、建设、管理和服务第一线需要的高素质技能型人才，职业性成为其区别于普通学校教育的特质。因此，以职业文化为取向的职业文化构建成为职业院校可持续发展的关键与核心。所谓职业文化是指由师生员工共同创造的，体现办学底蕴的文化形态。

职业文化本质内涵体现在以下五个方面：

一是和谐自信。建设和谐文化，是构建社会主义和谐社会的重要任务。社会主义核心价值体系是建设和谐文化的根本所在。职业院校职业文化是社会主义和谐文化的重要组成部分，因此职业院校职业文化建设要始终围绕"和谐"进行，打造和谐职业院校职业文化。而自信则是一种精神，唯有自信才能激发自身内在潜能，才能获得别人的认可。

二是爱岗敬业。爱岗敬业精神要求人们应该居其职位而敬其职业，做到认认真真地承担职业义务，兢兢业业地履行职业责任。"爱岗敬业"作为普通职业者的道德要求，促使各行各业的人们在工作中勤奋、认真，精益求精。因此，职业院校职业文化建设中大力倡导爱岗敬业精神是十分重要的。

三是团结协作。现代社会科学技术的进一步发展，社会分工越来越精细化，流水线生产使操作更加专业化，这种分工更加需要加强彼此的团结协作。否则，牵一发而动全身，一个环节没有衔接好，就会影响整个生产流程。职业院校是为企业培养一线技能型人才，培养其团结协作精神显得尤为重要。

四是吃苦耐劳。吃苦耐劳精神一直是中华民族的传统美德，但是，随着时代的发展，现在人们生活条件普遍提高，吃苦耐劳的意识逐渐淡化，甚至有个别学生不愿意吃苦，视吃苦为畏途。职业院校学生主要是面向生产、建设、管理和服务第一线的工作岗位，工作普遍较辛苦，因此培养职业院校学生吃苦耐劳的精神具有重要的现实意义。

五是诚实守信。诚实守信是中国传统道德的重要行为规范和个人道德修养的重要方式。和谐社会对诚信品质的诉求与市场经济冲击下的诚信缺失所形成的诚信渴求，加强诚信品质的塑造也自然成了社会主义核心价值观的重要内容，职业院校学生是今后生产、建设、管理和服务第一线的主力军，他们的诚信状况，直接影响我国社会经济的可持续发展与和谐社会的建设，甚而影响我国的综合国力。因此，加强职业院校学生诚信品质的教育，培养职业院校学生的诚信精神，不仅有利于学生自身价值的实现，更有利于整个国家综合素质的提升。

职业院校文化的特性体现在三个方面：一是教化性。教育的目的是促进人的全面发展，职业院校文化育人的过程，实际上就是塑造健全人格、开发智力潜能、丰富生命内涵，使受教育者得到自由、全面、完整发展的过程。二是导向性。文化并非一个中性的概念，其本身具有鲜明的价值取向。当今社会呈现出多元思想文化相互交织、相互激荡的格局。需要一个起主导、支配地位的价值观来引领职业院校文化建设。在职业院校文化建设中，加强理想信念教育，弘扬以爱国主义为核心的民族精神和以改革创新为核心的时代精神。深入开展社会主义荣辱观教育和社会主义核心价值体系建设，全面加强学校思想道德体系建设。三是独特性。有个性才有魅力，特色鲜明的职业院校文化才是有生命力的文化。职业院校不同于普通职业院校，具有自己的文化传统、类型风格。因此，我们必须按照职业院校的特点来建设和发展独具个性的职业院校文化。

2. 职业院校文化建设的意义

研究探讨文化强国战略背景下职业院校文化育人问题，有利于切实发挥职业院校在文化建设中的文化传承阵地、文化创新高地、文化引领源地的重要作用，有利于创新培育职业院校的核心价值观和品牌文化，有利于整体提高职业院校的育人质量和文化品质，具有十分重要的理论和实践意义。

（1）有利于培养职业院校学生与职业岗位相适应的思想道德素质

思想道德素质是职业院校学生人才培养目标中的一个重要内容。以校园文化建设为主线，积极探索实践校企合作、工学结合的人才培养模式，营造良好的职业文化氛围，能够帮助学生树立正确的世界观、人生观、价值观，帮助学生确立一种积极向上、自强不息的职业精神，帮助学生养成良好的职业素质和行为规范，从而实现高技能高素质的人才培养目标，提高社会对职业院校学生的认可度和满意度。

（2）有利于校企深度合作，解决职业院校教育资源不足的重大缺陷

资源是职业院校开展思想道德素质教育的重要保障。职业院校只有建设一批高质量的有品位的体现院校教育特色的教育资源，才能满足学生的实际需要，才能适应思想道德素质教育的现实要求，才能发挥思想道德素质教育的重要功能。

（3）有利于紧贴职业教育的特点，打造自身的办学特色

职业性是职业教育的重要特性。建设高质量的职业文化有利于克服当前职业院校在校园文化建设中因贪大求全而呈现的"泛校园文化"问题，找到一条具有职业特色的职业院校的校园文化建设发展道路，形成具有职业特点的职业院校文化品牌，并充分发挥其在培养高素质人才中的教育功能，从而彰显职业院校办学的职业特色，真正提高职业院校的社会地位。

3. 职业院校文化建设的理念

文化育人的宗旨在于人的全面和谐发展和科学教育与人文教育的同步协调发展。职业院校文化育人主要指向于职业院校文化与育人的相互关系，这种关系不是简单的"影响"与"被影响"或者"制约"与"被制约"，而是一种互生互补、互动发展的智慧生态，体现在教师和学生的思想、情感和行动中成为一种文化自觉。文化自觉就是指生活在一定文化中的人对其文化要有"自知之明"，明白它的来历、形成过程、所具特点和发展趋向。主要体现在国家更加重视，导向更加明确，基础更加扎实，贡献更加突出，对实现职业教育大众化、推动社会经济发展发挥了不可替代的作用。我国职业教育在文化建设层面，既

要重视培育建设一般意义上的职业教育文化，又要重视建设适应区域经济发展的工业文化，还要重视建设与行业、职业及岗位相适应的企业文化。职业院校文化是职业院校综合实力的集中体现，是职业院校精神风貌的显著特征，是职业院校核心发展力的内在根基。因此，我们要以党的十九大精神为指导，从职业教育的本质属性出发，积极主动反思职业院校的文化育人现状和发展困境，树立抓文化就是抓方向、抓发展、抓育人、抓质量、抓特色的理念，紧紧抓住社会主义核心价值观这个根本，充分尊重职业院校丰富多彩的文化特征，注重从职业教育的类型属性与职业教育现实矛盾中去思索、定位职业教育文化，不断培育和丰富具有职业院校个性和特色的文化。职业院校文化的特殊性决定了职业院校文化育人方式的特殊性。

（1）以文化凝精神

文化决定观念，观念引导行为。在全球化背景下，职业院校不仅受到中国特色社会主义文化的影响，还受到西方各种思潮的冲击。文化的多元化及价值观的多样化必然会影响到师生的价值取向和行为选择，甚至有可能使校园文化的建设偏离正常轨道。我们只有坚持用社会主义核心价值观引领职业院校校园文化建设，才能确立正确的办学理念、学校精神和教育观念，才能引导师生树立正确的世界观、人生观和价值观，为学校健康发展提供坚强的思想保证和强大的精神动力。

（2）以文化促发展

校园文化既是职业院校发展的重要手段，也是职业院校发展的重要目标。当前，我国经济社会发展步入了改革的深水区，信息化、工业化、城镇化和经济增长方式的转变对职业院校的人才培养、科学研究、服务社会和引领社会文化等提出了新的要求。职业院校要适应这些新的要求，就必须树立高度的文化自信和文化自觉，充分运用文化的力量，强化开放创新功能，不断提高社会服务能力，使学校的发展与社会需求相匹配，主动适应、支撑和引领经济社会发展。

（3）以文化育人才

人才培养是职业教育的出发点，也是职业教育的归宿。职业院校作为一个教育机构，其核心价值追求就是培养高素质技术技能人才。职业院校文化对人才培养具有很强的导向性、示范性和潜在性。职业院校要实现人才培养目标，就必须牢固树立文化育人的理念，强化教书育人、管理育人、服务育人、环境育人，努力为学生的全面发展创造良好的校园文化氛围，在潜移默化中净化学生心灵、提升学生品德、涵养学生情趣，使学生将社会主义核心价值观内化于心外化于行，成为合格的中国特色社会主义建设者和接班人。

（4）以文化提质量

提高教育教学质量是职业院校赖以生存和发展的生命线，也是当前职业院校教育教学改革的核心任务。职业院校文化不仅是职业院校的灵魂，也是改进职业院校教育教学质量的关键。职业院校要从教育教学层面，完善现代职业院校制度，加强领导班子建设，创新教育教学方法，强化实践教学环节，形成以教育教学质量建设为中心、以教育教学内涵建设为主题、以教育教学模式创新为主线，以教育教学制度规范为保证的职业院校质量文化，全面促进职业院校教育教学质量的提高。

（5）以文化显特色

任何一种文化之所以有价值或者与特定的价值相关，正是在于它的独特性。职业院校文化具有其他文化的共性，也有个性。这种个性其实就是职业院校在长期的办学过程中积淀形成的特色品质。职业院校要站稳脚跟，体现自己的价值，就必须塑造自己的个性，做到"人无我有，人有我优，人优我精"，即走特色发展之路。职业院校文化是所有职业院校所具有的专型文化，其组织主体、组织形式、组织规范、组织活动等都具有自身的文化内涵，它不仅涉及职业院校的办学理念、院校精神等精神文化，还涉及物质文化、制度文化、行为文化及教学文化等方面。要从物质文化、精神文化、制度文化、行为文化入手，运用系统理论和战略思维对职业教育进行系统的文化设计。

4. 职业院校文化建设的体系

文化是育人的重要手段，育人是文化的首要功能。学校的教育教学过程就是有目的、有计划的文化育人过程。职业院校文化是职业院校所具有的类型文化，其组织主体、组织形式、组织规范、组织活动等都具有自身的文化内涵，它涉及职业院校的办学理念、院校精神等精神文化，还涉及物质文化、制度文化、行为文化等方面。职业是文化之根，文化是职业之果。职业院校文化育人体系的设计与建构要遵循文化生成发展规律，秉承职业作为文化之根而结出文化的职业之果的精神，贯彻工学结合理念，体现工学结合特色，突出培养现代社会需要的全面和谐发展的高素质技术技能人才的目标追求，探索构建融职业精神、职业能力和职业生态诸要素为一体的文化育人新体系。

（1）以培育文化品质为目标，构建催人奋进的精神文化

精神文化是职业院校校园文化的灵魂。作为一种无形资产，它根植于学校长期以来的教育理念和价值观。职业院校要重视高品质的精神文化建设。一是要以校训、校风、校歌等为载体，培育和彰显校园精神，提升师生的文化认同，构筑共同的精神家园；二是要以主题教育活动为载体，积极倡导以爱国主义为核心的民族精神，弘扬艰苦创业、开拓创新的时代精神，把践行社会主义荣辱观纳入和谐校园创建活动中，帮助广大师生养成以爱岗

敬业为职业取向的核心价值观；三是要以专业教学为载体，在课程中要融入人文元素，加强人文教育，着力培养学生的人文关怀意识等。

（2）以培育文化规范为目标，构建严谨规范的制度文化

制度文化是维系职业院校正常运转的制度保证，对师生的行为起着引导、支持或规范的作用，是判断师生好坏是非的重要标准。职业院校制度文化的建设应坚持灵活开放、严谨规范的原则，以全体师生为主体，强调制度建设的科学性、制度化和规范化，积极探索现代职业院校管理体制，注重吸取企业先进的管理经验和文化，强化诸如遵纪守法、爱岗敬业、团结合作、开拓创新等与职业文化相关的内容，建立科学合理的管理规范和标准，完善融教学、科研、管理、服务为一体的学校制度体系，形成具有职业院校特色的制度文化，引导全体师生认真履行职责，恪守学校规范。

（3）以培育文化魅力为抓手，构建知行统一的行为文化

行为文化是职业院校师生在日常行为和校园活动中所表现出来的规范和风尚，是办学理念、职业院校精神的动态体现，也是职业院校文化建设的重要抓手。构建职业院校的行为文化，重在引导和实践。一是大力倡导和培育学生的职业精神，开展企业文化进校园活动，把企业的能工巧匠和劳动模范人物作为职业院校学生职业道德教育的现实教材，引导他们牢固树立崇尚卓越的职业道德精神和养成规范的职业行为；二是利用校企合作、工学结合等平台，使学生置身于真实的职业环境中，获得一个"职业人"应具备的能力和素质，并以此促进职业行为的养成；三是在课外活动、社会实践、专业技能大赛、职业资格证考试等环节落实职业道德和职业行为的培养，将学生的学习能力、沟通能力、转岗能力和适应能力纳入行为文化建设体系；四是要开展典型引路工程，建立先进典型培养和选拔机制，通过先进典型事迹报告会、主题班会等多种形式，充分发挥典型的示范引领作用。

（4）以培育文化阵地为目标，构建特色鲜明的物质文化

职业院校的物质文化则是职业院校文化建设的基础和保障，职业院校里的楼宇、设施、景观乃至一草一木等物化形态均属于物质文化的范畴，优美的校园环境能够熏陶人，在文化育人中发挥着重要作用。因此，职业院校的物质文化建设应与学校精神文化相匹配，在人文景观、文化设施、文化载体等方面体现浓厚的职业特色。一是教学环境要突出职业特色。教学环境的布置可以添加业内成功人士的资料、行业企业的发展状况及需求信息等与职业相关的因素。二是实训条件要突出职业特色。按照教学做合一的要求，融教室、实训、实验及生产为一体，营造仿真或真实的职业环境。三是人文景观要突出职业特色。充分挖掘职业文化底蕴，把具有典型意义和影响力的公共艺术作品与文化长廊、主题公园的建设融为一体，形成特殊的文化艺术传播空间。

5. 职业院校文化建设的策略

职业院校作为教育的重要组成部分，应在文化传承创新中彰显特色、有所作为、积极担当。文化是人类社会物质财富与精神财富的总和，是人们共同分享的核心价值资源和信念体系，是一个民族兴旺发达的不竭动力，教育的本质就是人与文化之间的双向建构。先进的文化可以教化、培育和提高人的知识、能力和素质，从而推动人的全面发展，职业院校要担当文化传承创新新使命，建设好文化育人新高地。

（1）摆正科学发展的大格局，推动学校发展的新突破

校园文化建设作为职业院校发展的有机组成部分，对于构建职业院校特色教育模式，实现人才培养目标，提升学校的办学质量具有十分重要的作用。职业院校要把文化建设纳入学校发展规划体系和年度工作计划，实行文化建设与其他重点工作统筹规划、统筹部署、统筹落实，在组织机构、经费投入、建设模式等方面积极探索、提供保障。切实加强对校园文化建设的组织领导，定期召开会议，着力解决有悖于校园文化建设的突出问题，不断增加校园文化的生命力和创造力，推动学校的内涵发展。

（2）坚持以文化人的主原则，提升学校发展的软实力

教育是一种文化传递活动，其核心就是"以文化人"。"以文化人"就是用符合社会主义核心价值观的先进文化去感化、教育、引导、约束人，使其在潜移默化中受到影响，从而达到情感陶冶、思想感化、价值认同、行为养成的功效。职业院校要坚持"以文化人"，就必须把先进的文化观念融入学校的办学理念、校园环境、日常管理、制度建设及师生行为中，促使师生形成正确的价值观，从而让校园文化的建设工作在润物无声中达到"软中有硬""虚中有实"的效果。

（3）强化改革创新的内动力，促进学校发展的大跨越

文化引领时代风气之先，是最需要创新的领域。职业院校作为人类文化集中传播的地方之一，是社会文化创新的重要阵地。职业院校文化的创新，不是将校园传统文化全盘照搬，也不是将历史文化全盘否定，而是根据社会发展的需求，紧紧围绕人才培养目标，不断进行物质文化、精神文化、制度文化、行为文化和教学文化的创新，重视应用技术创新，加快科研技术向现实生产力的转换，创新职业院校文化走出去的模式，走出一条具有自身特色的文化发展道路。

（4）构建文化管理的新机制，激发学校发展的新活力

职业院校不仅是一个教学组织，也是一个文化组织。职业院校的发展品质越来越依托职业院校文化的建设和管理，对职业院校文化的投资不仅能营造职业院校发展所需的动力和氛围，而且能减少职业院校大量的管理成本。因此，职业院校要走内涵发展道路，必须

借助校园文化的力量来提升内部管理的品质，激发内部管理的活力和激情。这种文化管理可以强化师生共同价值观的认同，尊重人性要求，重内在轻外在，重激励轻控制，是一种具有感染力的柔性管理，具有很强的文化感染力和渗透力。

（5）打造区域文化的新名片，树立学校发展的新形象

职业院校肩负着培养生产、建设、管理、服务第一线需要的高素质技术技能人才的使命，是区域文化建设的重要阵地。因此，职业院校应锁定"区域性""职业性""高等性"等关键词，根据区域经济结构转型的要求，在规划和建设职业院校进程中，要特别重视职业院校文化资源和地方文化资源的保护、整合、利用和开发，让每一个职业院校人都能享受到自己的文化成果，使职业院校校园真正成为提高师生素质、陶冶师生性情、净化师生心灵的精神家园。要始终坚持立足地方、融入地方、服务地方的办学定位，以"融"作为职业院校文化的重要价值取向，努力打造地方文化的思想高地、理论高地、传播高地、精品高地和文明高地。具体来说，一是要坚持以服务为宗旨，构建产学研协同创新机制，以专业文化创新的方式，不断提升区域产业文化品质；二是要组织专家、学者，利用其社会影响力和教育宣传阵地，自觉参与地方的各种论坛讲坛、学术交流、媒体宣传、文艺创作等团体或活动，积极宣传职业院校文化，扩大文化的影响力；三是要依托学校丰富的教育资源，创新文化产品的内容、形式，打造区域文化传播基地，传承和弘扬时代文化和民族文化精神，充分发挥示范辐射作用。

二、职业院校校企合作育人的模式

（一）我国职业院校校企合作育人模式的探索

我国职业教育发展较晚，但经过多年探索与实践，取得了很大的成绩，在校企合作育人方面，基本形成了多元化的校企合作育人模式。有人把我国职业院校教育校企合作育人的主要模式概括为以下几种：

从产权关系看，形成了校中厂、厂中校、专业实体化、校企一体化育人、集团化育人等校企合作育人学模式。许多职业院校面向市场需求，通过出租厂房、提供土地等形式盘活学校现有资源，采取校中厂、厂中校的模式，将生产性的实践活动与教学活动有机整合，在满足企业需求的同时，有效解决了学校办学资源不足的困境，实现了企业利益和学校利益的双赢。还有的院校，与企业合作成立实体性的办学机构，将技术创新、人才培养和社会服务有机整合在一起，积极探索产教共融机制与模式。而集团化育人模式则将政府、行业、企业、学校、科研机构、社会组织等主体有机地整合在一起，成为当前校企合

作办学体系的重要实现形式,在全国范围内得到了广泛发展。

从人才培养方式看,形成了顶岗实习、订单培养、现代学徒制等校企合作人才培养模式。当前校企合作已经逐渐从满足企业简单的人力资本短缺的需要,向以高素质技术技能人才支撑企业技术升级,获得市场竞争力的需要转变。在校企合作过程中,企业也不再简单地以获取劳动力为目的,而是越来越多地主动参与到技术技能人才培养过程中,以企业标准引导职业院校办学,实现企业用人标准与职业院校人才培养标准相对接,企业生产车间与课堂相对接,不断提升技术技能人才质量。

一是"人才订单"模式。订单培养是职业教育校企合作人才培养的普遍模式。用人单位根据自身发展对人才的需求,与学校签订人才培养协议,然后学校按照用人单位的要求进行培养,学生毕业后直接到企业就业。二是"校企联合"模式,企业与学校联合参与研究和制定专业培养目标、教学计划、教学内容和培养方式,并将企业产品设计、生产、经营、管理和服务与学生的教学过程有机结合起来。三是"工学交替"模式,即学校的理论教学与学生到企业实习交替进行,是学用结合的人才培养模式。四是"股份合作"模式,学校通过股份合作的方式,充分利用企业的设备、场地、技术、师资、资金,让企业以主人的身份直接参与人才的培养和管理过程,分享办学效益。五是"顶岗实习"模式。学生在主要课程已经修完、还没有毕业的情况下,学校允许学生提前走上工作岗位,作为企业的一名正式员工开始工作。六是"创业实践"模式,学生在走向社会之前参与学院组织的就业前模拟创业实践活动,自主创办小的经济实体和开发项目,是培养学生创业能力的一种人才培养模式。七是"现代学徒制"模式。现代学徒制是落实职业教育面向人人、面向社会的一种探索,是传统学徒制增加了学校教育因素的一种职业教育。和传统的学徒制相比,现代学徒制增加了学校教育的成分,是职业教育校企合作不断深化的一种新形式。传统职业教育的育人责任和就业风险均由学校承担,而现代学徒制则是校企共同负责培养、共同承担风险。现代学徒制具有如下特征:招工即招生,首先解决了学生的员工身份问题,不再简单地把顶岗实习的学生叫作"学徒工",而是视作企业培养自己的"员工",这样其责任感才能真正被激发;校企共同负责培养,共同制订培养方案,各司其职,各负其责,各取所长,分工合作,共同完成对学生(员工)的培养。

(二) 我国职业院校校企合作育人模式的创新

创新职业院校合作育人模式是实现职业院校人才培养目标的体制基础。职业院校要提高办学能力和水平就必须以服务区域经济社会发展为宗旨,以合作办学、合作育人、合作就业、合作发展为主线,以提高质量为核心,深化教育教学改革,创新多元联动的校企合作育人模式。所谓"多元联动"，就是"政、校、企、行"四方力量在高素质技术技能人才的培养上达成了一致性。职业院校培养符合区域经济社会发展要求的高素质技术技能人才必须具备一定的土壤和环境，这种土壤和环境正是这四方力量在机制上的联动作用。

1. 构建政府导向的合作育人模式

政府是职业院校的举办者，占有大量的政策、资源和经费。职业院校作为政府的管理对象，只有在政府的大力支持下才能获得更大的发展空间。因此，职业院校要以导向性发展支持为主，以紧密对接产业的专业为基础，按照"政府主导、学院承办、企业参与、董事会运作"的方式，组建产业学院，产业学院学生实行订单培养，免费入学。政府负责政策扶持、资金筹措，编制产业发展规划；学校和企业之间打通资金投入、人才培养方案制订、课程设置、教师和专业技术人员互聘、学生实习和就业、职工培训、应用技术研究等方面的通道，真正形成政府、学校、企业三位一体的合作模式，实现专业人才培养的良性循环。

2. 构建行业导向的合作育人模式

行业是发展职业教育的重要力量。长期以来，行业协会在制定、指导、实施行业标准、规范等方面，其作用是不可或缺的；行业协会也可以避免本地企业的短视行为，充分发挥连接教育与产业的桥梁与纽带作用，使职业院校的人才培养具有可持续发展性。因此，职业院校要以满足行业产业需求为宗旨，充分发挥自身在专业研发领域的技术和人才优势，按照"行业引领、学校主动、政府推动、企业拉动"的原则，以相关专业为龙头，由行业、学校、企业组成产学研联盟。联盟内部实行理事会制。以新产品研发为核心，三者之间，形成规划、研发、生产的紧密利益链，学校和企业在专业人才培养、课程体系构建、技术服务和员工培训、教师和技术人员互聘、学生实习与就业等方面全面合作。

3. 构建企业导向的合作育人模式

根据专业的特色和产业链的分工，走校企联合办学之路。校企双方按照"人才共育、过程共管、成果共享、责任共担"的原则构成利益共同体。所谓人才共育就是校企按照区域产业需求共同建设好专业链，培养高素质的技术技能人才。所谓过程共管就是校企全方位、全过程地参与专业建设、技术研发、人员互聘、产品生产和岗位培训。所谓成果共享就是要保证本地合作企业对毕业生的优先选择权，优先获得科研成果使用权，优先享受各项优惠政策。所谓责任共担就是学校和企业共同分担合作育人过程中的风险和责任。要提高职业院校企合作的有效性，发挥校企合作的育人优势，地方职业院校与合作企业之间就必须建立这样一种基于双方共同发展的互融机制。

第二节　职业教育校企合作的管理工作

一、职业教育校企合作的教师培养

(一) 当代职业教育教师应具备的素质

随着职业教育的发展和变革，职业教育教师队伍结构也发生了变化，无论是职业学校专职教师还是企业兼职教师不仅需要具备一般的教育素质，还需要具备特定行业的职业素质。

1. 教师应具备的教育素质

教师是履行教育、教学职责的专职人员。履行教育、教学职责，教师只有具备优良的综合素质才能胜任。

首先，教师应具备良好的职业道德和身心素质，热爱教育事业，带着丰富的情感和坚强的意志奉献于教育事业，这是教师从事教学工作应遵循的道德规范，是教师从业需要具备的职业素养。

其次，教师应具备精深的专业知识和全面的科学文化知识，精通专业基础知识和专业知识，掌握专业前沿知识，对思想政治知识和基础自然科学知识有基本认知，这是教师完成教育工作的基本条件。

再次，教师应具备深厚的教育理论知识，较强的教学教育能力，能够进行较好的教学设计，对教学过程有娴熟的调控能力、组织协调能力，与学生良好的沟通能力和处理突发事件的应急能力，这是教师保证教育质量的必要条件。

最后，教师应具备创新能力，善于接受新信息、新知识，分析新情况、新现象，解决新问题，不断更新自身的知识体系和能力结构，以适应外界环境变化和主题发展的需求，这是培养具有创新能力学生的必要条件。

2. 职业教育教师应具备的特殊素质

职业教育的目标是培养社会需要的具有一定专业技能的应用型人才，这就对职业教师提出了特殊的素质要求。

首先，职业教育教师要有丰富的实践经验，较强的动手能力，熟练地专业技能，想培养出应用型人才，教师就必须首先是应用型精英。

其次，职业教育教师还要具备专业教学任务转移的适应能力和职业课程开发能力。职业院校教育与产业发展关系密切，产业结构调整和人才需求变化决定了职业院校教育的专业教育内容与专业设置经常处于变化之中，这就要求职业教育教师不断地接受新的教学任务和教学工作，对其适应性提出了较高的要求；另外，社会职业结构的动态调整和重组，对特定职业人才定制培养，需要进行职业课程的定制，而在应用范围较广的教材不能满足高针对性需求时就需要职业教育教师自主开发职业课程。

最后，职业教育教师要有一定的社会活动能力、技术推广能力、就业指导能力和创业教育能力，能够做好学生的职业准备，乃至服务于社会的企业内训、职工转岗分流和下岗职工再就业。

（二）积极发展学校专职教师的教学技能

1. 校企合作对职业学校教师发展的作用

（1）有利于教师认识和改变发展环境

教师在追求发展的过程中需要一定的空间环境，同时教师要不断自觉努力地拓展出更大可能的空间，这样才有利于生存和发展。教师提升发展的自觉性，其目的是使每个教师都意识到自己能成为自身职业生涯的主人，只要努力实现自我更新，就能胜任当代教师的职责，并在成就学生的同时提升自己的生命质量，活出特有的职业尊严和精神愉悦。

校企合作打破了原有的教学模式，教师认识到自己的教学生存环境发生了改变，这种"生存危机"使教师不得不改变现有状态，新的教学模式应运而生，教师不再局限于理论上的教学，而是利用更多的实践习得来支撑整个教学活动，来满足学生就业的要求。唯有认识到这些，教师才会产生投入教育变革的自觉，进而意识到这一变革的实现只有通过改变教师自我才能实现。未来职业学校的教师必须学习和掌握与他们工作相关的学科理论及行业实践技能，把未来职业学校专业教师定位为具有较高的科学文化水平和具有教育理论知识、技能与态度，作为能否胜任教育教学工作的基本要求或条件。现代专业教师必须既是教育学者又是行业专家，两者缺一不可。

（2）有利于教师教学、研究能力的提升

职业教育要求教师具有将过去熟悉的"系统理论知识"改造成"系统的应用知识"的能力；要把行业、职业知识及实践能力融入教育教学过程的能力。学校从校内封闭教学到开放式的工学结合教学已经成为职业教育发展的主流，传统的以讲授为主的教学方法已不适应学生技能学习的需求。随着大众传媒和信息化发展，以及学生获取知识渠道的拓

展，教师应不断拓宽知识面以满足学生的需求。校企合作下教师已不仅仅是教给学生课本上的知识，更需要给予学生必备的实践经验。教师在与企业的合作中了解到企业对学校教育教学中的知识、技能、思想品德等方面的要求，从而改进教育教学方法，不断提高教育教学水平。

教师的研究意识、研究能力是教师发展的重要内容和支撑。职业学校的教师，不能仅限于完成教学工作，还应该结合教学实践，开展科技研究与成果开发。与普通教育教师偏重于理论研究不同，职业学校教师偏重于应用方法的研究和高新技术的开发与推广。职业学校教师结合实训教学中发现的问题，确定研发项目，在研发过程中提高教师的实践教学能力和学生的动手能力；同时，在加强与企业的合作中，教师要立足实习基地，加大应用性研究，有针对性地开展面向社会、企业的应用技术研究与新产品、新工艺开发等，促进科技成果迅速转化为现实生产力，实现校企双赢。开展教育科研，提高教师创新能力科研过程，是教师重新学习的过程，是使教师知识不断更新、知识结构不断改善并趋向合理的过程。

（3）有利于教师专业技能、实践能力的提高

随着社会对高技能人才的需求，职业教育得到快速发展，而职业教育要取得高质量的成果关键在于教师。职业教育对教师的专业技能、实践能力提出了很高的要求，尤其是在相关行业、专业的从业素质和经验方面，而这方面的素质和经验都不可能通过教师教育在学校内获得，但校企合作可以解决这一难题。

校企合作使得职业学校的教师也有机会进入生产第一线，接触先进设备，提高自己的生产技能，巩固自己的理论知识，而不是仅限于书本，脱离生产实践做"填鸭式"的教学，这也为职业院校教师成为"双师型"教师创造了有利条件，是对职业院校教师在岗培训缺乏的有效补偿方式。

（4）有利于教师与企业合作能力的培养

合作能力指为了达到某种目的（个人的或共同的），运用自己的长处为他人服务并利用他人的知识和经验弥补自己不足，以形成更大的力量使得双方都能获得利益的能力。当前，教育十分强调团队精神，这便要求教师自身要具有这一品质，学会与人合作是教师职业能力的重要一环。合作能力最重要的就是处理好合作者之间的关系，合作最需要的是宽容、同心协力、求同存异，缺少这样的和谐，合作就不可能形成合力，合作事项就不可能取得成功。在校企合作中，行业企业积极参与到教育教学中，与学校共同进行教学质量评价、共建实训基地、共同培养"双师型"教师以及共同开展项目研发等。因此，学校与企业要有"合作教育"观念，互相信任、互相合作，使学校的专业设置与企业有机发展相适

应，使学生的素质与企业的需求相适应。如果离开了这种互助合作交流，新的知识就不会得到实践检验，一些综合的、前沿的、新潮的知识更不会被同化在教师知识体系中，教师也不会习得他人亲历实践所总结的宝贵经验，那么成长和发展的速率就会减慢，创新更是无从谈起。教师与企业专家的交流与合作是提高教师专业能力的重要途径，缺乏交流与合作会导致教师专业的孤立，发展停滞。

（5）有利于教师改变教学观念和育人模式

职业教育与市场需求密不可分，课程体系针对性和实用性强。这种以市场为导向的办学理念对传统的教师教育办学理念、育人模式提出了极大的挑战，要求教育办学理念进一步更新，迫使教师与社会需求联系得更紧，育人模式更开放、更灵活。

职业教育强调以学生的动手能力为中心，这要求教师要不断转变教育思想，更新知识结构。教师不仅拥有精深的学科理论知识，还应该有熟练的操作技能，以加快自己职业化成长的速度。要将新观念、新理论、新知识、新方法运用到自己的工作实践中，并发挥积极的作用，成为教育教学创新力，就必须理论联系实际，不断反思自己的教育实践，总结经验，从理论到实践，从实践到理论，再到实践，从而形成自己的教育思想、教育理论。

（6）有利于教师不断深化课程建设和课程改革

由传统教育改革观向现代教育观的转换，意味着教师在课程与教学改革过程中的主体意识和教学研究意识应有所加强。课程开发是教师教学生活的一项重要工作。校企合作下的课程应该是教师与企业专家联合创造的教育与实践经验，课程实施本质上是在具体教育情境中创建新的教育经验的过程。

教师素质的高低会影响学校教育课程改革的能力和步伐，提高教师的课程意识和参与课程的能力，才能从根本上保证职业学校教育课程改革的顺利进行。校企合作很大程度上要根据企业要求设定专业和课程，合作企业的变更、发展等外在因素的变化，都将导致学校专业及课程设置的对应调整，这会导致专业和课程稳定性相对较弱，不利于专业建设的稳步发展。作为课程开发的教师和行业专家应密切联系所在学校和企业的实际状况，以学校的办学理念为前提，开发出彰显职业学校特色的课程。在专业设置上要针对行业和区域经济发展的需要，设置针对性强、具有明显职业性和区域性的专业；在人才培养上要针对职业技术、岗位群对人才的需求，开办社会急需的新专业；在学科建设上要紧跟本行业的科技前沿动态，以社会需求量大、发展前景好、教学实力强的专业进行重点建设，以专业品牌和专业内涵来获得市场效应，提高办学效益和社会效益，增强职业院校教育适应经济社会发展的能力。因此，校企合作有利于学校的课程改革，有利于"双师型"教师的培养，使教师在指导学生生产的过程中，积累丰富的生产经验，这是教师发展的源泉。

2. 校企合作下专职教师培养策略

（1）组建"双师型"师资队伍

目前，个别职业学校教师队伍专业化程度不高，专业教师队伍力量不强。专业教师虽有深厚的学科理论知识，但缺乏对行业实际工作的了解，因而缺乏行业实践经验，致使理论脱离实际的现象较严重，很难成为学科带头人。因此，强化职业学校"双师型"教师队伍的质量建设，已成为提升职业学校核心能力的首要任务。"双师型"师资建设是职业学校发展的关键，它直接影响职业学校的办学质量和高技能、应用型人才的培养。可以采取以下两种途径来推进"双师型"师资队伍建设：一是引进或聘用既有丰富实践工作经验，又有较高理论知识水平的企业或行业高级技术人员充实教师队伍或做兼职教师；二是鼓励教师向"双师型"发展。学校定期选派专业教师到企业挂职锻炼学习，使教师接触现实岗位工作环境，了解学生毕业后工作岗位的基本技能和业务要求，使培养的学生更能适应企业的要求。

（2）制定优质的校企合作课程体系

学校在制订职业院校人才培养方案的过程中既要遵循教育教学规律又要依据企业的需要，课程体系开发与建设是推动专业建设和提升专业教学质量的重要举措，居于核心地位。因此，学校与企业共同制定的课程体系要结合职业教育的特色，开设一些实效性高、应用性强、对学生有实际指导意义的优质课程，筛选出符合学校发展、企业需求的课程内容。在校企合作开发课程的过程中，要明确各自的职责，教师是课程开发的主体和核心力量。在合作中教师和企业专家可以取长补短，如在课程开发和建设中，教师会碰到大量需要规范的内容，而教师对现实工作岗位的具体要求和行业标准知之甚少，因此这就要求引入企业、行业界的技术力量，由企业专家为教师提供智力、技术支持。企业专家分析出来的职业能力和职业标准对开设的课程才具有特别指导性，开发出的课程才具有现实指导意义，培养出来的学生才能够胜任某一岗位或者相近岗位群的能力要求。优质课程建设有利于提升教师的专业水平。

（3）探寻教师发展的多种路径

每一位教师都有发展的需要，都有面临观念更新、知识更新从而跟上时代发展步伐的需求。因此，开展不同层次的培训项目，对提升教师的素质具有现实意义。校企合作教师的培养有很多种形式，如参加国家教育部组织的教师专业技能培训获取资格证书；制定职教教师入职标准，建立在职教师师资学位制度；注重职业教育师资培养培训基地建设，让更多教师参与培训；专业教师定期到对口企业单位实习、挂职锻炼；校企双向互派学习，让教师直接深入到第一线，企业直接参与到学校办学过程中；共同参与企业研发项目，以促进教师相关专业的发展；等等。这些培训方法都能积极推进教师的培训，使教师培训走向社会化。

（4）积极推进校企间学术科研交流

职业教育人才培养目标调整带来的对于科研能力的强调，迫使教师应以本专业本学科知识为主线，紧跟科技前沿动态，积极主动地向相关学科知识领域深入。校企合作的开展帮助教师找到理论联系实践的结合点，更有利于教师科研项目的顺利开展，从而进一步提高教师的科研能力。同时，学校凭借人才集中、技术集中的优势，尽可能地派出教师同企业技术人员组成攻关小组，进行科技开发，共同开展项目研发。加强校企之间的学术交流与合作，能活跃学术氛围，增强科研实力。在交流研讨过程中，既解决了企业的技术难题，又能提升教师业务和科研水平。校企间的学术科研交流，也是强化教师为地方服务的功能，提高为企业服务的能力。社会服务职能是教师的人才培养职能和应用技术研究职能的合理延伸。坚持"以服务为宗旨，以就业为导向"的职业教育是与地方经济社会发展最为密切的教育。

（5）建立专门的校企教师发展组织机构

职业学校校企合作工作虽然取得了一定的成果，但还存在着一定的问题，只停留在表面层次意义上的校企合作，并没有达到深入的校企融合的合作程度，这种合作方式还需要进一步地探索并加深，归根到底是缺乏校企合作制度的支撑。为此，应考虑要充分利用政府机构的桥梁职能。目前，国家没有建立专门的协调机构来负责设计、监督、考核和推行校企合作，使得校企合作项目难以获得企业主管单位、劳动部门、教育部门的充分协调。为了实现校企两方达到"双赢"的目标，建立校企合作新机制，需要政府部门积极采取有效措施，让企业在确立市场需求、人才规格、知识技能结构、课程设置、教学内容和成绩评定等方面发挥相应作用。学校在关注企业需求变化的同时，应在政府相关部门的指导下进行专业方向调整以及培养规模的衡量和培养方案的制订，真正把校企合作、培养高素质技能型人才工作做好。例如，建立教师发展中心、教师企业工作站、教师国际工作站、青年教师工作室、青年教师成长学校等，搭建优质的硬件平台和软件平台保障教师发展。

（三）完善校企合作下外聘兼职教师队伍

校企合作运行过程中，不仅需要专职教师，还应聘请企事业单位的专家、技术骨干、能工巧匠到学校担任兼职教师，传授实践技能和知识技术的应用，承担部分专业实训课及相关课程教学任务。

1. 外聘兼职教师的任职条件

具有良好的师德，较强的敬业精神。具有一定的教育教学经验，熟悉职业教育的教学方法。具有中级以上专业技术职称或本科以上学历，专业知识水平较高，能胜任所讲授的课程或毕业设计（论文）的指导工作。某些专业课程经批准可适当放宽任职条件，但须持有相关专业职业资格证书，或技能岗位等级高级工以上，或具有相关专业 3 年以上工作经历，身体健康，精力充沛，能完成教学任务。

2. 外聘兼职教师的职责

教学工作量包括上课、辅导、批改作业、出试卷、批改试卷、评定成绩、试卷材料归档等。按学校的教学计划、课程标准等教学文件进行讲义组织和教案制定，按行动导向、学生主体的要求实施教学，必须备有所教课程的教案，以保证教学质量。严格按照课程表讲课，未经聘任学院和教务处批准，不准擅自调课、停课或者更换教师。因事因病请假，复课后必须及时补课。认真进行课程辅导，作业批改。参加所授课程试卷的出题、监考、评卷等工作。在每学期课程考试结束后，按学校要求及时录入和送交学生成绩，并按照学校对试卷相关材料的要求，提供相应的材料。参加各院（部）组织的集体教研活动，每学期参加教研活动不少于四次，并对学校的各项工作提出合理化建议，共同搞好教学活动。

3. 外聘兼职教师的管理

外聘兼职教师管理由学院（部）、教务处、督导处和组织人事处负责。各院（部）按统一的要求建立起本学院（部）外聘兼职教师档案。组织人事处汇总并建立全校外聘兼职教师档案库。各院（部）具体负责兼职教师的日常管理工作。每学期召开一次外聘兼职教师工作会议，了解外聘兼职教师的教学情况，通报学校教学信息，总结教学工作。教务处负责审核和检查兼职教师的教学工作量。兼职教师的教学质量由督导处和院（部）共同监控。督导处、各院（部）根据教学计划的要求，应不定期抽查和了解外聘兼职教师的授课情况和课程辅导、作业批改等情况，检查教学质量。对学生意见强烈、教学效果差或严重违纪的外聘兼职教师，由督导处、各院（部）研究后及时予以辞退，并由各院（部）做好后续工作。

外聘兼职教师应灵活安排教学时间，与学校教师共同开发实践教学课程内容，负责学生技能训练指导，承担实践教学任务，确保优秀兼职教师到校上课；专任教师到合作企业顶岗实践，提高教师实践能力；教师参与企业的技术革新、设备改造与新产品的研发，承担企业员工继续教育的培训工作。

二、职业教育校企合作的学生管理

（一）学生进入企业前后的管理工作

1. 学生进入企业前

学生进入企业前，要进行培训。很多实习生下企业前大多抱着美好的期待和从学校解放的心情，未曾想过学校的生活与社会、工作生活是存在很大的不同的，主要表现在与人交往方面以及对于自己的定位不准，故而在下企业后的前几个月会出现不适应，甚至会经常产生离开单位的想法。因此，学校要针对学生下企业后出现的若干问题，对学生进行引导教育，使得学生做好下企业后的思想准备，勇敢地应对下企业后出现的种种问题，以更积极向上的心态解决这些问题。

首先，使得学生明确校企合作的意义和目的，激发学生的学习动机，避免学生产生"学校不管我们了"等消极思想；其次，使得学生明确校企合作学习方式的目的、意义，并结合他们的工作岗位特点有针对性地进行深入细致的顶岗实习前教育和培训，提高学生对企业和岗位的认识；最后，学生离校实习前，要求严格签订好相关的"协议书"和"保证书"，加强学生对实习期间安全、法制等方面的重视。

2. 学生进入企业后

（1）建立学生的个人档案

在校企深度合作的背景下，交替的工学结合的培养模式，使得学生不断地变换着自己的角色，这个时候，学生的思想和心态很容易产生波动。社会上一些好的与不好的方面，都会或多或少影响到学生的世界观、人生观和价值观的形成。

（2）辅导员要转变好角色

辅导员是学生的直接管理者，在校企深度合作的背景下，辅导员所发挥的作用显得尤为重要。学生在学校学习期间，辅导员按照学校的常规方法、规则来管理学生。在学生进入企业实习后，既有"学生身份"，又有"员工角色"，双重角色能使学生的内心产生一些变化，学生既为进入真实的工作岗位感到激动，又为离开熟悉的学校感到忐忑不安，在全新的环境中，学生往往容易忽视学校的管理和指导，造成他们不遵守企业和学校对顶岗实习的安排和管理。因此，辅导员则需要转变好自己的角色，由学校的管理规章下转变为按照企业的运作要求和文化内涵来管理学生。

（二）校企合作中学生管理工作创新

1. 校企联手寻求灵活有效的心理教育模式

根据校企合作模式下学生的心理特点，我们要寻求灵活有效的心理教育模式，这种模式应该贯穿学生的整个学习生涯，分为实习前、实习中和实习后三个阶段。一是要建立心理疏导机制。在实习之前，有些学生可能会对实习不理解，不认同学校的安排，认为学生就应该在校园里多学习知识。另外，还有个别学生踌躇满志，向往社会、向往工作，实习满足了他们开拓新天地的渴望，但又感到自己缺乏专长，缺乏竞争力，对即将面临的实习感到恐慌。基于这种情况，应建立起一套完整的心理疏导机制，即从院领导到相关教师再到辅导员都必须重视学生的心理波动。耐心讲解实习的目的、意义，使学生能够以更成熟的思维方式去分析问题、解决问题。学生在校期间，应发扬传统教学模式的优势，多开展各种学生活动，使学生学会如何与人交流，如何正确认识自己，形成积极向上和乐观的生活态度。二是要建立心理互助小组。这主要是针对在企业实习的学生。把去同一家企业的学生编成一个或多个心理互助小组，每个小组定期举行活动，在活动中大家可以互相倾诉烦恼，也可以共同分享快乐，通过这样的方式，使每个学生都能获得心理上的安慰，避免心理疾病的发生。三是建立信息联络员制度。在实习期间，选择一些责任心强、善于与人沟通的学生作为联络员，这些联络员通过网络、手机等多种方式将实习情况及时反馈给辅导员或相关企业的管理人员。四是建立有效的沟通机制。这种沟通是多方面的，包括辅导员、相关教师和企业指导老师的沟通；辅导员与企业实习学生的沟通；企业负责人与学校负责人之间的沟通等，及时解决学生遇到的心理难题。五是健全实习结束后的心理辅导机制。学生结束实习返校，辅导员及相关教师可采取总结报告、座谈讨论、个别谈心、评比竞赛等方式，引导学生结合实习，搞好分析总结，并注意在今后的学习、工作中不断改进、提高。这样，校企合作模式下学生管理工作才能产生实际效果。

2. 校企合作形成创新的学生管理机制

学生管理工作是一个复杂的过程，它不仅涉及学工系统，而且从学院的角度出发，全院的行政系统都应是实施学生管理机制的主体。各级院领导应充分重视学生管理工作的重要性，切实加强对学生管理工作的领导，做到职责明确，体质健全，形成一套行之有效的管理机制。校企合作模式注重学生实践能力的培养，使学生在校期间就能尽早地进入企业学习。相对来说，学生在校内的时间缩短、在校外实习时间变长，使学生管理工作和思想教育工作的难度增大。

学生管理机制不能忽视学生自我管理的重要作用。特别是进入高年级阶段，学生的自我管理显得尤为重要。此时，学生对自己的未来进行了规划，形成了较为成熟的想法，需要朝着个性化的道路发展。学生自我管理并不是指学校和辅导员对学生不再进行管理，而是学校通过宏观调控，完善各项规章制度，培养学生自我管理的能力；而当学生在自我管理的过程中出现问题时学校和辅导员及时给予帮助和指导，学校就像一只看不见的手，从总体上控制和把握学生管理工作。这大大提高了学生自我思想的转化和良好行为习惯的养成，提高了学生的管理能力，让学生能够更快地适应企业的生活，适应社会。

学生管理的激励机制也是必不可少的。学校可以通过与企业联手设立各种奖学金，组织各种优秀学生的选拔比赛等。鼓励学生以企业的实际项目为课题进行创新研究；结合校内课程学习成绩，由学校与企业共同考核确定；优秀毕业生可优先被企业录用；实习期间由企业考查选拔储备管理干部人选。

校企合作模式下学生管理方式须不断创新。由于学生所处的学习环境发生了变化，不再是单纯的学校环境，很多传统的管理方式因为时间、地点、人数等原因无法正常开展。所以，仅仅通过谈话、沟通等传统方式是不能达到良好的管理效果的。因此，学生管理人员（主要是辅导员）可以定期到不同的实习单位走访、通过网络等方式了解学生实习生活的情况，及时解决学生思想、心理问题；在活动组织上也应根据企业情况、学生时间情况等因素以灵活形式进行。学生管理工作不仅仅是学校的工作，更应得到企业的支持和配合。企业应配备专人负责学生的管理工作，定期开展企业文化、职业道德等方面的宣传和教育，帮助学生既练技能，又学做人。校企双方形成教育合力，搭建全员、全社会育人的架构，提高教育管理工作的实效性。

3. 校企文化融合尝试新型的教育理念和管理手段

校企合作模式必然会带来校园文化和企业文化的融合。学校应扬长避短，充分发挥企业文化的积极作用，可以引导学生针对自身的问题进行改进。学生在学校文化的氛围中形成了积极向上的世界观、人生观、价值观，在接受企业文化的过程中学会了与人沟通、与人合作等能力，从而使学生在学习知识的同时也学会如何做人。在学生管理模式上可以参照企业的组织模式设置班委，以企业的管理模式实行"总经理（班长）负责制"，按照企业的制度制定班级规章制度，结合企业和专业的特点规划班级活动，以项目的形式组织班级活动，从而使学生在校期间就能感受企业文化氛围，帮助学生毕业后更快适应企业的工作。

三、职业教育校企合作的运行管理

运行管理是职业教育校企合作管理工作中重要的一部分，也是保证学校和企业完成合作教学的主要过程。

(一) 分析人才需求，开展招生招工

1. 确定用工岗位

确定合作企业以后，学校和企业一起研讨，对企业的人才需求进行分析，具体包括各岗位的在职人员数量、目前技能水平的现状、过去每年各岗位的招聘人数，根据企业的生产规模和发展规划，科学预测各岗位人才的需求量，以及各岗位的技能要求发展状况，撰写该企业的人才需求分析报告，从中确定企业的哪些岗位符合学校的专业设置和国家职业标准，将这组岗位确定为校企双制班学生毕业后的工作岗位。

2. 制定人才培养目标

在确定了校企合作的工作岗位群之后，学校专业骨干教师须深入企业，与各岗位现职人员深入交谈，记录调研数据，撰写工作分析报告。对若干个岗位进行更详细的职业与工作分析，可借助鱼骨图等分析工具，罗列每一个岗位的具体能力要求，包括胜任该岗位所学知识与技能、工作素养、通用能力等，在此基础上描述人才培养的具体目标。

3. 组建试点班级

确定了人才培养目标后，就可开展招工招生的工作，常见的有下列三种情形：第一，企业通过社会招聘确定一批准员工（或从在职员工中组合一批人员），输送到学校作为正式学生共同培养。第二，学校完成新生录取后，企业在学校的新生班级或二年级的班级中招聘准员工，重组成为校企双班制。第三，在招生前期，企业与学校一起开展招生招工。在招生招工过程中，可以通过宣讲会、现场会等形式对学生进行招聘动员，使学生了解企业，从而踊跃加入校企合作班。

(二) 分析学习任务，开发课程内容

1. 分析学习任务

在正式组建了校企合作班以后，专业教师需要召集企业相应岗位的在职人员开展访谈会，各与会人员罗列岗位的代表性工作任务，汇总典型工作任务，确定一体化课程，编制教学计划表等分析工具对各代表性任务进行分析，从而挑选出合适的学习任务。学习任务的设置既要考虑通用的技能，满足该专业国家职业标准的要求，又要考虑企业的专项技能，以实现与岗位的零距离对接。

2. 分析课程概要

确定了课程列表后，专业教师与企业共同分析每门课程的实施情况。一般来说，通用知识与技能主要由学校的专业教师任教；企业特有的专项技能主要由企业派出工程技术人员作为兼职教师任教。因此，校企合作班的任课师资队伍肯定是校企双方共同组建的。在制订教学计划的同时，需要规划好各门课程的任课教师，为教学实施提供师资保障。

3. 开发课程内容

确定了课程概要以后，专业教师召集企业相应岗位的在职人员，利用学习任务描述表，一起对各学习任务进行分析并做出具体的描述，将岗位工作任务的内容、过程、标准及组织形式等转化为课程的学习目标、学习内容、参考性学习任务及其基准学时、教学实施建议和考核评价要求等，进而汇编成课程标准。课程标准是人才培养方案的重要组成部分，是教学实施的基本依据。

（三）分析实施要求，开展课程教学

1. 确定教学实训场所

确定了课程标准后，专业教师与企业共同分析每门课程的教学资源。通常来说，通用技能的实训，主要在学校内的实训室进行；企业特有的专项技能，一般在企业内的生产车间完成。因此，校企合作班的教学资源必然是校企双方共享的，这是提高教学效率的有效途径。在确定教学计划表的同时，不但要确定每门课程的任课教师由学院安排还是企业安排，还要确定每门课的教学场所。这是校企合作班人才培养方案的另一个重要组成部分，通常被列入校企合作办学的协议中，以增强对教学资源的保障。

2. 组织课程实施

确定任课教师和教学场所后，开始进入课程组织实施过程。校企合作班的课程教学实施与非试点班的课程教学实施没有本质的区别。他们都是按照工学一体原则，在工作页的引导下，以学生为中心，通过自主探究、小组协作、以工作过程为教学的组织流程，通过完成学习任务获得知识、技能和工作素养，并从工作总结与反馈中获得知识的系统提升。具体的教学活动策划一般包括每一教学活动阶段的学习内容、学生学习活动、教师教学活动、学习资源准备、学习时间、学习场地等。

3. 监控与管理实施过程

教学实施过程的监控与管理，与非试点最大的不同在于：除了基于校园文化的校纪校规以外，还基于企业文化的生产管理规范。因此，校企双制班的管理团队也是校企共同组建的，在校期间以校内的教学管理为主，在企业期间以企业管理为主。双方对学生进行过程考核，且每个学期一起对学生开展职业能力测评，测评结果用于修正今后的教学实施。

第三节　职业院校校企合作育人的保障与评价

一、职业院校校企合作育人的保障

我国职业院校在校企合作育人方面进行了很多十分有益的探索与尝试，但从总体上来看，还没有建立完善的保障体系，在实际的操作过程当中仍然存在很多亟待解决的问题。职业院校校企合作育人工作能否有效开展，关键是要从政策、投入和管理等方面予以充分保障，形成与之相匹配的制度体系。

（一）制度保障

1. 政府

（1）加快健全职业院校校企合作育人的法规体系

政策制度是校企合作育人深入发展的重要依据。我国职业教育取得了令人瞩目的成就，进入了崭新的发展阶段，许多地方先行先试，出台了地方性的法律法规和政策制度，进行了积极探索。但从整体上，一个有利于校企合作育人的法律制度体系还远未形成。因此，积极推进相关法律制度体系的建设成为进一步推进职业教育发展的必然需求。

第一，建立职业院校校企合作育人法规体系框架。校企合作育人需要一个完整的法规体系，完善、有效的法律保障是校企合作育人顺利开展的根本，没有完整的法规体系做保障，校企合作育人只能在现存的问题和困难中徘徊不前。因此，要结合政府、职业学校、企业和受教育者个人等各个方面的利益，围绕职业学校和企业两个合作的主体，建立校企合作育人的法规体系框架。

第二，校企合作育人的法规建设源于校企合作育人实践的发展需求，根植于现实社会，应根据职业教育发展的新形势、新情况和新问题，对目前校企合作育人进行广泛的调研，在总结、提升经验和问题的基础上，对《职业教育法》中校企合作育人的法规进行补充和完善。

（2）重点完善企业参与职业院校校企合作育人的有关制度

校企合作中一个突出的问题是企业参与职业院校校企合作育人有关制度的缺失和不完

善，主要表现在现有法规制度还没有将企业作为职业教育实施中的一个重要主体，没有直接承担职业教育的任务，使企业处在教育责任的缺失状态。要解决这一问题，需要重点完善企业参与合作育人的有关制度，使企业教育职能制度化。因此，在原有企业参与合作育人制度的基础上，建议增加以下企业参与合作育人的有关制度内容：

第一，确立企业在合作育人中的地位。在大职业教育系统观理念下，企业既是大职业教育系统中的一个主体，与职业学校一样，具有举办职业教育的责任；同时，企业还是大职业教育实施系统中的一个实施主体，与职业学校共同实施校企合作。

第二，建立企业资格制度。校企合作育人的目的在于技术技能型人力资本专用化。技术技能型人力资本专用化这一过程对参与企业有一定的要求，如企业的规模、设备条件、企业技术和技能人员的素质、企业文化等，并不是所有的企业都具备参与的条件。所以，企业参与教育，必须具备一定的资格，建立企业资格制度。企业资格制度可以由行业协会委员会组织制定，制度主要有三个方面的内容：一是认定标准和主要内容；二是认定的流程；三是相关配套激励和优惠制度与措施。认定标准重点是企业管理者与技术技能人员的素质、企业设备条件、培训场所条件等；认定流程包括企业申请、对企业进行认定评审、发放认定资格证书、定期考查复审等程序。企业资格制度的建立，一方面有利于规范企业职业教育行为，另一方面有利于促进和激励企业参与职业教育。

第三，明确企业的责任与权力。具有合作育人资格的企业应承担以下责任和权利：一是提供实习岗位。企业根据员工或岗位的比例提供一定数量的实习岗位，实习岗位应该覆盖企业的全部生产过程，并要求这些岗位具有一定的技能含量，核心技能岗位应占有一定的比例，同时实习岗位要与指导师傅相配套。二是承担用工责任。我国职业教育的就业导向特征决定了企业用工方式必须受相关法规的约束。推行广泛的、制度化的订单式培养模式，对没有承担订单的企业，也应要求企业优先接受职业学校毕业的学生。三是参与教育教学。在大职业教育系统中，企业是技能型人力资本专用化中的一个主体，与职业学校分担不同时期不同的教育责任，企业只有参与到学校教学工作中，才能提高技能型和技术型人才的培养效率和效益，减少企业人才培养的成本，提高企业整体效益。四是承担培训员工的责任。培训旨在提高员工的水平，使其在技能上不断提高，在专业上不断进步。五是承担职业学校教师企业实践责任。六是企业享受的相应权利。企业享有对学生实习和就业进行考核的权利、根据企业实际需求和学生对实习岗位的贡献优先挑选优秀学生的权利、参与教育教学包括增加一部分企业文化和岗位要求的权利、在有条件的前提下自主办学和组织培训的权利等。

第四，规定企业应享受的优惠及处罚条款。国家通过政策制度，立法制定优惠的经费、财政、金融和税收政策，保证校企合作中各方的收入受到法规保障。除在原有减免税收政策的基础上，制定企业提供实习岗位制度，按照企业年收入标准，规定企业提供实习岗位的形式和方法，对达到标准的企业实行无偿提供实习岗位，对未达到标准的、提供国家急需特殊岗位的企业通过国家补贴提供实习岗位。为提升职业院校企合作法律效力，强化法律责任，制定必要的企业处罚性条款，确定处罚的主体、对象和方式，进一步明确企业责任和义务，增强企业参与合作育人的责任心和社会的责任感。

2. 企业

企业要认真落实国家有关企业职工教育经费提取、使用的规定，把合作育人纳入企业发展规划，制定技术技能型人才培养目标和计划，鼓励和支持在职职工参加培训，提高技能。企业的高素质技术技能人才应以校企合作方式培养为主，企业之间可以联合举办职业院校，也可以与职业院校合作办学。企业应建立工学结合的学生教育制度，面向职业院校学生开展普遍的、持续的实习实训。企业接受学生工学结合、顶岗实习会产生一些问题，但只要在制度的规范下，校企双方互相配合，周密详细安排，许多问题是可以解决的，而且还能给企业带来一定的经济效益和社会效益。如企业的部分生产任务可以由学生完成。在工学结合期间，企业要安排好学生的食宿，保障实习学生的安全，对确实为企业创造了经济效益的学生要支付合理报酬，不能把学生当作廉价劳动力。

3. 学校

职业院校要规范校企合作育人，必须构建完整而系统的管理制度体系作为保障，也就是说，校企合作应该制度化。职业院校与企业能否进行长期合作，在一定程度上取决于双方经过逐步探索建立的各种保障机制。这就要求职业院校要建立包括教学质量监控、激励和评价等制度在内的校企合作制度保障体系，有效保证校企合作育人的顺利进行。

从教学的角度出发，学校要立足于校企合作育人对教学质量监控的要求，建立以工作准备、实时监控与及时纠偏为主线的教学质量监控体系，并构建由企业参与评价学生技能和素质的综合评价体系。具体来说，要根据人才培养模式改革的需要，吸纳企业行业技术人员、学生及家长和学校管理人员共同参与，不断延伸管理链，改革管理制度与方式，进一步完善质量管理和保障体系。打破传统的质量管理模式，提高质量管理体系的灵活性，针对工学结合、项目教学等教育教学改革的需要，调整质量管理方法与形式，突出过程监控与形成性评价，切实将管理的重点从固定的课堂或教学主体转移到变化的活动、项目中去；强调实训、实习等实践教学环节的教学质量监控，建立学院指导教师跟踪制度、学生自我评价制度与用人单位访问制度，保证实践教学质量；改进原有的教学质量管理方式，以开放办学的要求，发动行业、政府与社会力量参与质量管理，实现质量管理主体的多元化，形成动态的反馈与保障机制，从而提升教学质量；改革原有学制、学籍管理模式，推进适合职业院校特点的学分制，提高学制、学籍管理的兼容性，鼓励学生取得职业资格证书与自主创业，满足学生多样化、个性化发展需求；更新原有的学生管理模式，推行导师管理、团队管理、企业管理与自我管理等方式，使学生管理工作适应人才培养模式改革的需要。

从管理的角度来说，学校要进一步完善激励机制，深入分析教师和职工的需求特征，可以采用物质激励与精神激励相结合等方式，建立健全生产、技术、营销、劳动、财务、人事等诸多方面的一整套科学的管理制度，同时引入合理的竞争机制，如在人事制度上实行全员聘任制，以增强学校领导班子、教师与职工的紧迫感和危机感。要在人员、分配、管理职位等方面建立一系列考核、监督、评估和约束保障制度，将定性分析与定量分析相结合、一般分析与特殊分析相结合，形成监督有效和约束有力的管理格局。但是值得注意的是，职业院校要将这些制度真正落到实处，在实施的过程中要确保这些制度的公平性、有效性和及时性，为校企合作奠定坚实的基础。

（二）组织保障

1. 政府

要进一步建立和完善分级管理、地方为主、政府统筹、社会参与的校企合作育人管理体制，落实发展职业教育的责任。各级政府要把校企合作工作纳入目标管理，在关注就业率的同时，把开展"校企合作、工学结合"的成效作为考核职业院校教育教学工作的重要指标，建立"校企合作、工学结合"定期巡视检查制度，重点督查各职业院校落实国家和省政府的有关政策，企业接受学生实习以及相关优惠政策落实等情况。

2. 企业

企业要设立校企合作管理机构，具体负责校企合作育人经费的筹措与管理，搭建校企合作育人平台，制订并实施校企共建专业、实习车间（实训基地）计划、制订并实施接受学生实习实训及吸纳学生就业、合作培养员工和双师素质教师、先进应用技术研发与转化计划，做到全过程地参与职业院校高素质技术技能人才的培养，积极探索产学合作机制，主动选派工程技术人员到职业院校兼课，参与学校教学改革，与职业院校共建专业、实训基地、研发中心和经济实体，或组建职教集团，在校企合作育人中共享职业院校的人才资源和设备资源。

3. 学校

职业院校要主动建立由校企双方成员构成的管理组织机构，作为校企合作育人长效运转的组织保障。学校不仅要建立专业教学指导委员会这样的组织机构，更要在校、院、系等各个层面与企业建立组织联系，进而在学校层面构成一个整体。具体来说，可以从三个层面构建校企双方的管理协调机构：一是在学校层面建立专门的校企合作领导和管理机构，从全局的角度和战略发展的高度来思考、协调与解决合作过程中可能会出现的各种问题。二是建立校企合作办公室，专门负责对外联络的工作，积极寻找适合开展合作的企业和项目，密切关注企业并与其保持紧密的联系，以确保企业更多地参与人才培养，保证双方的信息通畅。三是建立专业教学指导委员会，要根据每个专业的不同特点，分别聘请行业专家、企业领导与学校的专业教师共同组建。专业教学指导委员会最突出的作用就是确定了以社会岗位群对人才需求为导向，以知识、能力、素质为依据的专业人才培养方案。一方面，这些组织管理机构能够保证双方在合作中根据具体的专业和合作目的进行职责和权力的划分以及具体实施，使技术、产品更新对人才技能的要求及时地反馈到人才培养的过程中；另一方面，还能够使双方更容易建立并保持稳定的相互信任关系，企业较多地参与指导教学设计、教学改革、教学监控体系的建立与评价标准的制定，共同制定关于人才培养的教育、教学、科研、师资、教材等管理的基础文件。这样从整体到局部，形成一个较为完备的校企合作管理组织机构网络。需要指出的是，职业院校要对各层机构做出明确的责权指示，要精心选择适合担任这些工作的教师及职工，使得这些组织机构能够真正发挥出其应有的重要作用。

二、职业院校校企合作育人的评价

当前，职业院校普遍缺乏一个行之有效的评价模型来比较和评估开展校企合作育人的质量和深度，而评价方法的缺位也势必对职业院校校企合作育人的热情造成不利影响。质量评价不仅要强调传统教育教学活动效果的评价，还要在教育资源的利用和教育过程、教育目标方面赋予较多的关注。评价的整体目标是能更好地培养适应社会需求的高素质技术技能人才，并将能否适应社会需求，得到市场、行业、企业的认可，作为评定质量的唯一标准。

（一）职业院校校企合作育人评价体系设计的重要意义

所谓评价是从特定的目的出发，根据一定的标准，通过特定的程序对已经完成或正在从事的工作进行检测，找出反映工作质量的资料或数据，从而对工作的质量做出合理的判断。好的评价模式可以起到检验效果，查找出现的问题，引导方向的作用。职业院校开展校企合作育人评价，在一定时期内，对开展校企合作育人工作起着"指挥棒、风向标、催化剂"的作用。设置什么样的校企合作育人评价指标，就会直接影响到校企合作育人质量。因此，职业院校开展校企合作育人评价具有十分重要的意义。

1. 有利于提升职业院校校企合作育人成效

校企合作育人评价不仅是现代管理必不可少的重要工具，而且是一项宏大的系统工程。职业院校校企合作育人评价是一项综合性很强的工作。它包括制订评价计划、确立评价方法、评价方案实施、评价结果公布、评价结果运用等五个方面的内容。其中，指标设置是基础。对于现阶段校企合作育人评价指标的设置，由于校企合作项目存在着散、乱、小的问题，因此职业院校应重点突出发展的方向，即对职业院校校企合作项目进行分级管理，在职业院校层面上将重点放在校级合作项目的建设上。在职业院校企合作上档次、成规模、规范化之后，对校企合作工作考核指标的设置，就需要把年度发展的目标任务细化为具体的、可操作的指标。指标设置的科学与否直接影响和关系着未来职业院校校企合作的育人成效。

2. 有利于突出校企合作育人重心

职业院校校企合作育人评价指标的设置，体现的是职业院校学院层面对校企合作工作的意图，在什么阶段设置什么样的指标、不设置什么样的指标，对不同指标给予不同的权重，都应当认真考虑，科学设置。校企合作育人评价指标能够引导相关职能部门、各二级学院把注意力聚在什么方向，把优势资源用在什么方面，所以职业院校校企合作育人评价指标反映的是职业院校的发展战略，具有十分明确的导向性。

3. 有利于改进校企合作育人工作

职业院校校企合作育人评价是一项管理制度与工作安排。评价指标必须根据重点工作的需要，即在一定时期内保持应有的稳定性，不能朝令夕改，让相关职能部门、各二级学院无所适从。同时，也要与时俱进，在阶段性目标实现后及时建立新的适应时代需要的校企合作育人指标。总之，职业院校校企合作育人指标的设置，是一个连续、动态、优化、提升的过程。每个阶段都要根据重点工作的新要求，综合研判，适时调整，坚决淘汰过时指标，增设战略引航指标。

(二) 职业院校校企合作育人评价体系设计的基本原则

职业院校要促进校企合作育人工作的开展，就必须着眼全局，谋划长远，科学进行顶端设计，制定出牵动全面、影响未来的校企合作育人评价体系。在评价的过程中，要坚持以下六个原则：

1. 导向原则

以质量为导向构建校企合作育人评价体系，重点强化人才共育的质量评价，检验校企合作目标的实现程度，以不断改进校企合作育人的方式方法。

2. 综合原则

校企合作育人评价体系是一项系统工程，应对整个教育教学系统中的各个环节进行全方位的评价，如校企合作育人的条件、内容、效果等，使评价具有综合性，全面反映教育教学质量。

3. 适应原则

一方面，校企合作育人评价体系确立之后应能够适应实际需求，可操作性强，各类评价指标设置要合理；另一方面，适应性原则对评价者和评价对象都适应。

4. 科学原则

影响校企合作育人质量的因素很多，有些难以量化，难于用数据来衡量。因此，制定校企合作育人评价的标准和方法应注重科学性，从指标设置、标准值和权数的确定等方面进行认真研究和测算，使精确量化与模拟量化互补，更为准确地反映客观情况。

5. 多元原则

校企合作培养的学生最终接受的是用人单位的考核，而这种考核必须基于企业、学校、学生等多种评价主体。评价主体的多元化，有利于确保绩效考评制度的质量，使考评制度更具有可行性。

6. 多样原则

校企合作育人的评价需要把定性方法和定量方法相结合，把自评与他评相结合，对合作育人的各个方面进行综合评价，不仅重视结果评价还要重视过程评价，尽量做到评价方法的多样化。

(三) 职业院校校企合作育人评价的内容体系

投入指标反映了职业院校现有的人力、经费及其他可利用资源等办学条件；产出指标指职业院校通过教学活动，获得的成果及产出；过程指标体现了职业院校办学过程中管理、组织和运行的情况，以及相关资源的使用效率等。组成校企合作育人质量评价模型的评价因子有三个：校企合作育人资源、校企合作育人过程和校企合作育人效果。

1. 校企合作育人资源

校企合作育人资源体现的是学校在合作教育中所投入的人员、设备及经费等教育资源，其中包含了师资队伍建设、经费投入情况及校内外实习实训基地的建设三个方面。师资队伍的构成强调具备双师素质的教师要在专任教师中占相当的比例，鼓励教师在不影响正常教学的前提下到校外兼职业中挂职，了解市场需求，增强自身的实践能力。经费投入要向实践教学倾斜，保证学生的实习实践经费专款专用，突出学生实践能力的培养。学校各专业要拓展学生的校内外实习实训基地，不仅数量上要满足，还要保证学生实践的学时达标，并全程监控学生实习实践的效果。

2. 校企合作育人过程

校企合作育人过程体现在三个方面：专业建设、课程改革和教材建设。学校各专业要尽可能地开展校企合作，专业建设除重视校内的培养外，还要加强学生校外的实习实践。积极开展课程改革和教材建设，开发校企合作课程，共同开发教材和实训指导书，学生的考核应采取校内考核和企业考核相结合的方式，甚至直接将企业考核或社会考试成绩作为学生课程的成绩。

3. 校企合作育人效果

影响校企合作育人效果评价的重要指标有：毕业生取得职业资格证和双证书的比例，校外实习基地每年接收毕业生的人数比例，学生总体就业率，企业投入的经费或捐赠的实验实习设备总值，学校每年为企业服务的年收入及培训员工和人次，教师的技术专利和技术发明的数目，等等。

(四) 职业院校校企合作育人评价的标准体系

职业院校要以提高人才培养质量为目标，与行业企业共同对师资队伍、实训条件、课程体系等进行过程监控、反馈与评价，实施人才培养质量监控的动态管理，校企共建校企合作育人标准体系、校企合作育人质量评价标准体系和校企合作育人质量保障体系。

1. 校企共建校企合作育人质量标准体系

充分发挥行业企业和专业建设指导委员会的作用，积极开展工学结合教学改革，制定符合专业人才培养目标的合作育人质量标准体系。对专业的工学结合人才培养模式构建，基于工作过程的课程体系开发、教学条件保障、专业设置与调整等进行系统的规划设计，制定专业的人才培养标准、课程标准和教学标准。强化校企合作专业人才培养质量标准制定的"过程控制"，确保专业培养目标与用人单位对专业人才需求目标的一致。

2. 校企共建校企合作育人质量评价标准体系

引入行业、企业标准，通过制定校企合作育人各环节的质量标准、质量评价标准、质量保障实施办法与反馈办法等制度，将校企合作育人质量过程评价与结果评价结合起来，单项评价与综合性评价相结合，学校评价与企业评价相结合，注重人才共育过程与质量评价要素的有机结合。建立由合作育人组织管理、合作育人工作评价、合作育人过程质量管理、合作育人质量检查等环节组成的完善的质量保证与监控评价体系。

明确合作育人质量评价指标，规范和创新"生产实训""工学结合""顶岗实习"等实践环节的质量监控，构建符合校企合作、工学结合人才培养模式的具有职业教育及专业特色的质量评价标准体系。

3. 校企共建校企合作育人质量保障体系

依托行业、企业设立专业建设指导委员会，对生产过程、教学组织、成绩评定等进行共同管理，探索校企共管机制。成立校企成员岗位互聘的组织机构，构建人才培养质量组织保障体系。建立校企共管制度，岗位互聘制度，人才培养方案和课程体系共建制度，适应工学结合的教学管理制度，校企共同评价教学质量制度，专任教师下企业制度，兼职教师聘用管理制度，顶岗实习管理制度，人才培养状态数据平台监控、分析、反馈管理制度；建立和完善专兼职教师教学规范要求；建立和完善生产实习、毕业实习、毕业设计质量评价标准等校企合作育人管理、监控与评价制度。

总之，校企合作育人评价体系的建设对职业教育的人才培养质量的评价至关重要。职业院校应建立以实践学习条件、职业素质发展为评价核心，逐步形成以学校为核心，政府部门、行业、企业及其他社会组织共同参与的质量评价体系，不断完善校企合作育人质量评价体系，提高教育教学质量，提升其服务经济社会发展的能力。

第三章　校企合作中的资源共享

第一节　校企合作中资源共享的理论与现实

一、校企合作中资源共享的理论透视

(一) 校企资源共享形态

校企合作的基础在于资源共享，从资源理论来看，校企合作就是企业与院校通过合作达成伙伴关系，与对方组织实现优势的互补。

1. 校企合作的资源驱动——占有对方的关键资源

职业院校的资源为教育资源和公共社会资源的混合体，因此职业教育的资源需求具有多层次、多类别特征，主要包括基本的教育需求、就业需求、发展需求，内容主要涵盖基础文化素质教育、基础理论知识教育、专业技能教育、实践能力教育、专业提升和拓展教育等。

在市场经济中，不同行业领域对人才的需求各有不同，且相对较为复杂，这主要是受就业区间、就业意愿、就业满足度、教育周期等因素的综合影响，是政府、社会、学校、个人等关系相互作用的结果。从教育资源的供给角度来看，人才的供给和需求只有充分协调和匹配才能发挥教育资源的作用，不同主体的资源储备实现真正共享才能确保高质量的教育实效。对职业院校来说，其无法全部拥有必需的就业资源，且仅凭学校自身的力量很难将不同的社会资源进行合理调配，因此就需要与企业、政府、社会达成合作关系以完成资源的合理调配，实现资源整合，促进优势互补。

由此，校企合作资源共享便形成了一种基本理念——自身不一定需要拥有关键资源，但需要具备对资源的调配能力。合作关系可以使双方资源共享，并以此作为双方获得同等价值的一种公平补偿方式，因为合作者都期望有广泛的资源分享。

2. 资源共享的理想状态——建立社会伙伴关系

校企合作建立在双方资源共享的基础上，它是超出了物质类范畴的能力共享，当共同

体双方能够在没有竞争时形成目标的一致，便可构建最佳资源融合合作关系。当合作主体能够使双方都获得相应的利益，这种合作就是主体在智力上的给予和获得。职业教育的实施主体较多，且相互结合，从而会形成一种多元化、多层面、放射性的合作关系网，在这一合作关系网中，各个利益主体相辅相成、关系稳定。合作形态的不同，社会伙伴关系的组成也会有所不同，一般表现为以下几种关系。

（1）法定型社会伙伴关系

法定型社会伙伴关系的典型特征在于，各主体间出于某种政策目标，在官方机构的组织下建立起合作关系，其利益追求与优质资源都与社会直接或间接共享，例如，学校与工厂的合作即属于这种社会伙伴关系。

（2）社区型伙伴关系

社区型伙伴关系在社区范围内组成建立，因此所关注的问题也仅限社区范围内，参与者需要组织开展各种社区活动。这种关系是由地方政府、企业、职业院校、培训机构相互合作所建立的网络型结构，一般会跨越两个社区，以此推动地方政府的互动，同时引导地方政府制定相关的政策法规，为社区范围内的群众提供广泛的教育机会和平台。

（3）协商型伙伴关系

协商型伙伴关系建立在互利共赢的基础上，双方之间有基本一致的利益目标追求，出于内部和外部的利益互动发起组建，以此维持双方的伙伴关系，实现共同的利益追求。相比于前两种合作伙伴关系，协商型伙伴关系是运行时间最久的，一般长达 11～15 年。

（二）校企合作的伙伴关系纽带

企业和院校虽然在文化、理念、社会责任、组织结构、运行体制等方面各不相同，但在人才培养目标方面，两者却能保持基本一致。

1. 校企合作过程中社会伙伴关系的植入

社会伙伴关系是由官方机构或社会团体所推动构建的战略合作关系，这种合作关系有利于在保障当地人民利益的前提下，为当地的各种社会问题和经济问题提出解决方案。社会伙伴关系是社会不同群体之间通过共同协商所形成的利益纽带，是以"互利共赢"的前提建立的一种契约合作关系，它包括政府与非政府、实体经济与非实体经济之间的合作，在这种合作关系下，各个主体成员的工作效率都会有所提高，同时其各自利益也会得到相应的增长，增加各个成员的社会资本。此外，这种社会伙伴关系可以有效促进不同社会群体之间的合作，改变原有的合作方式与机制，为社会的发展营造一个稳定的环境。

在社会合作关系的不断发展中，伙伴关系逐渐进入了职业教育领域。在职业教育中，以往的伙伴关系是学校与商界的合作。从商界角度来看，参与职业教育是有明显优势的，一方面，可以在人力资源上选择和吸纳更为优质的青少年人才；另一方面，产品周期日益缩短，员工技术调整加速，青少年人才更能适应。此外，伙伴关系是一个发展过程，是不断变动和成长的，职业教育正是在这种关系的推动下获得更全面的市场信息和资源供给。

2. 职业教育社会伙伴关系的界定

职业教育社会伙伴关系是指由学校、企业、政府、教师、学生等主体在共同提升的状况下所组建的合作关系。从这种合作关系中可以发现，职业院校的办学雏形就是依靠多元化社会力量所搭建的办学模式，目前这也始终是职业院校所努力的方向。职业教育社会伙伴关系主要关注以下五大要素：

（1）参与者

多元化社会主体要严格遵守合作关系所建立的章程和规定，同时做出组织承诺。

（2）关系

在达成合作关系后，各个参与者之间要保持长期性、稳定性、可持续性的关系合作。

（3）资源

不同的参与者在合作关系中需要为其他主体提供不同的有价值的资源，如知识资源、设备资源、技能资源等。

（4）分担与共享

分担是指在合作关系中，不同主体要分担相应的责任以及风险后果；共享是指资源和利益上的互利互惠。

（5）连续性

成员主体之间的价值、利益、目标等要达成基本一致，这是合作关系良性循环的前提条件，是维持长久信任关系的基础。

以上内容是合作关系建立的基础，可以看出，各个主体之间的合作关系是相互依赖、相互承担、相互分享的。

3. 校企合作共同体内部的关系网络

社会伙伴关系的主体具有多元化特征，涉及到各个行业领域，校企合作中的利益相关者在价值网络的维系下形成长期的合作关系。这里所说的价值网络涵盖范围较为广泛，是全世界范围内的一个复杂性整体，在这种复杂的环境中，各个行业获得成功的关键在于与其他社会主体形成的关系网络，并在这一关系网络中传递价值，形成价值网络。价值网络结合了人力资源、信息内容、物质基础等多方面要素，三者形成一个有机整体，在价值网络中处理和解决各种问题和矛盾。

职业教育在社会关系中的重点在于培养、培训、就业、升学，是融合多主体从而形成一个共同体形式的利益网络关系。社会伙伴合作关系的本质在于服务，在合作关系中，各主体都会扮演一定的角色，如政府扮演的是推动者、监督者、协调者、资助者角色，为职业教育校企合作提供各个方面的保障；学校所扮演的是培养者角色，为企业和社会培养高素质的技术型和应用型人才；企业所扮演的是投资者、服务者、消费者、举办者角色，为职业教育提供平台和机会，它是职业教育人才培养的最大劳动力市场。

二、校企合作中资源共享的现实透析

（一）校企合作中共享的资源类别

从教育资源的框架来看，校企合作中的资源类别主要分为四种，即人力资源、物力资源、信息资源和资金资源，其共享效果与校企合作的内部和外部环境都有着重要的关系。

1. 人力资源的共享

在校企合作中，人力资源包括教师资源、学生资源，其中教师资源主要为院校专业教师资源、兼职教师资源及校企合作中企业的专业技术人员、下企业实践的教师资源等；学生资源主要为企业实习实训学生、在校综合素质优异的学生等。人力资源的共享主要表现在以下两个方面：

（1）师资方面

校企合作中形成师资资源共享，是指院校与院校之间形成互通，建立合作共同体，在教师资源中设立兼职教师资源库，兼职教师资源库除了包含院校的专职教师外，还可以是企业的专业技术人员，使教师能够根据不同院校的需求来进行兼职。院校可以在教师兼职资源库中选取企业专家和技术人员来校进行实践指导，企业可以在教师兼职资源库中选取专业的教师入企指导，双方之间形成兼职互聘。

（2）学生共培方面

以具体的专业为前提，企业与学校针对即将毕业的学生制订专业实习方案，明确学生在企业实习的具体内容和要求，根据学生的实习情况予以严格考核，以此保证学生的实习效果。尤其是校企共建的职业院校，学生在企业的实习详情需要更加细化，并以学期为单位进行师徒结对、分组结对、分组指导，将具体的任务具体到人，此外还可以在师徒结对时增加仪式感，使师徒双方的关系更加密切，增强双方的使命感和责任感，提升学生的学校效果。

2. 生产性资源的共享

生产性资源又可以分为硬性资源和软性资源。实训场地、实训设备设施等属于硬性资源；课程教材、项目化教学、人才培养方案等属于软性资源。在校企合作中，企业和院校对生产资源共享的落实情况尤为关注。

（1）实训场所建设方面

实训场所的建设并不是单一地依靠企业，学校也需要保证全程参与，实现共建共享。在具体的建设过程中，应当坚持"围绕以新兴岗位，引入行业企业标准，课程融通，建设数字化资源"的思路；推进课程体系、教学内容、教学方式、教学情境的转化和重构，不断深化课程体系改革标准，将企业的实际需求与院校的课程内容设置相结合，同时与行业专家和课程开发专家共同组建课程标准，实现教学资源的数字化建设，以培养综合型的电子商务人才。

（2）教学培养实践方面

基于教学实践的共享原则，教学课程要做到实践化，就需要将课程内容项目化，在课堂教学中为学生提供企业的现实案例，如企业生产线的真实流程、实际操作工序、产品开发过程、技术项目的困难等，当这些真实的企业现实案例渗透进职业院校的课程教学后，其教学效果势必能事半功倍。

3. 衍生资源的共享

衍生资源是指资源在发挥本身的价值之后，还能具有价值增长性，它是对创造过程和创造结果的一种反映。校企合作中的衍生价值主要包括研发资源、意识资源、就业平台。从我国校企合作目前的形势来看，其衍生资源共享方面的效果不太理想。

（1）研发资源

研发资源即技术攻关和技术服务，包括知识产权、生产专利、重大项目等内容，这种资源一般很难由企业独立完成，常常是多个企业或专业群组进行共同研究攻克。研发资源是企业所给出的"技术难题"，需要由优秀专业教师或企业技术专家结合成项目组来共同完成。

（2）意识资源

意识资源既是一种主观认识，也是一种文化渗透，比如，教师入企实践从而获得的各方面认知就是一种意识资源，如岗位认知、行业认知、技术认知等。企业具有对市场的敏感度，能够第一时间知晓行业动态和发展方向，因此企业对技术的更新以及企业经营理念通常也最为前卫，职业院校的教师在企业实践中也会潜移默化地形成对市场的灵敏感知，这对教育教学的开展是具有积极意义的。

（3）就业平台

就业平台并非企业与学校的一对一形式，而是多个学校与多个企业的多向选择形式，这与传统意义上的"就业平台"认识有所区别。这种多向选择的就业平台不仅提高了院校学生的就业率，同时还提高了学生的就业质量，此外企业通过就业平台也能自主地优先选择高素质人才。

4. 文化资源的共享

文化资源是一种隐性资源，在这里主要是指企业文化资源，如企业的行为规范、操作流程、职业素养、制度管理、经营理念等。学生通过校企合作的下设实习项目，能够直接接触专业有关的产业文化，这是对专业的一种产业对接，有利于熏染和滋养人才。

（二）校企合作中资源共享的困境

从校企合作的形式来看，企业与学校的利益和追求目标是基本一致的，从表面上讲，基本不会发生太多的矛盾和摩擦，但从客观层面来看是并非绝对的，其在共享环节、共享广度、共享机制等方面总会出现一些问题，存在一些矛盾。

1. 共享环境：校企资源整合缺乏有效氛围

（1）政府推动资源整合作用失位

只有将各个区域内及各个主体的资源进行整合分配，资源本身才能发挥出更大的价值空间，资源整合主要依靠的是政府的统筹调配，以此使企业、学校、社会能够共享。同样，在校企合作中，政府对职业院校的资源也兼有整合的责任，此外还需要对企业与学校的合作关系不断地组织和促进。但是从实际情况来看，政府在其中并没有充分发挥应有的作用。

（2）校企资源共享无位

校企合作在资源共享上没有适当的平台，双方之间缺乏共享的桥梁和纽带，由学校和企业所组建的一对一合作形式压力过大。尤其是对一些中小微型企业来说，这种困境尤为明显，由此导致部分企业在参与职业教育时力不从心，其不能够为学生实习实训提供充足的岗位，且企业自身的信息技术等资源也较为局限，所以无法进行有效的资源共享。即便是企业与学校一对一的形式在短时间内能够保持一定的供给，但是从长远合作来看，其合作关系也很难保持稳定。

2. 共享广度：校企资源共享面有待拓宽

从现阶段校企合作的共享资源来看，其主要集中在硬性资源上的共享，即设施设备，而在技术层面的资源共享较为欠缺，之所以出现这种情况就是因为主体权利与义务的边界模糊。

从实习实训方面来看，职业院校所需的资源要求是具有一定技术含量和先进生产方式的岗位，然而事实上企业无法给予院校及学生这样的岗位机会，因此很多学生虽然完成了实习实训，但是从掌握的技术来看，也只是熟练了一些较为简单的机械操作，而没有掌握与时俱进的技术技能。许多企业通常以低端又廉价的技术生产岗位提供来换取企业的生产利润，这与职业院校校企合作的目标大相径庭。

从课程教学层面来看，学生在课堂学习的知识应当是日后进入社会参加工作实践所能实际运用的，而企业最清楚何为需要实际运用的知识，因此应当吸纳企业专业人员参与职业院校的教材内容编撰，使其成为职业院校师资队伍中的重要一员帮助完善教材，但是从实际情况来看，这种实行办法也存在诸多困难。第一，企业的高技术型人才更多的时间和精力是专注于企业自身的产品开发和企业管理，所以针对职业院校的帮助相对有限，且不稳定；第二，学校亟须的是先进的技术技能，但是出于对知识产权和专利的保护，大多企业将其视为机密而不轻易透露，所以企业的高技术型人才也不可能将这些技术信息披露给院校，在企业帮助院校完善教材的某些方面时可能束手束脚。

3. 共享深度：校企资源融合共享浮于表面

（1）共享收益分配不明晰

校企合作资源共享对于学校来说，其获益成果是基本明确的，比如，教学实力得到提高、学生出口渠道得到拓展等。但是，对于企业来说却较为模糊，企业参与职业教育校企合作最直接的利益需求就是对高素质人才的需求，企业并不能确定职业院校能够完全为其输送人才，有效满足企业人才需求。

（2）校企双方缺乏信任感

缺乏信任感，主要是由于企业与学校在校企合作中对利益的追求仍停留在短期利益和眼前利益上，因此双方的合作关系缺乏整体规划和全局调整，很多企业认为职业院校办学是学校的事，与企业并无必要关系，且没有从根本上认识到企业与学校合作办学的优势和好处，因此一方、双方的认识不足就导致了信任感的缺失。

4. 共享机制：校企资源共享尚未形成双向流动

校企资源共享没有形成双向流动模式和双向获取机制，是导致校企合作发展不全面、不深度的重要原因。

（1）校企之间的合作"松散"

松散，一般表现为学生参加实习实训的时间短、交流方式不当、实践内容掌握不深刻、学生缺乏专业工程师指导。此外，在职业院校方面，学校没有为学生提供优质的学习资源、人才开发机制不全等也是合作松散的表现。

（2）校企合作中学校的"假热"

这种"假热"主要表现在，很多职业院校对校企合作的参与积极性非常高，但是在实际合作过程中却急于追求眼前利益，而不愿意对企业进行实质性的资源投资，因此也难以获得理想的收益，双方之间的合作逐渐冷却。

此外，从我国校企合作的现实情况来看，目前校企合作是以企业作为主导者的一种单向资源流动，比如企业在院校中设立助学金、奖学金或为学生提供实习实训岗位等。企业的这种单向资源共享也存在一定的弊端，即工种单一、实习实训岗位有限、岗位操作实效性较差等，也使得企业参与职业教育的积极性不高，所以很难实现资源共享双向流动。

第二节　基于职教集团的校企资源共享优势分析

一、职教集团内涵与特征的适用性诠释

（一）职教集团的特点和趋势

职教集团是由多个独立法人所组成的机构，其合作形式主要以契约、资产等形式为主。近年来，我国职教集团普遍取得了显著的办学成效，促使更多新兴的职教集团陆续诞生，在早期职教集团的发展规模和内涵建设上，集团化办学也显现出了一些新的特点和趋势。

1. 办学模式的多样性和公益性

办学模式的多样性取决于职业教育办学过程中成员之间的关系，比如从服务面向层面来看，有区域性集团、行业性集团，且逐渐形成相互交错的特征；从联结纽带来看，既有契约纽带，又有产权纽带，并逐渐出现复合型发展方向。这种多样性的关系直接决定了办学模式的多样性。职教集团的公益性即指各个成员在合作过程中有各自不同的利益点，如成员的个体利益、集团成员的共同利益等，但是集团本身不会以营利为目的，而是为地方或某一行业输送高素质人才。

2. 跨部门合作与资源整合的中介性

各个主体在不同的环境中基于不同的立场，对利益的追求和需求都会有所不同，因此在相互合作中出现利益矛盾和利益冲突是在所难免的，这就需要职教集团发挥自身协调者的作用，对各方矛盾进行协调和处理，从而寻找新的利益契合点，共同提升资源功效、促进产教融合。

3. 技能供给的系统性与服务性

系统性主要是指根据我国实施的"中国制造2025"战略，对人才的技能技术进行系统化优化和调整，并保证人才在产业和地区的均衡分布，实现人才、产业、经济合理布局、对等匹配。这就需要在人才培养过程中，结合当下社会环境的技能生态，对人才进行职前一体化培养，对在岗人员进行系统化培训服务。不过，对于我国职教集团的现阶段情况来说，做到这一点还有一定的难度。

集团化办学对产教融合模式起到一定的推动和促进作用，有利于根据不断变化的社会经济形势来实现人才培养的转型。同时，集团化办学还有利于决策者在制定产业升级政策时，使政策措施更为稳定和合理，为人才的发展提供一定的保障，促进社会劳动力市场的稳定发展。

(二) 职教集团的发展现状

1. 发展规模

从发展规模来看，我国职教集团的发展形势良好，尤其是近年来，为了推动职教集团的进一步发展，国家颁布了一系列的相关文件，使我国的职教集团以稳定的形式不断发展下去。

2. 组建形式

从组建形式来看，我国职教集团已经改变了以往单一的组建形式，逐渐转向了多样化的组建形式。在服务面向上，行业型职教集团占比77.88%；在牵头主体上，以中职、高职（含本科）、行业协会、培训结构形式共同进行；在服务范围上，形成了全国省、市、区县范围的职教集团服务；在联结方式上，以契约联结为纽带、以资产联结为纽带、以契约与资产共同联结为纽带；在覆盖范围上，形成了全国、全产业链的覆盖范围。

我国的职教集团数量仍然在上升，这种组建形式的不断变化使得行业覆盖逐渐向三大产业拓展，并与三大产业的发展水平基本保持一致，彼此之间联系密切。

3. 政策推动

从我国的政策来看，国家教育部以及地方政府对集团化办学也表现出了高度的重视，对此出台了各项政策文件来推动集团化办学的发展，同时每年对其财政拨款，帮助集团化办学的建设。

二、职教集团资源共享的关系优势

集团化办学的参与主体多元化，因此所拥有的资源也较为丰富，在制度化组织结构和规范化组织管理的保障下，各个资源有效整合形成多样化合作，发挥出资源的更大优势。

（一）群体优势能够带来规模集聚效应

职教集团在多元化主体的参与下对资源进行一体化统筹，并在社会主义市场经济环境下实现资源的优化配置，使资源发挥自身最大的效益。职教集团虽然能够形成资源统一，但鉴于它的经济服务功能以及当前的社会发展背景，资源若仍然停留在简单的积累和共享上，则很难获得长久的发展。所以，职教集团应当对资源的聚合、分配、规模、质量等进行创新调整，形成新型的资源共享模式。

从我国职教集团现阶段的发展形式来看，主体参与数量已经由原有的"一对一"形式转为现在的"多对多"形式，合作途径和合作领域都得到了有效拓展，职业教育校企合作资源也有了更多聚集的可能性。此外，集团成员也更加丰富，包含了行业、产业部门、科研机构等多个集团成员，为集团提供了更加多元化的资源类别，使校企合作在优化资源配置时合作得更有深度。

（二）组织优势能够带来资源整合效应

在利益方面，职教集团具有调和和整合的功能，能够使各方主体利益追求基本达成一致，以此实现资源网络的规整。集团办学的主要功能就表现在对各方资源的整合上，有利于对师资、实训、岗位等教育资源实现配置优化。从集团角度来看，通过职教集团办学可以将各方主体统一起来，一方面形成了资源的整合，使资源能够发挥出更大的效益；另一方面，各方成员主体集合在一起，取长补短，使职业教育更具有竞争力，这不仅为成员在资源整合的过程中打下基础，还会因此衍生出新的资源，即集团内部成员之间的共有资源。在资源为枢纽的缔结下，主体双方的合作关系更加密切，职业教学的办学质量和人才培养质量都能得到同步提升。

从集团内部的主体成员来看，当相应的考核评价机制和奖惩措施得到落实后，其主体成员对职业教育的参与积极性和主动性会显著提高，同时校企之间的沟通和交流也会更加深化，促进彼此相互了解和合作，资源配置也会得到进一步健全和完善。职教集团的参与主体涉及多个行业协会、行业组织，从整体上看其在行业指导方面更具优势，因此也更容易得到行业组织和产业部门的支持。

（三）品牌优势能够带来向心力效应

职教集团具有多重身份，其中一个身份就是中介，它对各部门具有第三方跨界协调功能，能够促使各方主体的合作更加密切并且稳定。对职教集团来说，其发展的核心动力就是主体之间的利益共赢，所以职教集团一方面要为职业院校的招生、人才培养、实习实训等环节提供必要支持；另一方面，还要为企业的人才需求做出保障，为企业注入更多新生力量，解决企业人力资源短缺的问题。

总的来说，集团办学可以实现教育、经济、社会等三个方面资源的整合，实现各主体间优势互补、互惠共赢。职教集团在不断的发展和转变中，对集团内涵的建设更加重视，院校之间的联合使人才培养的标准更加统一化，校企之间的深入沟通使人才培养的文化适应性达成共识，职教集团不断通过对内在优势的聚集和优化，使职教集团形成品牌化，在社会中建立一定的声誉和影响力，以此吸引更多的外在利益相关者参与到职业教育中来，实现社会力量的聚合，促进多伙伴关系的加入和多元化的资源投入，使集团教育的生命力更为持久。

职教集团的这种关系式组织，其本质就是由于集团具有一定的跨界性，通过各方主体在利益中的缔结，使各自形成捆绑式利益相关者。

三、职教集团资源共享关系机制分析

职教集团资源共享关系机制是指，各合作主体之间的关系、作用、制约关系及其原理。职教集团是一种社会性伙伴关系组织，伙伴之间的互动和联系主要依靠主体之间的资源共享机制实现，其内容主要包括利益机制、交往机制和组织机制。

（一）互益性的利益机制

对职教集团来说，利益机制是伙伴关系形成以及集团发展的核心驱动力。在职教集团中，虽然各方主体的利益追求和导向各不相同，但是在利益机制的协调下，可以实现不同利益价值的融合或妥协。

1. 政府

政府是公民权利让渡的产物，有责任和义务为公民的合法权利提供保障。在职教集团中，政府的责任和义务在于资源供应、制度建设、监督协调、调配管理等，职教集团多元化主体有利于政府在资源调配中获得政治合法性，更利于保障学生得到优质职业教育的权益。

2. 学校

学校、培训机构等作为职教集团的执行主体，在多方资源的供给下可以使校内、校际职业教育资源的组合得到优化，职业教育也可以因此获得更为丰富的资源，保障职业院校的人才培养规格和质量，切实提升职业教育效益。

3. 企业

企业是人才的需求方和接收方，职业院校培养的优质人才可以作为企业发展的人力资源储备和企业竞争力的智力支撑，从而使企业在人力资源的外在成本上得到缩减；同时，企业参与到职业教育中，可以为职业教育的人才培养提供丰富的资源和平台，从而实现参与主体的信息互动并形成职业发展导向。企业不仅满足了自身利益的需求，还提高了资源利用效率，大大缩减了人力资源方面的成本，其品牌和影响力也在社会中得到无形的提升。

4. 受教育者

受教育者并非单一指职业院校的在校学生，还包括不同年龄段、不同需求的利益群体。

优质的职业教育资源供给更能够根据受教育对象的差异化做到有的放矢，在满足不同阶段、不同需求受教育者的学习需求的同时，有效降低其受教育成本，提升教育质量。此外，职业院校学生在未来的个人职业生涯中所取得的个人发展及回馈，也属于教育资源的一种供给类型，属于一种"反哺"形式。因此，个人参与职业教育资源的供给对于人生价值的实现、团队的创新协作能力等方面有着直接的帮助。

5. 产业

产业包含了多元主体的共同利益，在职业教育资源供给体系的构建下，职业教育本身可以得到可持续性的发展，实现与经济社会的良性循环，同时还能在社会中影响人们的价值观，帮助人们树立正确的价值观、人生观、职业观。

（二）长效性的交往机制

交往机制是为了使职教集团中的伙伴关系更加具有长效性，这不仅涉及资源、信息、知识的分享，还涉及伙伴关系确立之前的沟通和交流。职教集团的各主体通过相互交往、与外部机构的沟通以及与产业劳动市场的交流，逐步实现合作主体之间的互利共赢。

职教集团的交往关系可以从传播学领域来进行分析和研究。

职教集团的交往关系是各方主体之间的交往，即职业院校和政府、培训机构、行业企业、中介组织等主体之间的交往。而需要思考和解决的是，在职教集团中，多元化的主体关系如何交往？交往什么？从利益角度来看，职教集团主体之间的交往主要是通过资源分享实现，资源不仅是主体之间交往的基础，也是其交往的目的，是以资源为基础的互利互惠、合作共赢的过程。多元化的主体在合作交往过程中除了从各方主体中受益，还要在交往过程中做出一定的奉献，承担部分责任和风险，履行部分义务。当然，在这一过程中，由于各主体对利益的不同追求及利益的获益不均，在交往中难免会产生矛盾或冲突，这一矛盾的主要根源是双方关系的信任关系。可以说，职教集团的成员伙伴之间必须通过持续的交往和互动，才使得彼此的关系能够相互依赖、相互制约、相互竞争，这种关系在合作过程中必然会带有一定的功利性，但是利益始终是合作的推动力，若没有共同利益的追求，合作关系也将很难持续。

多元主体之间的相互交往意味着某种内容的交换，职教集团的交换主要为资源的交换，且在交换过程中需要遵守平等、互惠的原则。这一资源通常包括社会资源、经济资源、信息资源、技术资源、知识资源、设施设备资源等。社会伙伴关系的稳固是需要资源来维系和支撑的，所以开发伙伴关系之间的资源可以使双方的合作关系更为长久。这同时也就意味着，若要维持职教集团伙伴的良好关系，就必须不断优化合作伙伴关系之间的资源技能以及能力的质量和数量，这也是集团内部关系深化的一种表现。

（三）约束性的组织机制

组织机制是职教集团实现持续发展的推动力，是各方主体为实现共同利益的行动准则，是对伙伴关系利益的一种分配和协调。职教集团的组织机制具体包含外部保障和内部环境两大部分。

1. 职业院校的外部保障

职业院校的外部保障主要是指能够影响职业院校生存和发展的一切社会外在因素，其中包括竞争环境、社会支持、社会需求、价值观念等。外部环境会对职业院校造成一定的影响，如影响职业院校的社会舆论、政府投入、资源配置等。外部环境的保障不仅可以为职业院校谋求更宽广的生存和发展空间，还能确保其在政策上获得相应的支持和保障。

政府及其政策保障即为主要的外部环境，在职教集团中，政府扮演着多重角色，如成员、主办方、赞助者、推动者等，其在职教集团中具有一定的权威性，可以为社会伙伴关系的运作制定相关的政策框架，为社会伙伴关系创建良好的政策环境。但不可否认的是，社会关系有时也相对较为脆弱和不稳定，尤其是在公共资金较为有限且流动性大时，社会伙伴关系往往过于依赖政府的认可。政府的政策对外部环境的影响直接且迅速，社会伙伴关系会深受其影响。社会伙伴关系相关性政策是政府及教育行政部门为了促进职业教育发展和协调多元主体之间关系，实现合理配置各方资源的一种有效手段。虽然职教集团的社会伙伴关系建立在多元主体共同的利益追求上，但是若只依靠彼此的相互作用力是远远不够的，所以还需要政府从旁支持。

2. 职业院校的内部环境

职业院校的内部环境是指职教集团为维持伙伴关系所制定的合作契约、行为规范、集团章程和组织架构等。职教集团的内部管理制度是使社会伙伴关系得以持续有效协调并形成内部激励的重要策略，这些管理制度主要包括师资管理及评价制度、职教集团资金投入及管理制度、职教集团人才培养方案、职教集团权责规定、职教集团学生质量评价体系、职教集团合作教学编写制度和职教集团教学管理规定等。在内部环境中，一切管理制度的实施必须坚持共同治理原则，必须以公平、问责制、所有权的伙伴关系实现共同决策。

第三节　职教集团促进校企合作资源共享的实践思考

职教集团是各方社会参与主体的共生体，成员基于共同利益，以资源为枢纽形成一个大型合作平台，有效保障社会伙伴关系。在建立合作关系时，首先必须审视参与者的价值和贡献。当伙伴关系建立之后，还要考虑到个人成员对伙伴关系的贡献，在社会伙伴关系中，个体成员不能只追求个人利益，还要考虑对其他伙伴成员带来的利益。在校企资源共享的原则上，可以通过以下方法使职教集团校企合作资源共享实现长效运行：

一、建设以品牌为基础的紧密型伙伴共享结构

职教集团是一种新型的、跨界性的教育组织结构，其在注重社会效益的同时，更加注重人才的培养，利益并非为首要目标。此外，职教集团作为一种特殊产业，需要同时发挥经济效益和公益性，以此来拓展资源共享的深度，创新职教集团合作形式。

（一）深度整合校企资源，选择紧密共享形态

1. 建立企业法人型职教集团

企业法人型职教集团实行的产权形式是股份制，发展模式为公司制，其主要根据各投资主体的投资份额行使对集团的经营项目决策权，而集团内部的日常经营则由股东大会或董事会或董事会聘任的经理负责，同时为了保证职业教育的教育特性并实现对运营过程的有效监督，需要选取学生代表、家长进入企业监事会，以此考察职教集团的运营方案是否符合受教育者的实际需求。法人型的职教集团可以根据不同主体的需求来实现教育目标，这种发展模式可以将原本呈分散化形式的产学研合作转为集中的长效性合作，同时还可以将不完整的外部市场信息转为内部的信息平台，另外还能够有效解决各方投资者在组建职教集团的动力源问题，使集团的成立与发展符合各方利益主体的共同期待。

2. 建立社团法人型职教集团

社团法人型职教集团是一种新型的办学思路，这种办学模式最主要的优势就在于其能对各方参与者的利益进行有效协调，使内部产权明晰，各方参与主体若是要对集团进行控制或管理，需要通过股东大会、理事会和监事会来决策，其他权利的行使则由成员之间的互惠共赢来实现。但是，任何个体不得单独行使对集团的实际经营权，需要有50个成员以上的集团成员共同执行，这种形式能够同时吸引大型企业、骨干企业及中小企业的参与。从另一层面来说，即使职业教育企业在集团平台上无法成立，但可以通过其他方式将各个参与主体集合在一起，如契约签订方式，这样也能够实现校企资源共享、产学研一体化。

（二）构建独立法人机构，促进集团实体化运转

1. 厘清伙伴主体之间的关系

区域型职教集团是由多法人共同组成的非营利性法人组织，由于集团法人地位的缺失，集团一切规范性操作的有效性只有通过某成员的法人地位来实现，会导致职教集团职责难以明晰，从而加大集团运作的随意性。

针对这一情况，就需要明确区域型职教集团的法人地位，厘清集团伙伴主体之间的关系，具体方式有以下两种：

（1）整合集团内部资源，形成共享意识

集合职业院校、培训机构，有组织、有计划、有分工地为本地区行业产业服务，形成

区域内行业全面合作的局面，以专业群对接产业群，加大适应性人才培养，同时针对企业在职员工组织学历进修及相关培训，将集团内伙伴之间原本的无利益、无领导与被领导的关系，转换为服务和被服务的关系。

（2）明确集团委员会的作用，保障共享运行

通过完善制度，进一步明确区域型集团办学的目的、组成和具体职能，此外不同的伙伴关系主体的职责也需要在相关制度中体现出来，应梳理各方主体的伙伴关系，明确各成员责任和职能并予以落实履行。同时，为了有效监督和管理，集团委员会还要发挥自身相应的作用，科学制定集团的发展目标，并合理分配集团的项目任务，对职教集团的运行质量给出合理的评估方案，对监督项目完成的质量程度予以科学考核，将最后的考核结果作为集团奖励的重要依据。

2. 对集团进行经营式管理

对集团进行经营式管理是指通过对职业教育资源的合理配置以及对主体成员使用效率的优化，最大限度地实现教育目标，尤为注重外部投入与产出以及内部消耗和经济效益，以适应经济社会发展的外部效益。传统的事业性管理模式常常会忽视资源利用效率，将教育目的作为终极发展方向；反之，经营式管理则更加重视资源的利用效率，强调最大化地实现教育目标。从现代化管理角度来看，效能管理是职业教育的追求目标，必须最大限度地发挥和利用办学资源的效能。总而言之，职教集团在办学时应当以"改革、开放、盘活"为指导思想，不断提高集团的各项资源利用率以及教育管理意识和能力，使集团培养的人才质量得到高水平的提升、社会服务能力得到增强等，这是现阶段我国职教集团管理者所要加强的。

3. 探索组建股份制集团

股份制集团可以对产权进行重组，使职教集团成为具有独立法人资格的职教实体，能够实现对集团内的人力、财政、物资的协调分配，从而达到资源互补、资源共享、资源共建的目的，同时进一步密切集团内成员的关系。职业院校与集团之间的伙伴关系是建立在优势互补和资源共享的基础之上的，在相互合作中，双方以各自优势资源入股的形式，组建股份制组织实体，构建政府、学校、企业、行业组织一体化式的股份制集团，使各方利益形成统一体，从而促进产教联合的深度互动。

（三）建立利益协调机制，形成多层管理模式

1. 明确内部利益分配，保障共享关系的形成

利益分配是指集团应当在双方契约的基础上，不损坏其他合作伙伴的利益，实现集团

利益的最大化，同时引进新型经济成本理念，按照各自比例对固定资产进行折旧，按照每一年实际效益来提取员工工资总额，根据企业和市场需求扩大办学规模，为职业教育实现最佳资源配置。此外，针对各伙伴成员的运行绩效，还要制定专门的考核评价制度，考核指标需要根据成员之间的差异性来具体制定，努力做到考核机制的公平、公正，最终以考核机制的结果来进行利益分配。创新产教融合的发展模式及利益分配机制，以引产注资、专利加盟、技术入股、项目合作、人才交互等形式拓展校企合作的途径，根据经济发展规律解决经营过程中出现的问题，真正实现资源共享、互惠共赢、共担风险。

2. 遵循社会交换原则，保证共享关系的长效性

职业教育的各实施主体在发展过程中都需要与政府、社会、行业企业共同合作，具有一定的依赖性。在这一方面，可以具体借鉴澳大利亚职业教育的发展路径，其主要以职业教育社会伙伴关系的建立来寻求发展，对于我国职业教育发展具有启发和借鉴意义，应通过社会伙伴关系的构建来建立合作关系，使职业教育与政府、社会、行业企业之间形成多样化的合作。

社会合作伙伴关系最基本的特征为社会性，社会伙伴关系一旦达成，就必须遵守社会交换这一原则。社会交换即甲乙双方自愿进行资源互换，它是一种基于自我利益形成的一种交换活动，而要想使集团内各方成员的利益都得以实现，就需要成员在实现自我利益的同时，还要与其他成员形成双重共赢的利益关系，只有这样集团的合作关系才能形成长效性。从校企合作实践发展中总结分析得出，一直以来合作双方的利益获取不理想，是造成企业对职业教育参与热情和主动性不高的主要原因。而随着我国社会经济的不断发展以及各产业的升级和转型，企业已经开始逐渐意识到，企业的发展若只单纯地依靠内部自身的知识供应无法跟上社会发展和进步的节奏，因此必须在生产价值链上寻求他方合作，如政府、联盟企业、竞争对手、院校、科研机构等。此外，职业院校还要突破职业教育的传统技术导向，加大新型的、与时俱进的技能技术开发应用，同时与社会力量建立协同合作关系，满足自身教育资源的短板和不足，使职业教育能够始终与社会发展、产业升级齐步共进。

3. 建立多层伙伴关系，促进合作项目成效性

职教集团的合作主体具有多元化特性，尤其是区域性职教集团，其内部成员除了某一行业的学校或企业外，还分属于其他多个行业，可以说，其涵盖范围包含了所在地区的所有产业的学校和企业，针对这一情况，若以集团整体来进行对接，稍有不慎就会导致混乱。因此，在对接问题上，应当以不同的行业或产业形成同类专业多所学校的对接，以群体形式在集团内接轨，同时根据某个项目来建立单独的小群体间的关系，以项目来促进产教融合。

此外，多层伙伴关系会根据项目的不同使合作关系不断发生变化，但是尽管如此，在多层基础上所建立的伙伴关系仍然是职业教育校企合作长效合作的关键。多层伙伴关系在双方合作和发展过程中可以使供应链得到同步的延伸，从而使不同层次的主体参与进来，但值得注意的是，为了确保在建立信任前得到支持，需要在较高层次启动。

（四）推行现代学徒模式，突出集团特色品牌

1. 发扬"师徒传承"

对职业教育来说，其本质就是对技艺的传授。因此，集团内部的人才培养模式可以以专业为单位，"以师带徒"的形式进行人才培养，这种模式具有很强的针对性、实用性和鲜活性，是理论知识教育所不能比拟的。

这种学徒制的人才培养模式虽然有很多明显的优势，但是并不一定适用于所有企业，因为学徒制的人才培养模式对企业的规模和技术实力都有一定的要求，比如大中型企业就较为适合学徒制，因为企业具有一定的技术支撑和能力。所以，区域内的龙头企业或大中型企业可以选取一批具有潜力的受教育对象来开展学徒制人才培养，通过这种形式促进企业人才培养的质量，推动师徒传承的技术质量提高。

2. 促进"文化接轨"

对一个企业来说，其文化内容一般体现在四个方面，即企业行为文化、企业制度文化、企业理念文化、企业物质文化。这种文化上的共识有助于企业内部形成一股强有力的凝聚力，同时也为共享资源意识提供了一个和谐的环境，有助于集团特色教育品牌的形成。

在企业生产线的管理中，企业文化的融入可以有助于实习实训的工作氛围营造，在良好的氛围环境中推行管理体系，使学生的实践能力能与企业的需求保持一致，方便学生日后能够以最快的速度适应工作岗位。企业文化融入职业教育考核评价机制，可以提高人才培养与企业需求的吻合度，对职业教育来说，企业的人才需求是职业教育办学、教学改革的重要依据。另外，企业通过对毕业生的信息调查和集团反馈的信息收集，能够全面推进企业专家及毕业生参与教学评价机制，从而及时发现问题、解决问题，使职业教育的课程教学能与企业实际生产有效对接，提升教学和人才培养的质量和水平。

二、细化成效导向的伙伴主体责权利分配

在一个集团中，各方主体的利益需求和行为活动都相互牵连、相互作用，因此任何一方主体都不能脱离集团这一共同体来独立存在。在集团的平台下，将各方主体的权责进行明确，使集团的主体结构得到调整和优化，同时在共同项目、信任协议、民主协商、责任共担的要求下，能够有效缓解职教集团校企合作中各方主体业务能力不足的困境，使校企合作的科研服务能力和技术攻关能力的核心合作问题得到有效解决。

（一）形成项目合作纽带，打造伙伴合作共同体

职教集团是由某一区域内的共同利益体所组成的，其长期发展和相互之间的互动关系，都是在共同愿望和情感的基础上所形成和维系的，其特色也非常明显，追求共同利益、以整体为单位、相互团结、紧密合作等。由于职教集团的参与主体有多元化特征，所以职教集团的涵盖范围较为多样化，多样化的行业的规范、要求、服务标准等都不一样，但在共同的项目合作中，各方的伙伴关系又会在情感意识和实践行为上形成强烈的统一性，其标准和规范都会被同化，各方主体的功能也会因此得到进一步深化。所以说，职教集团是一种载体，是为了实现广泛的公共利益，同时从项目合作的基础上来说，职教集团又是内部成员的一个行业共同体。

1. 以项目合作为纽带促进合作共赢

利益获取是成员主体参与职教活动的动力和资源共享的驱动力，因此集团内每一项资源的聚集，都需要在所有成员的共同协商和探讨下决定；每一个项目的规划与实施计划都需要保障资源提供方的相应利益获取。以伙伴式的方式实行对合作项目的管理，可以促进合作伙伴之间的资源共享。项目式管理方式可以有效解决跨组织的矛盾和冲突，可以让多方主体以共同的项目目标实现资源的最大效率。项目管理方式采用的关键就在于成员之间的相互信任、相互承诺和共同愿景。信任是对伙伴关系双方进行真诚交流的关键，承诺是双方对技术和方法改造的应允，共同愿景是对双方目标的一致达成。

2. 以内部联盟加深行业资源整合

从经济学领域来看，集团内的小共同体可以组建起行业职业教育资源联盟。在行业之间所组建的战略联盟是在行业资源共享的基础上建立的，通过优化配置内部资源，使各方主体的优势资源得到最大效益的发挥。但与此同时，行业联盟组织的松散性是不能忽视的，院校和企业的利益需求虽然相对独立，但又相互需求。因此，战略联盟可以以契约的

形式凝聚各方主体的合作愿景，使联盟的竞争力得到提升，同时为职业教育获得更优质的资源，组织联盟的能量得到强大的提升。建立联盟关系应当对实体性行业职业教育资源和无形行业职业教育资源同等重视，例如，人才资源和技术资源等都非常重要，可以有效提升合作双方的利益获取。行业教育资源联盟则可以以人才交流、共同研发技术、推动技术成果等方式形成合作关系，以此实现战略联盟的资源整合。

（二）制定资源共享协议，促成伙伴间信任共识

协议签订是对双方关系的一种约束和规范，是在双方自愿意识上签署的，协议签署是双方依赖关系的表现，当依赖关系转为信任之后，双方的伙伴关系资源共享就能进入常态化。

1. 规范资产资源归属与使用

校企合作资源共享中包含集团内各方成员的资源，将资源进行重组和共享就是对产权的明确，这是伙伴关系信任感建立的基础。集团资源要想有效达到共建共享，就不可避免地涉及资产、产权等归属问题，以协议形式来达成伙伴关系的共识，对资源的后续管理有很大的帮助，同时也有益于激发成员单位的主动性和积极性。对空间实训资源来说，除校企合作共建实训基地，还应当鼓励企业将经营类研发中心设立在集团内部，将企业的项目经验与学校科研教学相结合，提高人才培养质量。当然，在进行这项工作前还需要得到政府的"特许"，用经济利益的直观形式吸引更多的企业投资者参与建设，同时加强院校与院校之间的融合，增强企业的软实力。

2. 增强人力资源开发

增强人力资源的开发机制，以协同创新为纽带，由人力资源专家、行业学者、高技术人才组成研讨工作小组，对人力资源的开发与创新进行研究和探讨，同时开启教育培训规划，培养出素质高、综合面高的高水平人才。为了进一步实践，集团就需要加大投入和布局规模，利用学校和企业的优势资源，以互补的形式建立系统化培训模式，将理论知识、技术知识、人际关系知识、社会知识等综合纳入人才培训中，使培训内容更加丰富，给更多的受教育者提供良好的受教育平台和条件，促进人才本质上的提高，从而从核心上将知识转化为生产力、创新力。

3. 促使集团内学分互认

学生在集团内的时间实行学分互认机制，根据学分的认可和共享达成职教集团的共同培养优势，促进整体水平的提高。此外，为了促进人才之间的交流和互动，集团可以搭建

相关平台，帮助人才之间的沟通，或在平台发布对人才需求的相关信息，给集团内的人才提供更多的发展机会和选择，提高学生的就业水平和质量，在无形中也推动了院校下一年的招生计划。

（三）建立共治共担机制，保障伙伴共享落实

职教集团并不是以绝对的利益共识和教育共识所形成和发展的，因此为了避免这一系列矛盾的激发，就需要以共治、共担意识来保障伙伴关系之间的团结共享。

1. 以换位思考形成利益共识

集团成员对各方利益进行换位思考是对合作关系的一种诚意表现。当参与主体呈现出多元化形式后，就无可厚非地会有只追求眼前利益和自身利益的合作方出现，为了促使合作关系的长久性和长效性，合作方之间就必须放下自身对眼前利益的追逐，站在集体角度和对方成员的角度，追求长远的共同利益和社会效益。简而言之就是，企业应当考虑职业院校的效益，职业院校也应当多考虑企业的效益，两者之间相互投入、相互支持，当矛盾和问题出现时，面对面地提出建议，共同解决利益问题。

2. 以契约为基础形成民主管理

契约是职教集团必不可少的一种介质，以契约为基础所形成的集团组织，其利益和权利格局也会表现出多样化特点。从契约式管理理念的角度来看，契约机制反对独裁专制，注重多方主体共同治理。在职教集团的伙伴式契约管理中，其管理结构就必须包括各方主体的差异性，同时协调各方主体之间的关系。在这种复杂的管理模式中，为了让管理达到公平、民主，就需要以宏观角度进行全方面、立体化的梳理，将所有关系主体的利益需求和诉求纳入管理范畴中，在追求集团效益时，要保证其公平性，对各方优势进行综合比对和判断，使双方对自身的权利与责任有明确的认知，在整体导向上达成一致。

契约式管理也可以以委托授权的方式进行，如合同外包、特许经营、政府斥资等，使政府的全盘把握和管理逐渐被淡化；契约式管理对集团成员还具有一定的约束和激励作用，促使主体之间形成良性互动，形成利益共同体，全年实现资源共享。

三、实施校企资源双向流动的普适性选择

虽然任何事物的发展都具有一定的双面性，但也具有一定的相通性。在我国职教集团中，不同的区域都有不同的资源优势，但是在资源共享理念上，就应当形成双向流动的模式，实现产教深入融合，比如，院校人才培养方案与企业发展需求对接、院校专家与企业

专家有效对接、专业建设与行业发展方向对接等。

(一) 区分集团类型，共享资源整合经验

我国职教集团的行业类型可以分为两个类型：一是行业型职教集团；二是区域型职教集团。

从组建形式、运行方式、专业类型、资源集成等方面来看，行业型职教集团相对简单且单一，资源整合与资源共享也相对容易，都是集中在本行业之内。而区域型职教集团则恰好相反，由综合型职业院校牵头，成员组成多且复杂，专业类别多，资源整合与资源共享也相对复杂。

对区域型职教集团来说，其生存和发展的至关因素就在于资源有效地集成与共享。但是，在区域型职教集团中，由于很多参与主体其自身就具有职业教育需求，因此在形成资源共享方面就具备一定的优势，为校企之间的合作提供了一定的资源基础。但不论是企业还是院校专业，其行业类型都有不同的属性，所以从整体层面上来看，实现校企资源共享有一定的困难，就需要寻求新的共享路径，比如建立资源平台，以专业群的形式实现共同联盟，促进集团内部资源的整合与共享。

区域型职教集团由于自身复杂的结构特点，在建立共享资源时应当实施因地制宜的组建工作和共享工作，以此推动集团合作的长久性和长效性，实现区域职业教育的发展目标。同样地，行业型职业教育在遵守共同的发展框架下，也应当在具体发展过程中实行差异化发展。区域型职教集团资源的开放与共享是建立在各方成员已有的教育资源上的，在职业教育未来的发展和创新中，具有集约化作用。行业型职业教育也是建立在同行业教育资源基础上的，核心利益与发展目标形成高度一致，在资源的职业院校整合和优化下，职业教育的发展也能得到优化。

(二) 划分资源边界，确保整合共享质量

不同的集团在资源共享上都需要做出更为明确的界定，这样，资源共享的质量才能得到提升。

1. 从集团的规定性来看

规定性就是"规定"，是事物自身的限定，是自身区别于其他事物的特性，在这个世界上，任何事物都有自身的规定性。对职教集团来说，企业和学校作为成员组织缺一不可。从目前的职教集团形式来看，大多是一种联合体，如"校际联盟""职业教育中心""集团学校"等，即便其中有政府部门和教育机构作为重要参与者，也都缺失了企业这一

重要主体，所以这类所谓的职业集团并不能称为真正的集团。

2. 从集团的规模来看

服务范围涵盖了全国型、省市型和区县型。其中，全国型职教集团以大型行业型职教集团为主，其成员组成及服务范围包含了省级区域，由于大型企业、龙头企业、优势企业居多，所以资源整合的优势相当明显，校企合作所建立的资源共享也较为优质。

省市型职教集团在省市内具有一定的优势企业，在资源方面较为充足，校企合作资源共享也相对较好。省市型职教集团主要服务于本省、本市、本区域。

区县型职教集团的服务对象则是本区或本县，该企业规模相对较为局限，内部所属企业也多属于小微型企业，因此在校企合作资源共享方面也相对较弱，是无法和前两者相提并论的。

因此，从整体规模上看，省市型职教集团具有一定的优势，既拥有大中型企业，又与区县型职教集团关系密切，在校企合作资源共享方面也具有一定的整合与共享优势。

3. 从资源种类来看

校企合作的资源种类主要有人力资源、生产性资源、衍生资源和文化资源。

人力资源即教师资源和学生资源，即企业为职业院校所提供的具有专业技术或重要岗位上的人才在学校兼职授课，也包括职业院校为企业所提供的学生人力资源，是企业未来的人才需要。

生产性资源又分为硬性资源和软性资源，硬性资源是指一些硬件设施设备，如实训中心、实训设备、工作场所等；软性资源则主要指课堂上的教学指导、人才培养方案、专业课设置、项目化教学等。

衍生资源主要指技术开发、技术服务等，此外还包括意识资源，这是一种有形与无形之间的结合，存在于多种形式中，如日常交流、项目往来、企业制度文化、岗位交流等。意识性资源是一种潜移默化，虽然很容易强调，但是从实践行为中来看，却很难做到。

文化资源则是一种隐性资源，如企业的规章制度、企业的操作流程、企业的管理方式、企业的行业理念等，都是企业的文化资源，这种文化资源若达成真正意义上的融合，所培养出的人才质量则能得到很大程度的提升。

（三）定位成员结构，择校择企提升效能

对职教集团来说，效能的提升即利益的最大化，所以企业的利益得到满足，其主动性和积极性就能真正意义上提升，企业效能也能得到相应提高。

1. 集团成员对象的选择

职教集团的成员组成具有一定的共生关系，共同发展、共同承担、共同获益等，因此在选择成员伙伴时需要注意以下两个方面：

第一，在信息完全、完整的条件下，采取非竞争性的亲近度规则和关联规则进行选择，如专业相关、地理相关等，根据这一规则进行选择，可以保障职教体院的良好运行和发展，在关联关系的作用下，相互之间很容易形成共生关系，形成连续性、统一性的发展模式。

第二，在不完全信息条件下采用竞争性选择规则，即根据市场规则来实现校企、校际的合作，使各方在合作过程中不断磨合来深化合作关系，以此形成共生关系。

2. 校企学习空间的构建

学习空间的构建是保证双方的资源共享，是一种新型的集团伙伴关系式学习空间，与传统的学习空间有着明显的区别。传统的学习空间是以满足个人提高为主，对专业理论知识和技能水平较为重视。集团伙伴式学习空间则是以群体为核心，是群体之间的互相合作和学习，这种学习空间可以有效实现学生之间的沟通交流、合作共享，学生的培养质量能得到相应的提高，学生的个体特点也会因此发生质的转变：

第一，自我管理能力得到强化，个体知识库和自我意识得到启迪和开发；

第二，学生的生活价值观得到引导，并逐渐形成诚实、守信、友善、正直的人格精神与职业道德；

第三，学生的人际交往能力得到提高，在与他人的合作过程中学会了倾听、观察、配合、协调，对问题也有一定的分析能力和解决能力。

四、推动政府对职业教育环境的长效性统筹

(一) 政府统筹推动

政府的统筹推动主要是从政策方面完善职教集团的顶层设计，强化政府管理职能。从区域型职教集团层面来说，要想真正实现资源共享的目标，就需要对职业教育管理模式进行创新和改革。

从职业教育集团在不同历史阶段的发展过程中可以看出，政府对于职业教育的发展来说具有多重角色，既是推动者，又是管理者与监督者。在当前社会环境中，要想保障职教集团发展的长效性和长久性，就需要针对区域职教集团成立具有实质性的领导机关，集团董事由政府重要领导直接担任，领导成员由各领域重要行政部门的领导人员组成，如行业主管部门、经济主管部门、教育主管部门，改变原有的管理状况，将不同的行政资源进行

聚集，同时委员会也可由企业领导、行业协会领导、职业院校领导组成，赋予一定的行政权力及经济支配权，使委员会也能有效调动区域内的各种职业教育资源。此外，在政策法规方面，可以有针对性地出台相关文件意见，为职业教育的发展进行统筹规划和调整，由松散型向紧密型转变，实现职业教育的一体化发展。

(二) 专项资金保障

1. 政府直接投入

从职业教育本身的性质来看，是具有一定的社会性和公益性的，在经济方面并没有明显的收益，所以职业教育在发展中的经济储备并不宽裕，因为经济是发展上层建筑的基础性条件。

对此，职教集团应当尽力争取政府在政策和资金方面的支持和扶持，为职业教育的发展提供经济支撑，弥补自身经济薄弱的问题。政府对职教集团做出经济支持时，还应当包括企业投入职业教育的资金和设备的税前开支，增加职业教育资源集成，进一步调动企业参与职业教育的主动性和积极性。

2. 建立多元融资机制

从投资方来看，职业教育的几大重要投资方为国家、企业、个人，而我国的职业教育是具有一定公益性质的，是作为一项公共事业服务于大众，这为国家和政府承担了一定的社会责任，因此政府理应成为职业教育发展中的最大投资方。但从另一层面来看，若职业教育只依赖于政府的投资是无法满足自身发展的，所以就需要拓展投资方，为职业教育的发展建立更多的投资渠道和投入机制，完善各种政府优惠，如财政、税收、金融、土地等，形成一股政府合力，促进职业教育的不断发展。

第一，以政府为主导，对职业教育的发展统筹规划、合理布局，在财政预算中为职业教育给出一定的资金比重及在职业教育建设方面的附加投入。

第二，在政府法规方面出台一定的相关文件，对职业教育的发展给予支持和鼓励，同时引导社会力量积极捐赠、投资等，参与到职业教育中来，对职业教育的资源和资金来源途径进行拓展。

第三，关联社会投资及收益，对企业出资或投资职业教育所获得的收益部分的税款给予免除政策，以竞技利益杠杆推动集团化办学，推动优质资源融入职业教育。

第四，建立风险分担机制，使政府、行业企业及其他成员单位作为投资机制和风险机制的重要承担人，全面提高和加强职业教育在发展过程中的抗风险能力。

第四章　企业责任与利益驱动

第一节　企业参与职业教育的社会责任

一、企业参与职业教育社会责任的理论审视

对于企业参与职业教育的社会责任，可以基于遵守社会契约进行探讨，因此在这里首先对契约理论的内涵进行分析，从理论层面剖析企业参与职业教育的内在社会责任。

（一）关系契约的理论提出和价值属性

美国契约法学界的专家麦克尼尔认为，契约具有关于未来合意的性质，从社会学的角度来看，契约不过是有关规划将来交换的过程的当事人之间的各种关系。麦克尼尔强调，这种"关系"就是指不同的两个人通过社会连接而发生作用的处境，或是与情景、感情有关的关联。基于麦克尼尔的这一契约理论基础，国内外众多学者进一步对企业与市场的关系、企业与内部成员的关系等进行深入分析研究。随着有关研究的加深，契约关系的理论特征逐渐明朗，企业与职业教育之间的纬度特征也通过研究得以凸显。

1. 统一体特征

统一体特征是指，在整体层面上，企业与职业教育有共同的目标、行为规范和价值认同，在共同协作、相互团结的基础上共同往总体方向上发展。从这一特征可以看出，契约关系的双方之间是相互依赖的，两者是一个关系共同体。

关系契约从社会角度来看已经超越了传统的合同权利义务约定，其统一性特征又表现在以下两个方面：

（1）组织成员内部的统一

组织成员内部的统一，即契约双方在权利与义务上保持一定的对等，此外在共同参与的情况下相互合作、相互协助、互惠共赢。这是对参与者的理念要求，是契约精神的价值根本，在这一理念下，契约双方在追求个人利益的前提下，需要确保共同利益的最大化，在整体上考虑到自身以外的其他成员利益，合理分配利益。

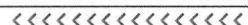

（2）组织内部与外部社会的统一

任何组织的发展都依托于社会大环境，因此企业在追求利益时还务必要考虑到自身在社会环境中的地位，注意在自身的地位范畴内承担的责任，规范社会关系，使自身的利益与社会利益整体协调。

关系契约的统一性特征，并不是单一地指个体之间的关系，而是从宏观的角度以纵向和横向构建巨大关系网络，在互利共赢的基础上维持核心因素影响和作用。

2. 长期性特征

长期性特征是指关系契约双方在时间维度上的履行过程。关系契约的履行过程是一个长期且复杂的过程，究其原因主要是因为以下两个方面的因素：

（1）局限的理性认知所决定

局限的理性认知是指，作为社会发展中的个体因素，人们会由于所处的环境背景不同，在认知水平、获取信息的能力及思维能力等产生一定差异，这也就直接决定了人们在建立关系契约时，无法对对方的行为规范和认知水平有准确的预测，从而导致参与者在关系契约的履行过程中需要长期调整才能保持关系契约的良好维系。

（2）内容不确定性所决定

参与者一旦缔结关系契约，就象征着双方对矛盾的解决，但这并不意味着矛盾就能因此得到彻底消除。这主要是因为，参与者会随着时间的推移而得知关系契约并不是个体单纯的合意，双方在履行关系契约的过程中必然会由于多方因素而产生许多新的问题和矛盾，比如，一方一旦出现了机会主义行为，关系契约就需要进行新的调节，以避免内容和关系的不稳定性和不确定性。

3. 非承诺性物质交换的存在特征

非承诺性物质交换也可以解释是一种非物质的隐性交换，就是说，参与者在缔结成关系契约后，双方关系的交换具有一定的广泛性，除了经济契约的物质交换外，还包括其他内容的交换，如地位、情感等，但不管是何种内容交换，都必须是以互惠互利为前提的社会性交换。

关系契约的内容交换必须在社会大背景下进行，只有这样才能体现参与者的关系交换，社会地位、社会价值观、社会规范、情感联系等非承诺性物质交换与其他社会因素的影响才能有实际效益。此外，关系契约还包括对未来意识期待的交换，其是在关系契约长期性特征的基础上所形成的对未来的合理预期，表现为参与者用未来意识来换取现在关系契约的维系。关系契约参与者在确认和认同这种未来意识的期待后，双方关系和行为便会因此形成一定的规范，在实际践行过程中也会在互惠共赢的基础上获取一定的社会知名度、民众满意度和美誉度。

当然，非承诺性物质交换关系规范还存在其他的社会规范，这些都有助于参与者在履行契约时保持一定的积极性和自觉主动性，有效规避违约情况。

(二) 关系契约与企业参与职业教育社会责任的属性契合

从关系契约的理论价值属性可以看出，关系契约理论分析是从社会学的角度来进行探讨和研究的。企业参与职业教育，企业强调需要承担相应的社会责任，并需要严格地自我履约，这与关系契约的主体定位与动机选择高度谋和。因此，在关系契约的理论基础上，企业参与职业教育的特征属性包括统一体特征、长期性特征、非承诺性物质交换的存在特征。

1. 企业参与职业教育的统一体特征

企业参与职业教育是一种适应于时代发展的人才培养模式，也是一种利益相关者对资源和利益的再配置和再分配过程。对利益相关者之间的矛盾与冲突关系，关系契约理论强调参与者之间的团结性，而这种团结可以通过关系交换来实现，因此企业参与职业教育具有一定的统一体特征。这里的统一体特征是指，契约参与者与个人的利益共同实现，其关系具有一定的综合性和互助性，对集体又有一定的约束力。

事实上，职业教育就是在满足市场需求的基础上进而实现受教育的就业目标，使技能型人才的个人价值得以实现，同时又满足企业对技能型人才的需求。从社会中各企业参与职业教育的利益诉求可以看出，企业主要出于对人才的需求，从而在参与校企合作时共建产学研究基地、开展各类技能大赛，以及对实习员工开展各种不同层次和类型的培训活动等。

校企合作并不是某一方单方面的投入成本，而是在互惠互利、合作共赢的基础上实行利益分配和社会交换，是统一体的特征表现。同时，企业在参与过程中又与政府、行业、教师、学生等建立了复杂的关系网络，不仅能够满足自身对人才的需求，还能更关注职业教育本身，在关系中自觉履行职业教育的责任，使企业利益与职业院校之间实现良性的合作发展模式，使其各自都得到发展。

2. 企业参与职业教育的长期性特征

与正式的契约合同相比，关系契约不具备正式性，其主要由未来关系价值来维系参与者之间的缔结关系，因此关系契约也表现出了不完整性，这也使得缔约成本和证实成本增

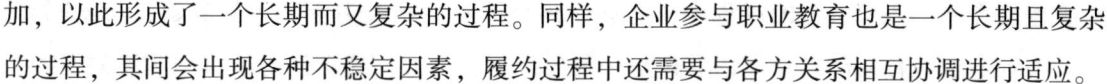

加，以此形成了一个长期而又复杂的过程。同样，企业参与职业教育也是一个长期且复杂的过程，其间会出现各种不稳定因素，履约过程中还需要与各方关系相互协调进行适应。

（1）校企合作利益主体多元

要推进校企合作制度化，就要建立、健全政府主导、行业指导、企业参与的办学机制体制，创新政府、行业及社会各方分担职业教育基础能力建设机制。政府、行业、企业、职业院校、教师、学生等作为企业参与职业教育中的利益主体，其价值和利益追求是客观存在的，因此校企合作实质上也完成了各个利益主体对自身利益的追求和满足。从宏观层面上看，人类在社会环境中的各种活动都是一种投入与产出的过程，其不同关系的缔结也是一种对自身利益最大化的追求。校企合作关系多元化也正是为了达到利益最大化，从而改变传统校企合作依赖私人感情的现象。

（2）校企合作形式丰富多样

在明确校企合作主体的多元化后，又需要对其合作形式进行丰富化，具体可以从四个方面入手：

第一，共建实习实训基地，使学生在校学习理论知识后，有专门的场所可以实践，以对理论知识进行验证。

第二，接纳教师赴企实践，让教师有途径来提高自身的专业技能，从而更好地教导学生。

第三，搭建产学研共同体，提高职业院校区域的服务能力。

第四，开展社会培训，建立开放式教育培训，承担在校企合作过程中相应的职能和责任。

我国现阶段的校企合作中合作水平不断提高，合作深度也在不断增强，教育水平和质量也得到了显著上升。但与此同时，我国校企合作逐渐显露出核心利益的矛盾，这主要是由于我国职业教育体制机制的不断改革所造成的，使得许多校企合作的重心放在了运行机制、长效机制、体制机制、结构治理等方面。

针对我国校企合作现阶段所面临的这一问题，许多专家学者提出了不同的意见，国内一些学者和专家建议建立现代化职业教育体系，而部分学者和专家推崇混合所有制、集团化办学等。虽然方式众多，但总体目标都是为了激发企业参与职业教育的自主性，企业的自主性成为企业参与职业教育长期性契约亟须解决的问题。

3. 企业参与职业教育的非承诺性物质交换的存在特征

企业参与职业教育的非承诺性物质交换的存在中，除了物质的交换，也包含了非物质的交换。

企业在参与职业教育的过程中，能够得到经济效益和人力资源上的满足，与此同时，企业参与职业教育活动本身可以看作是一种公益慈善行为，其责任的承担和职能的发挥会在社会上赢得一定的赞誉，从而提升企业形象和影响力，这对企业来说是一种非承诺性物质交换，它会成为企业参与职业教学的一种外部推动力。一些企业会在院校设立专业发展基金或奖学金，又或是以公益的形式在院校选拔优秀学生进行外出培训和提升等。

企业参与职业教育的效益无法单一地通过固有形式的物质来进行判断和衡量，因为教育的效益往往会给企业带来众多后发性和迟滞性的成效，其关系契约也未必是通过经济效益就能保持长久的。由此也可以得知，企业在参与职业教育过程中，在追求经济利益时，非承诺性物质利益也不容忽视。

（三）关系契约与企业参与职业教育社会责任的价值契合

从关系契约的理论基础特征可以看出，企业参与职业教育主要出于对经济利益的追求，是在职业教育中其所应当承担的社会责任的体现，同时也是职业教育跨界本质属性的价值趋向。

1. 企业参与职业教育是企业双重属性的价值趋向

企业参与职业教育的双重属性价值趋向主要表现为两个方面：一方面，企业是市场经济中的活动主体；另一方面，企业是一个社会性组织，其身份属于"企业公民"。

（1）"经济人"属性

当企业作为市场经济中的活动主体时，其所扮演的便是"经济人"的角色，所有选择和动机都是以经济利益为前提的，即关注成本投入和利益获取的权衡和取舍，这是企业作为"经济人"的本质属性，也就是企业营利性特征的本质所在。因此，企业在利益最大化的前提下，在参与职业教育并对此做出一定的投入后，必然会对收益有所期望和要求：

第一，企业对职业教育所做出的投资支出，其收益不低于市场贴现率在贴现后的投资成本。

第二，企业在职业教育所做出的投资收益率，应当等于或不低于企业在其他方面的收益率。

简单来说，企业作为"经济人"，其教育收益方面只有能够最终满足以上两项基本准则，企业才会进行成本投入。

（2）"企业公民"属性

当企业在社会中以"企业公民"存在并参与职业教育时，基于"企业公民"身份的属性，其性质就会具有一定的公益性。需要注意的是，企业在参与职业教育中，不管是

"经济人"身份，还是"企业公民"身份，虽然在本质属性上具有明显的区别，但这并不意味着，企业要在两种关系中非此即彼，或是此消彼长，具体可以从两个方面进行理解：

第一，企业参与职业教育办学是企业的一种公益性追求，不能因为企业期望在这一过程中能够获得利益回报，就否定其公益属性。

第二，在市场经济的推动下，正是由于社会资本对利益的追逐，才会推动职业教育办学模式的改革、办学形式的多元化、办学活力的激发、办学质量的提升。

由此可见，企业的双重属性价值取向表现了一定的私人性与社会公共性，所以企业在经济利益和社会效益之间可以自行权衡来做出选择，以使得企业在整体目标上形成相对平衡的状态。

2. 企业参与职业教育是企业承担社会责任的价值趋向

企业的社会属性决定了企业需要承担一定的社会责任，如为社会群体提供优质的产品服务、保障员工的基本利益和合法权益、维护市场竞争的良性秩序、重视和创新知识产权、参与各项公益事业和慈善事业等，企业的这一责任在社会和企业的不断发展中不断完善，其中参与职业教育就是企业在承担社会责任中的一项重要内容。

（1）关系契约理论多元价值追求决定企业参与职业教育的必然性

在关系契约理论的基础上，政府、企业、学校、学生等作为职业教育办学的利益主体，在成本分担方面，学生以学费的形式、国家以政府拨款的形式支付一定的教育成本，而企业只通过付出"成品"使用费，在无形中没有意识到人才的"生产费用"，这在原则上是不合理的。

（2）企业在参与职业教育履行社会职责时具有未来意识的预设前提

具有未来意识的预设前提，即企业的履约是为了获得更好的未来。实际上，企业与其他契约主体的社会交换和互动是具有广泛性的，一方面是为了与其他契约主体之间的相互协调、共同发展；另一方面，是为了在未来获得更多的利益。因此，企业在参与职业教育过程中应当承担以下两项责任：

第一，针对在职员工进行培训活动，利用职业院校的场地优势、技术优势、人员优势开展企业产品研发和技术升级，以满足即时性的交换需求。

第二，深度参与校企合作模式，与学校共同培育高素质的劳动者和专业性技术人才，从而满足对未来期待的交换。

从我国企业参与职业教育的现状来看，不管是大型企业还是中小微企业，其在校企合作过程中对利益的追求是非常明显的，部分企业的利益追求行为可以说尤为功利、现实，发展眼光较为局限。再加之，我国许多中小微企业由于自身的企业性质和规模格局的限制，认为满足用工即可，所以都不愿主动参与到职业教育中，也由于我国企业承担社会责任的评价体系不完善，使得企业在履行社会责任时受到了一定的影响。因此，在运用企业管理模式时，应当根据各企业不同的特点来开展其社会责任的管理，同时将企业参与职业教育行为纳入社会责任报告中，以此激发企业参与职业教育的积极性和主动性。

二、企业参与职业教育社会责任的内在机理

社会责任本身就是一个广泛而又复杂的内容，目前学界并没有对其达成统一的概念界定。但综合国内外众多学者的研究可以看出，企业的社会责任主要有两个基本原则和标准：第一，承认企业追求利益合理性；第二，关注利益相关者的诉求。

在实践和发展过程中，企业的社会责任逐渐得到了更多的拓展和界定，内涵不断丰富和深化。一直到 20 世纪 90 年代初，企业经营者和众多专家学者才在企业的社会责任上形成了普遍共识，即企业应自主承担社会责任。

从职业教育的角度来看，企业是职业教育的"产品"需求方，所以有未更换关注"产品"的质量，因此也最知晓在职业教育中应当针对"产品""教什么""如何教""为谁教"，由此企业在职业教育中的主体地位日渐凸显。因此，在理论结合实践的基本方针下，企业参与职业教育的社会责任须进行重新审视和分析。

（一）企业参与职业教育社会责任的类型划分

1. 依据涵盖范围

依据涵盖范围的划分标准，企业在履行职业教育社会责任的实践行为可以分为两种，即企业内部和企业外部。

（1）企业内部

企业内部的社会责任实践行为是企业为了使内部员工得到优化和提升，从而建立和完善有关员工的职业培养体系。以某一些企业为例，为了使内部员工能够与时俱进，不断适应市场需求，企业有针对性地建立了多样化的培训制度，如在岗正规培训、脱岗正规培训、在岗非正规培训、脱岗非正规培训等。我国为了落实企业职工培训制度，也发布了一系列相关文件予以督促，使企业内部员工的在岗教育得到强化。

（2）企业外部

企业外部的社会责任实践行为主要通过对职业教育进行投资、实习实训等方式进行，同时融入社区职业教育，根据社区职业教育的需求来制定相关的正规与非正规职业教育培训活动，譬如对残疾人等弱势群体，企业有针对性地提供技能补偿教育，帮助残疾人等弱

势群体解决就业与生计问题。

2. 依据发展动因

根据发展动因的划分标准，企业履行职业教育社会责任的实践行为可以分为三种，即逐利型、公益型、综合型。

（1）逐利型

中小型企业多为逐利型的发展动因，其对劳动力表现出了较强的需求，且行业类型多属于劳动密集型，企业会出于对利益的追求，以订单的形式与职业学校进行人才合作培养，以满足企业内部对人才的需求，在促进企业发展的同时，完成参与职业教育的社会责任，以形成一个良性循环，其优势较为明显，即高收益、低成本。

（2）公益型

公益型发展动因是指企业参与职业教育是出于慈善和公益，在社会中获得良好的称誉及声望，其主要是企业在承担社会责任时与社会形象交换的一种非承诺性物质交换形式。一般来说，国有企业的这种发展动因较为明显，其次是部分民营企业，参与职业教育和践行社会责任的方式主要是在职业院校内设置教育基金、奖学金、捐资助学等。

（3）综合型

综合型发展动因是指企业兼顾经济利益与社会道德，在参与职业教育时承担社会责任并非单纯地出于对经济利益的追求，或单纯地出于对社会形象、声誉的追求。这一类型的行业属性多为某一行业领域的领军代表，如华为、联想等大型企业，它们在参与职业教育时的动机是复杂的、综合的。在参与职业教育时承担应有的社会责任已经成为企业发展过程中的重要组成部分。在此类型中，企业在参与职业教育时，其经济收益与社会道德之间的互馈是相互的。

3. 依据实施内容

根据实施内容的划分标准，企业参与职业教育的社会责任实践行为分为三种，即职业启蒙教育、职业准备教育、综合发展培训。

（1）职业启蒙教育

职业启蒙教育多是对还未参与到社会实践工作中的青少年进行趣味开发和职业启蒙教育。

（2）职业准备教育

职业准备教育多是对即将进入企业工作的青少年进行培养。比如，针对即将毕业的职业院校学生，企业为其提供职业准备教育，让学生有一个由学生身份转为员工身份的过渡期和转换通道，为企业用人做出了良好的铺垫。

（3）综合发展培训

综合发展培训多是针对企业在职员工，使他们能够适应不断变化的市场需求及行业技术的不断更新。同时，综合发展培训还针对社区群众有关再就业、职业发展的问题，企业提供短期或长期的技能培训项目，以解决他们的就业与再就业问题。

4. 依据参与方式

根据参与方式的划分标准，企业参与职业教育的社会责任可以分为四种，即职业培训、职业教育、职业活动、公益活动。

职业培训主要包括安全健康、技能技术、专业学历及弱势群体的再就业等，如制造业和采矿业企业的职业培训内容以安全教育为主。

职业教育主要是对专业人才的培养，如企业与职业院校共建学院、实训基地、师资队伍建设、教学改革、创新创业等。

职业活动以企业的技能技术为核心而展开一系列活动，如承担各类职业技能大赛等。

公益活动以公益为主，企业在院校开展的各种公益活动，如成立创业基金、捐赠教学物资、社区知识普及等。

（二）企业参与职业教育社会责任的模式分析

企业参与职业教育社会责任可以根据不同的性质、不同的规模、不同的发展阶段、不同的企业文化背景来履行相应的社会责任，因此其模式也会有所不同，但综合来看，可以分为慈善捐助型、校企合作型、社区协作型三种常见的模式类型。

1. 慈善捐助型

（1）慈善捐助型对企业的要求

慈善捐助能够充分体现企业的社会责任感，一些企业针对经济欠发达的职业院校和职业院校的贫困生进行慈善捐助，显示了其强烈的社会责任感。从国家的相关政策规划及项目引领和财政支持来看，我国正在开展职业教育精准扶贫，在这一过程中，仅靠国家单方面的建设是无法完成的，还需要国家各个大中小型企业与国家一起共同进行，积极参与并关注和回馈职业教育，体现一个企业公民应尽的社会责任。

一般来说，企业规模越大，所承担的社会责任便越重。慈善捐助型本身就属于一种公益性行为，不一定会获得经济收益，因此对企业的发展规模和经济实力有较高的要求。只有发展规模较为成熟，且具有强大的经济实力的企业，才能承担慈善捐助的模式，比如国有企业和部分大型民营企业。

（2）慈善捐助型的实践形式

在国家精准扶贫计划的引导下，近年来，越来越多的企业结合自身情况参与到职业教育中来，其在职业院校增加学生求学机会、改善求学条件、阻断贫困的代际传播等方面表现出了高度的社会责任感，企业在实践过程中也累积了许多成果经验。

企业以"缺什么、补什么"原则筹建相关职业院校，比如，中国中煤能源集团有限公司不仅成立了具有针对性的"中煤职业技术学院"，同时还为国内10家同类型院校提供采矿、通风、地质、机电等专业技能的培训活动，以解决人才紧缺的问题，并使一线员工的操作技术水平得到提升。

捐助教学设施，为职业院校提供更具有实际性的帮助，比如，汽修专业院校注重学生的实践应用能力，对此，企业捐助相关的教学用具，为学生提供能够动手拆解车辆的用具，使学生有效理解汽车内部结构构造和运作原理。

开展助学基金项目。比如，中国第一汽车集团有限公司根据"扶贫先扶智"的原则，在院校设立助学基金项目，为院校表现良好的贫困学生提供免费的职业教育及相关培训，使更多家境贫困的学生享受与其他学生同等的教育机会，同时在双向选择的前提下，为学生提供在企业内就业的机会。

针对在职院校学生，企业内设立专门的青年志愿者协会，如中国农业银行、中国石油天然气集团等企业都以协会为组织基础，创造出了各具特色的青年志愿者服务品牌，使公益慈善实现了可持续发展。

2. 校企合作型

（1）校企合作型对企业的要求

校企合作是目前企业参与职业教育较为常见的一种形式，这主要是由于职业院校对企业的广泛要求。校企合作是职业教育发展的重要形式，在"谁投资、谁管理"的情况下，还关系到办学目标、办学模式、人才培养等方面，在企业与学校的权责比例分配上，其合作形式和运营模式也会受到一定的影响，且表现出多元化特征。

（2）校企合作型的实践形式

实践形式一般分为以下两种：

①企业建立独立院校，并以自身企业对院校进行命名。

②企业针对在职学生，在厂内设置具有针对性的实训基地，并在学生进行实时实训时渗透以企业理念，使学生提前适应企业运营模式和理念，加速学生身份的转换，形成一种"厂中校"的模式。

从这两种实践模式可以看出，其基本遵循"理论与实践相结合"的合作规律，它是职业教育目标和企业生产目标的统一性表现，同时也体现出了职业教育的跨界属性。

（3）校企合作型的发展阶段

校企合作的发展过程基本可以分为以下三个阶段：

第一阶段：企业以配合为主，单方面地接受职业院校学生的实习实训，在参与职业教育中没有表现出相应的价值诉求和责任意识。

第二阶段：企业与职业院校双向建设，这一阶段中，企业对职业教育的价值诉求和责任意识已经初步形成，认识到参与职业教育不仅是国家政策要求，也是自身发展和企业公民责任承担的需求。企业参与职业教育时以订单培养形式参与到院校的课程编写、师资队伍建设、学生实习实训等多个培养环节中，在为院校学生提供发展途径时，满足企业自身人才需求。

第三阶段：校企一体交换合作阶段。这一阶段主要是受社会的不断发展及商业文化的不断规范的影响，越来越多的企业意识到自身的社会责任，同时领悟到参与职业教育对企业发展的益处，从而衍生出了多元化的新型校企合作模式，如集团化、混合所有制等。

3．社区协作型

（1）社区协作型对企业的要求

社区是若干社会群体或社会组织聚集在某一领域所形成的一种与生活相关联的大集体，其是宏观社会下的一个微观性的缩影。在企业劳动力中，社区为主要来源。从社会关系来看，与社区同属某一领域的企业，便需要承担起相应的社会责任，为该社区的群体提供服务。在职业教育中，这种服务主要表现为改善居民的文娱生活条件、提升居民素质、加强居民生活技能、提供科学技术服务等。

通常情况下，社区协作型对企业的行业属性没有特定的要求，但是通过大量的实践数据可以发现，其中参与职业教育的企业具有明显的比重偏差，主要为金融行业、传统农业等。

（2）社区协作型的实践形式

企业在社区型的实践中属于参与主体，其实践形式一般以三种模式为主：

①技能培训。相比于前面两种实践模式，社区协作型职业教育发展相对较晚，发展速度也较为缓慢，因此技能培训是企业参与社区职业教育的首要形式。

②技术指导。技术指导有利于帮助社区群众提高技能技术，同时带来更可观的经济收益。比如，新希望集团利用自身在畜牧业方面的综合优势，对社区农户进行了针对性强的科学养殖技术指导，提高农户的养殖效率，为自身和社区创造更多的财富。

③提供文娱服务。文娱活动对群众来说也是非常重要的，旨在增进社区群众的情感联系。比如，房地产企业针对社区提供相关的居家护理、紧急救助等服务项目。

三、企业参与职业教育社会责任的思考与启示

通过对企业参与职业教育社会责任现存问题的论述可以得知，校企合作的问题即实践问题。因此，对企业参与职业教育社会责任所需要努力的方向，以及未来发展方向的引导相当重要。

（一）强化责任意识，为企业履行职业教育社会责任提供内动力

1. 深化参与职业教育责任意识

企业在承担相应的社会责任时会创造出一定的价值。从我国目前的实际情况来看，大部分企业将服务视为单方面的付出，而没有将服务与经济效益联系起来，使得许多企业为了履行社会责任而去履行社会责任，在参与职业教育过程中表现出了不情愿，因此很难使得企业参与职业教育形成一种可持续性行为。因此，应注意从多方面鼓励培育企业的社会责任感，实现可持续性发展。

企业的职业教育社会责任主要是对员工、学生、社区劳动力的教育和培养，使他们的技能技巧得到提升，同时使其个人能力成为企业价值供应链的一个重要组成部分。因此企业参与职业教育承担相应的社会责任时，同时也是在经营自身的人力资源。大量的实践数据表明，企业参与职业教育的社会责任与企业自身的绩效呈正比关系，因此，企业参与职业教育履行社会责任时，应当从宏观的角度出发，将社会责任与企业的经营挂钩，深化企业参与职业教育的责任理念。

2. 完善企业社会责任战略体系

企业参与职业教育除了承担部分经济支撑需求和提供一定的实习平台外，还应当对员工或学生的内在进行培养，以专业化、科学化、规范化、系统化的责任体系完善企业社会责任，其中包括多个环节和步骤。

第一步，制订具体的实施计划，对计划的内容进行细化。

第二步，在计划的引导下企业进行诸如资金投入、人力投入、设备投入等，并根据不同院校的具体需求确保投入成本的全面性，使投入与收益成正比。

第三步，明确计划和前期投入后，展开实践行动。

第四步，企业在开展相关的慈善捐助、校企合作活动后，根据企业社会责任报告对企

业的活动进行描述、整理，并通过新闻发布的形式进行信息披露，以此在社会上营造企业良好的形象和声誉。

第五步，审计企业参与职业教育社会责任的产出和效果，这是企业社会责任战略体系中不可缺少的一个环节。

第六步，根据审计结果对企业参与职业教育的过程进行重新整理，形成具有企业特色的战略体系。

3. 建立企业社会责任评价机制

评价机制是检测企业是否有效履行社会责任的有效方式。

（1）建立企业履行职业教育社会责任评估指标体系

体系的建立要确保其公平性、公正性、客观性、科学性、合理性，需要根据不同的企业性质和类型来建立指标体系，同时还要考虑企业的不同年限和规模等，建立一套有效的评估指标体系，并将评估结果作为对企业进行优惠政策激励的重要依据。

（2）加强企业履行职业教育社会责任的监督管理

有效的监督管理首先是以政府为主体，但是为了避免发生徇私舞弊的情况，须在监督管理中增加第三方评估监督机制，以提高监督力度和效度。比如，建立行业协会和社会团体等。

（3）落实企业履行职业教育社会责任的奖惩机制

对履行社会责任表现良好的企业采取一定的激励和奖励措施，如开放信贷融资、财政资助的途径等；对违背或逃避社会责任的企业处以相应的惩罚，加大企业问责成本。

（二）完善政策激励，为企业履行职业教育社会责任提供制度保障

企业参与职业教育履行社会责任是一个长期性的发展过程，并不是一蹴而就的，它具有一定的自主性和自觉性，与政府的倡导和激励也有着密切联系。

1. 完善利益驱动机制

（1）直接利益刺激

直接利益是指政府对企业参与职业教育进行直接的帮助和扶持，首先，国家可以在政策规划和经济财政方面对企业参与职业教育实施指导；其次，地方政府在发展职业教育中承担主要责任，根据地方的实际情况帮助企业解决和处理校企合作的重点和难题。

此外，政府还针对职业教育设立专项合作资金，以不同的途径和方式援助校企合作，对可形成较大的经济效益的企业适当地减免职业教育培训税；通过招标的形式对优先立项

的企业给予特殊奖励，增强企业参与职业教育的吸引力。

（2）间接利益刺激

间接利益，是指从侧面入手实施影响，比如由关注经济效益的转为侧重人力资源等。在经济飞速发展的社会背景下，各大中小型企业都得到了一定规模的发展，企业文化不断加强，开始逐渐意识到不同素质的人才给企业所带来的价值和利益，高素质、高技能型人才更是成为行业竞争的关键核心，因此企业参与职业教育，从中不断挖掘人才和培养人才，也是对企业的提升和发展。

2. 优化利益补偿机制

补偿机制则是指分担企业参与职业教育的经济成本，尤其是对生产型企业校企合作来说，其在实际成本与劳动力需求中常常会发生收益亏损的情况，这时实施补偿机制更有益于企业发展。

企业参与职业教育的过程产生的成本主要包括：企业寻找职业院校的信息收集成本、决策成本、企业对合作院校直接或间接的支付成本、企业为院校提供场地和设备的材料损耗成本、企业投入技术开发的成本等。部分企业在为院校搭建实习实训基地时，仅支持师生参观和走访，究其原因是企业担心教师或学生参与直接的实践操作会造成机会成本的增加。

针对这一情况，政府给予一定的补偿机制能够降低企业各种成本的损耗，也能为院校教师和学生争取更多的实践机会，从真正意义上形成企业参与职业教育的可持续性发展，这一机制对部分小型企业来说尤为重要。

3. 健全外部治理机制

要想企业参与职业教育能有效承担社会责任，就必须形成内外协调的治理机制，协调好企业员工与管理层的关系、企业与同类型职业院校的关系、企业与周边科研所的关系，通过对双方关系的调整和优化降低责任成本。

除此之外，可以进一步拓展职业教育产品和服务的提供者，不再单纯地依赖政府的供给，而是充分发挥行业优势，形成多渠道的资金投入体系，不断扩充实施主体，完善市场补偿机制。

（三）盘活行业资源，为企业履行职业教育社会责任提供行业环境

1. 加大政策倾斜，分类引导践行社会责任

分类引导企业践行社会责任是指，根据企业优势为群众提供更好的普惠活动等。但由于企业在市场中地位和角色各有不同，直接决定了各企业参与职业教育的方式和程度的差

异，比如，国企和民企参与职业教育的侧重点和实践点都有明显的区别。因此，政府在监督企业参与职业教育社会责任时应当做到有区别、有针对性，不能同一而论。比如，对市场调节失灵的行业，政府可以有针对性地为其搭建市场服务平台，以市场化运作体系为主，协调各个利益主体的社会责任。

2. 加强行业指导，充分发挥资源协调功能

不同的利益主体所表现出的职能层次都各不相同，政府便很难直接面向生产，不能及时地了解企业的实际需求，所以行业主管部门及协会组织应具备和发挥一定的协调职能，为各利益主体之间创建一个沟通的枢纽。为了进一步发挥资源协调功能，行业主管部门和协会组织可以多参加到职业教育的实际工作中来，熟悉各个流程和环节，提高自身能力水平和影响力，最终实现对国家职业教育的影响。

3. 优化服务水平，畅通科研成果转化渠道

完善行业协会的功能机制是对企业参与职业教育的一种公平和公正性保障，有利于防止政府在行使监督管理权时出现腐败和徇私的情况。因此，以行业协会为载体建立网络化的服务系统势在必行，应在技术开发、产业生产、市场推广、责任监督等环节中发挥出应有的功能和效应。行业协会通过整合各项资源，使不同的利益主体之间形成良性互动，有利于促进各企业根据自身的实际情况承担相应的职业教育社会责任，同时推动产学研合作模式的创立创新。可以说，当企业具备资源整合的功能之后，便能够在科研成果的促进和转化中起到无可比拟的优势和作用。完善行业协会的功能机制是对企业参与职业教育的一种公平和公正性保障，有利于防止政府在行使监督管理权时出现腐败和徇私的情况。因此，以行业协会为载体建立网络化的服务系统势在必行，应在技术开发、产业生产、市场推广、责任监督等环节中发挥出应有的功能和效应。行业协会通过整合各项资源，使不同的利益主体之间形成良性互动，有利于促进各企业根据自身的实际情况承担相应的职业教育社会责任，同时推动产学研合作模式的创立创新。可以说，当企业具备资源整合的功能之后，便能够在科研成果的促进和转化中起到无可比拟的优势和作用。

第二节　校企合作主体的利益诉求与权责配置

一、校企合作的建构条件

校企合作的构建需要明确利益、责任、权利三个方面之间的关系，即需要构建共同利

益、共同责任、共同权利。

（一）共同利益诉求是建构的驱动力

对利益的诉求是企业参与职业教育校企合作的根本驱动力，其利益又可以分为长期利益和短期利益。企业作为营利性组织，实现利益最大化是一种十分合理的需求，它是企业参与职业教育的直接动力，企业在校企合作中可以收获优质型人才，满足企业内部对应用型人才的需求，这属于长远利益；职业院校在校企合作中可以获得更多的教学资源，从而提高人才培养的质量，因此属于长期利益与短期利益的结合。虽然双方在利益追求目标上有一定区别，但双方都能从中有所收获。

从各个主体获得的利益上来看，不同的利益主体的获益不同。

职业院校通过校企合作可以获得更好的教学资源，可以根据企业信息适时性调整院校专业设置和教学模式；在经济上可以得到企业的支持，同时获得企业所提供的设施设备及场地，为职业院校增加实习实训的机会和平台，为院校教师提供更多的企业培训的机会。

企业通过校企合作可以吸纳更优质的人才，协助院校实现科研产品开发，共享科技成果，在社会中获得良好的声誉和影响；对企业的在职员工来说，可以通过对职业院校专业人士的咨询获得更为专业的建议和决策，以此推动企业发展。

很显然，基于共同的利益诉求，企业和职业院校可在校企合作上建立更为紧密且长远的联系。共同利益诉求是校企合作上的驱动力，有了根本性的利益作为推动，双方就能在发展过程中实现共赢，实现合作关系的可持续性发展。

（二）共同承担责任是建构的先决条件

在校企合作中，双方的共同利益得到满足后，还需要进行责任均衡。

企业在校企合作中的教育责任即为企业的职业教育责任，其属于社会责任的一种，是资源配置过程中"权利"与"义务"相互交换的结果。具体来说，企业的职业教育责任就是协同职业院校达成人才培养目标，共同参与职业院校的教学改革、课程编写、专业设置、内容制定、教学实施、学生招生及考核评价等环节，在保证自身和学校的合理权益上，有效规避校企合作中可能出现的风险。

从校企合作的不同发展阶段来看，学校并不能单方面地完成职业教育的任务，需要企业在合作过程中承担部分责任，以补充职业院校中教育环节的不足和缺失，对此应解决企业在校企合作的过程中对责任承担的多少、内容、形式等问题。

（三）共同享有权利是建构的必要保障

权利的分配是合作关系中最为关注的问题之一，校企合作同样强调权利的有效分配。权利是利益的另一种表现形式，在校企合作中注重对权利的分配，就是为了使双方的正当利益能够得到有效保障。

职业院校拥有招生权、教育教学权、人事权、学生管理权、经费资产管理权等多项权利，但这并不意味着这些权利只单方面属于学校，企业作为合作人享有同等的权利和地位。具体来说，企业在职业教育校企合作中的权利应当时刻以人才培养为主，根据这一中心内容，企业在职业教育中的权利可以归纳为知情权，即企业有权知晓院校在人才培养方面的基本信息；行动权，即企业有权参与到院校制订人才培养计划、方案、决策等多个环节中去；决定权，即企业为了确保自身正当利益，有权决定某一活动的实施与不实施。

这三种权利是企业参与职业教育权利的基本形态，但并不意味着这三种权利会同时出现，有时会集中表现出某一种权利，有时也会是三种权利的混合表现形式，从现阶段来看，企业在校企合作中所能获得的权利相对较为缺乏。

二、优化校企合作利益主体责权配置的策略

优化校企合作中利益主体的权责配置，是为了使双方的合作关系更为深化，对此可以从利益机制、职权体系、政府职能三个方面着手提出科学合理的策略。

（一）建立利益共赢的协调机制

利益是企业参与职业教育的重要驱动力，基于企业与学校的共同利益，建立利益共赢的协调机制，可以有效提高企业参与职业教育的主动性和积极性，在利益共赢的基础上使双方关系得到维持和深化，实现可持续发展。科学合理的利益共赢协调机制具有动态性，它需要根据社会环境变化和不同的合作发展阶段进行动态调整和实时改变，且需要注重以下四点：

1. 要有正确的利益观念导向

不同主体的利益诉求各不相同，这是双方在校企合作中关系得以长存的基础，但同时也是双方在合作中矛盾产生的根源。因此，在构建利益协调机制时，应以公平、平等为原则，以互利共赢的利益观念为导向，使双方都朝积极健康的方向发展。当然，这并不是意味着双方的利益诉求一味地达成制衡，它可以在不同的情况适当地灵活改变，比如，双方可以在利益上做出让步和妥协，只要在总体上不违背原则和基本利益诉求，且不回避应当

承担的责任，校企合作就能形成良性循环。

2. 找准利益诉求的核心

企业作为营利性组织，其目标方向在于经济利益的追求，但是经过深层剖析可发现，企业对经济利益的追求其实也是对优质人才的追求，因为人才是当今社会的推动力和企业竞争的关键核心。而职业院校作为教书育人的重要机构，其目标在于培养国家和社会所需要的人才。从这个层次来看，企业与职业院校的利益核心具有一致性，都是以高素质人才为目标，从而实现双方利益的最大化，一方面，企业需要在校企合作中明确自身的责任与义务；另一方面，职业院校的教学运行机制需要根据企业的人才需要情况来不断调整和完善，以此在双方的核心利益基础上实现利益共赢。

3. 建立制度化和规范化的利益诉求平台

建立诉求平台有利于使双方能够合理、平等地表达自身利益诉求，对此可以建立高层领导定期互访制度、专业指导委员会研讨论证机制、各个层面的定期信息通报制度等。此外，还可以利用各种新型技术拓宽利益表达渠道等，使双方的利益诉求更加规范和公正。

4. 构建强效的利益约束机制

约束机制可以有效规避双方由于权责分配不均衡所导致的风险，因此在校企合作前期，双方必须明确各自权责，并约定双方共同承担的风险，将风险责任落实具体。

(二) 完善权责明确的职权体系

双方职权体系的明确需要以共同利益为基础，满足互利共赢目标，实现利益协调分配。具体而言，确定职权体系时主要关注以下三个方面：

1. 决策

校企合作中需要建立各类理事会，以确保在重大事务前能够有效决策，科学、高效地解决问题。同时，在决策过程中须从整体层面出发，兼顾各方利益，使决策真正做到公平、公正。

2. 执行

成立相关的执行机构，同时聘任院长，在理（董）事会的领导下实行院长负责制，进行集中管理，发挥一定教育管理成效。

3. 组织

由专业学者组建成专业指导委员会，为企业提供咨询服务，同时为职业院校制订科学合理的人才培养方案，指导职业院校的教学运行和实施。

在实际操作过程中，制度体系的建立和管理机制的统一是校企深度合作的关键所在，所以双方有必要制定合作章程，从中明确双方的权利与义务，并建立相应的考核、评价、奖惩管理制度。对企业来说，在每一年的校企合作中，为了保证合作的正常进行和可持续发展，企业需要投入一定的合作资金，维护双方的权利和利益。而对学校来说，则更多地需要在人才培养过程中承担相应的责任，使学校成为企业人才培养的孵化地。

（三）发挥责权配置的政府职能

若要发挥校企合作的最大效应，只依靠企业和学校各自内在的能动力是远远不够的，还需要第三方因素来推动和促成，形成内外合力。从我国现阶段的情况来看，政府是最好的第三方因素。对此，可以由政府作为牵头人，为促进校企合作搭建实体平台，三方同时作为管理人员，科学合理地分配、调整权责与利益关系，以充分发挥校企合作的功能与作用，实现互利共赢。

1. 政府完善政策法规，厘清校企双方职责

在校企合作中，企业可以直接享受政府所给予的各种优惠和奖励政策。对企业来说，从职业教育中获利具有一定的风险性，而为提高企业的参与积极性，政府应当保障企业在校企合作中的获利。另外，许多职业院校都面临着资金不足的情况，而校企合作的前期需要大量的资金投入，而资金的缺乏便会极大地制约校企合作的开展和效果。对此，政府应当在法律法规上保障双方合理的权利。

政府在进行权责分配时应当注意双方的均衡，同时要考虑到权利的分配给企业或学校可能带来的效果。赋予企业相应的权利是为了使企业在参与职业教育时更具有主动性和积极性，使企业能够发挥自身在人才培养方面的作用，自觉承担责任，实现核心利益。因此，只有赋予了企业一定的权利，才能使其有效地投入职业教育的各个环节中，推动职业院校人才培养，提高职业院校的教学水平。

2. 健全遴选制度，加强监督资格和权利的审核

政府在校企合作中既是推动者，也是监督者，这主要是因为校企合作不是随意两方就能构成的，它需要以利益共同点为基础建立合作关系。因此，政府必须在共同利益的基础上，兼顾双方发展内涵及区域经济发展等要素，遴选合适的合作方式建立合作关系。这对于校企合作来说是最基本的先决条件，其具体标准主要表现为：

第一，合作企业自愿且具有较强的合作意识，在合作过程中不逃避社会责任和教育责

任，自愿为院校提供设备、设施、资金支持，致力于促进职业院校的人才培养和发展。

第二，为企业未来发展做出一定规划，企业在产品生产或产业拓展时考虑其是否与合作院校相符合。

第三，职业院校在选择合作企业时，应当考虑到企业的发展空间及企业的人才需求，一般来说应选择具有一定发展规模的企业，或是在社会中具有一定影响力的企业。

第四，可以优先选择在过去有过合作基础的企业，且双方在过去的合作过程中没有过多矛盾，有望实现互利共赢的目标。

3. 发挥协调作用，保障利益共享、风险共担

在校企合作中，政府除了充当推动者和监督者的角色，还有一个重要的角色——协调者。校企合作是基于企业和学校双方的共同利益来达成的，虽然能够在利益方面保持基本一致，但由于两者存在根本的属性区别，因此在合作过程中难免发生矛盾和冲突，这时候就需要政府从旁有效协调。

政府需要强化双方在合作中的责任与权利，并对各自的履约情况进行监督，政府作为公共管理部门，应直面企业与学校之间的矛盾，尽可能地协调和保障双方的利益。企业和学校在决定达成合作关系时，政府可以选派相关专家或经验丰富的人员进行谈判和建议，明确双方权利与责任，尤其是针对知识产权的归属问题，应当在协议达成之前就敲定明晰，防止后续发生不必要的纠纷。双方在履行合同时，政府要起到一定的监督作用，对企业的行为进行有效的监督和约束。

第五章　产教融合与校企一体化的体制机制

第一节　产教融合与校企一体化的要素

一、产教融合与校企一体化理论依据

（一）教育与生产劳动相结合理论

教育和生产劳动一直紧密结合在一起，人的社会生活离不开生产劳动，而有了生产劳动必然也就有了教育，只不过在原始社会下，两者自觉混沌地相结合，未被提升到理论层面。教育和生产劳动的关系经历过两个历史阶段的发展。

1. 欧文的教育与生产劳动相结合理论

16 世纪的英国空想主义者莫尔和 17 世纪资产阶级的经济学家约翰·贝勒斯都曾提出过劳动与学习相结合的思想。18 世纪法国启蒙运动思想家卢梭也表明，劳动是人的社会义务，培养独立人的一种方法为劳动教育。但由于时代的限制，他们的思想仅仅停留在培养自食其力的私有者上。19 世纪的空想家欧文和傅立叶，不仅认为劳动教育对人的全面发展起着积极的作用，而且从反对私有制的资本主义社会的弊端为出发点，指出劳动与教育相结合的必要性。欧文提出教育与生产劳动相结合理论并付诸实践，他想要建立一种社会计划来改变社会关系的不合理，通过一系列实践活动，证明教育和生产劳动结合的有益性，使社会以及人的发展都得到满足。

（1）欧文教育与生产劳动相结合理论产生的时代背景

18 世纪 60 年代英国工业革命开始，以棉纺织业的技术革新为开始，以瓦特蒸汽机的改良和广泛使用为枢纽，以 19 世纪三四十年代机器制造业机械化的实现为基本完成的标志。18 世纪中期，英国成为世界上最大的资本主义殖民国家，国内外市场的扩大对工场手工业提出了技术改革的要求，因此以技术革新为目标的工业革命首先发生在英国。

欧文生活的时代正是英国历史上劳动阶层受剥削和压迫最严重的时期。资本主义生产的发展，加速了社会的分化，导致大批工人失业，农民、手工业者更加贫困，社会黑暗且

动荡不安。同时，资本家为了牟取暴利，日夜不停地对工人进行残酷的剥削和压迫，尤其是童工的成长环境、劳动环境极为恶劣。

（2）欧文教育与生产劳动相结合理论的局限性

19世纪的空想社会主义者由于阶级和历史条件的限制，始终没有认识到变革社会的根本物质力量。他们离开了阶级去设计和实践社会主义，幻想通过把教育与生产劳动相结合的办法，从而达到消灭体力劳动和脑力劳动之间的对立。

欧文认为教育是消除愚昧、实现平等、从而达到所有人利益一致的根本办法。值得肯定的，教育确实是人类社会进步所不可或缺的手段，教育传播知识、美德、实现人与人之间的平等，但一味地强调教育这一项而忽视其他，难免就陷入了唯心主义的思维当中。

欧文在早期的新拉纳克的教育实践活动中，希望通过教育的手段来改善工人的生活和工作环境，这一教育实践活动确实也取得了良好的效果，然而当欧文前往印第安纳州想要更进一步追求理想，实现共产主义时，实践活动最终失败了。我们应该清楚地认识到，教育并不是缓解社会矛盾的根本方法，教育的成功也并不能促成社会的根本变革，教育的功能在欧文的整个思想理论体系中被扩大化了。在世界资本主义大环境的四面夹击中，想要通过和平手段，想要通过教育改革来变革社会，教育承受了其无法承受之重。但是，我们并不能因为欧文后期实践活动的失败而否定其整个教育理论，欧文的幼儿园教育、环境学说和实行人性化管理等理念都是成功的，是值得我们借鉴和学习的。

此外，从现代教育理论来说，青少年时期还是应以教育为主，生产劳动应作为认识自然的一种教育手段而不是直接从事生产劳动，是对间接理论的论证，是获得直接经验的途径。

（3）欧文教育与生产劳动相结合理论的历史意义

欧文是伟大的教育家以及追求和谐社会的先行者。他的空想社会主义思想不仅构成了马克思科学社会主义的基石，而且直接影响了马克思恩格斯教育思想的形成。欧文的教育与生产劳动相结合理论，以其合理的内核、成功的实践被后世所继承，成为马克思恩格斯教育与生产实践相结合理论的源泉。马克思恩格斯的教育思想，是对欧文教育理论的合理批判和改造。

马克思通过对教育和政治经济的研究发现，一定的教育和训练是生产劳动能力和改变劳动能力形态的重要手段，对社会发展起着至关重要的作用。而欧文于1849年出版的《新道德世界书》《人类思想和实践中的革命》中就着重阐明了通过教育和劳动相结合来培养人的理性发展从而获得新社会制度的观点，欧文把劳动教育的一般目的和建设新社会的任务紧密地结合在一起，这对马克思恩格斯教育理论的形成具有很好的指导和借鉴意义。

欧文的教育与实践相结合理论符合人类自身和社会生产都得到正常发展的客观规律，从欧文的教育实践活动中可以看出，教育不仅是生产劳动同智力和体育相结合，更是提高社会生产、实现人的全面发展的唯一方法。马克思强调人的全面发展，其基本内容是体力劳动和脑力劳动的协调发展。欧文的教育与生产实践相结合理论是马克思恩格斯有关学说的渊源。

马克思恩格斯教育思想是对欧文教育与生产实践相结合理论的继承和创新，用历史唯物主义的观点对原有理论进行合理的逻辑演绎。与欧文不同的是，马克思指出教育和生产劳动相结合是大生产的产物，它的实现取决于无产阶级的成熟度，从而指出了教育和生产劳动相结合的基本方向和可实施的一些做法。马克思主义并不像空想社会主义那样，将未来情景描绘得具体、详细，而是提供方法、指明方向。

最后，生产与劳动实践相结合的理论虽有其历史的局限性，但是对于现代教育理论的发展还是有着十分重要的意义。即使面向 21 世纪，教育与生产劳动相结合仍然是职业教育、成人教育、高等教育改革等非常重要的指导思想。

当人类社会出现不同阶级、脑力劳动和体力劳动区分的时候，统治阶级为了培养下一任统治者，于是创办了专门的教育机构—学校。这是教育第一次从生产劳动中分离出来，但也仅仅是统治者的教育从劳动中分离出来，劳动者的教育仍然与生产劳动混沌地结合在一起。这一时期的教育多是文史知识的教育或者称之为统治思想的教育。在中国主要突出折射在孔子的教育思想上，为统治阶级培养"士"与"君子"，主张以"仁""礼"制度进行国家统治；在西方，不论是雅典教育还是斯巴达教育，也都是重视思想统治教育和军事教育。然而随着社会的发展，当机器代替手工工具后，劳动者不得不掌握一定的科学知识以提升自己的劳动生产能力，于是就产生了现代意义的教育，这是教育第二次从生产劳动中分离出来。但以现代科学知识为连接点把教育和生产劳动结合在一起，既不像古代教育和生产劳动那样天然而混沌地融合在一起，也不像古代学校教育和生产劳动那样完全脱离，而是相互独立又不可分割地结合在一起。

十六世纪，早期空想社会主义者托马斯·莫尔就最早提出将教育与生产劳动相结合。十七世纪，经济学家约翰·贝勒斯表达过要结束现行的教育和分工。到十八世纪，工业革命的发展导致机器大工业时代的来临，法国启蒙运动思想家卢梭提出儿童在学习的同时也要参与劳动。瑞士教育家裴斯泰洛齐认为劳动是教育的先决条件，不仅能发展人的体力，也能发展人的智力。十九世纪，英国空想社会主义者罗伯特·欧文，是马克思之前对教育与生产劳动结合的最大贡献者，并在自己的工厂进行教育与生产劳动相结合的实践。由于种种局限，直到马克思用历史唯物主义和辩证唯物主义的观点对其进行变革，才形成理论层面的教育与生产劳动相结合。关于教育与生产劳动相结合，马克思认为：它不仅是提高社会生产的一种方法，也是造就人全面发展的唯一方法，同时更是改造现代社会最强有力的手段之一。

2. 马克思教育与生产劳动相结合理论

(1) 马克思教育与生产劳动相结合思想的产生

任何一种思想的产生都建立在时代的土壤之上，马克思的关于教育与生产劳动相结合的思想也不例外。19世纪30年代，最早从英国的产业革命开始，资本主义大机器生产率先在纺织业和一些轻工业领域取得优势，之后重工业也被大机器生产所占领，这就意味着整个工业体系基本实现了大机器生产。在英国完成产业革命之后，法国的工业部门也进行了大机器生产的革命。德国虽然资本主义生产力发展水平相比前两者较为低下，但在欧洲已经刮起了大机器生产的风暴，德国的大机器生产也有了一定的发展，尤其是靠法国的马克思的故乡莱茵省，资本主义快速发展。

首先，在这样的环境中成长起来的马克思注意到了资本主义的发展对生产力的巨大影响。英、法、德等国的工厂和工人的数量急剧增加，社会阶级分化日益加剧，与此产生的是教育与生产劳动的相分离。以英国为例，在资本主义发展期间英国工厂数目的平均增长，在1838年至1850年间是每年32个，而在1850年至1856年间几乎扩大了三倍，达到每年86个。正是资本主义生产力的迅猛发展引起了当时欧洲各国政治、经济、文化及思想教育的深刻变化。马克思在密切关注这些变化的同时也发现了在资本主义蓬勃发展背后的致命弱点，这就是社会化生产和资本家私人占有之间的矛盾。资本家在攫取巨大的利益与财富的同时，工人们却是长时间超负荷地工作。随着工厂数量的增加，为降低成本，资本家们大量招收童工和女工。因为在当时童工和女工的工资比男性成年工人工资低得多。资本主义的剥削让工人不仅在身体方面和智力方面，而且在道德方面，都遭到资产阶级的摒弃和忽视。工人们特别是童工在没有任何劳动保护措施的环境下从事长时间的繁重劳动，严重地损害了工人们的身心健康。虽然资本家们出于各种因素的考虑，也会将童工送去夜校或慈善学校进行学习，但其根本是接受资产阶级思想的奴役。在这种情况下，工人们为自己及子女争取教育的权利而斗争，希望在工厂的劳动之外他们也可以有接受教育的时间和权利。

其次，近代科学技术的发展深刻影响着教育及人自身的发展。近代科学将人们在生产过程中积累起来的知识和技术经验集中起来，分门别类地形成了各类科学知识体系。大工业把巨大的自然力和自然科学并入生产过程中，科学知识日益成为发展生产的决定因素，而仅凭劳动生产者的个人经验和技艺已经远远达不到大机器工业生产的要求了。所以，工人们迫切希望改变传统的父传子、师带徒的生产劳动方式，他们渴望掌握现代的科学知识技能，更为系统地进行科学知识的学习。这些情况需要义务教育的普及，学校教育也要增加自然科学和技术学科，并建立和发展各类职业技术学校，工艺学校也转变传统单一的教学模式，在着眼于培养人的劳动能力之余增加人们对基本原理知识的学习。这就要求必须把教育与生产劳动相结合的理念贯彻于无产阶级的教育之中，造就全面发展的个体。

（2）马克思教育与生产劳动相结合思想的产生条件

①主观条件

马克思的成长环境对其教育观有着巨大的影响，马克思成长于德国，他的家庭流淌着犹太人的血液，但信仰新教的他却从小生活在天主教盛行的地区。在复杂的宗教信仰和周边环境里成长的马克思从来没有把自己的社会环境看成是一个统一整体，所以马克思更多倾向于用批判的眼光来观察社会。1830年，马克思在特利尔读中学，这所学校原是耶稣会学校，在这里他受到了典型而纯粹的人道主义教育。这些对于马克思后来批判资本主义，为无产阶级服务埋下了伏笔。之后，马克思为顺利完成德国学校的毕业考试而写下的一篇德语作文《青年在选择职业时的考虑》中写出了他对职业选择的态度和价值取向。这种价值，就是为人类利益而牺牲生命。马克思在这篇文章中充分表现出了他作为人道主义者的理想观念，即个人的全面发展和相互依赖的人群共同体的全面发展。可以说，青年时期的马克思就已经表现出为整个人类发展而奉献的精神、为人的全面发展而探索的精神，这也为之后他关于无产阶级教育的思想理论奠定了坚实的基础。

马克思在现实的社会生活中逐步加深了对教育与生产劳动的理解，从一个推崇黑格尔、费尔巴哈的德国青年人开始逐渐成长为影响世界的思想巨人。这就足以表明马克思对于问题的探究精神远远不止步于简单的理解和解读，更注重的是问题在现实中的实践。马克思批判旧的唯物主义是没有看到社会实践的巨大作用，从而与旧的唯物主义划清了界限，建立了科学的唯物史观。从这一点就能看出马克思对于社会实践、对于现实的社会生活是极为关注的。而当时的社会正值资本主义发展的变革时期，马克思在看到资本主义对工人无情的剥削，特别是童工在工厂中的悲惨生活后，就提出了普及义务教育、教育与生产劳动相结合等一系列关于无产阶级教育的思想理论。在此后马克思在多部著作中考察了劳动对于人的意义和分工对于社会的重要性，使教育与生产劳动相结合的思想具有更加深厚的历史底蕴。马克思对教育与生产劳动相结合的论述不是凭空想象出来的，而是在历史发展和现实的社会生活、社会实践的基础上提出的无产阶级先进的教育思想。

②客观条件

马克思批判地继承了前人的思想，16世纪，英国早期空想社会主义者莫尔在其《乌托邦》一书里就提出了：在乌托邦里每一个人都必须参加农业劳动并学习某种手工业，儿童在学校里学习农业知识的同时还要去田野从事观察和劳动的主张。莫尔在他的乌托邦里就开始实施教育与生产劳动相结合的教育方式。随着资本主义的发展，一些经济学家也主张学校要与实际生活相结合。英国经济学家贝勒斯首先使用"劳动学校"这一名词，他强调："劳动会来富裕，怠惰者应穿褴褛的衣服，不工作不得食。"劳动教育在他看来不仅是为了获得劳动的习惯，而且着重于劳动对智育与德育的作用。马克思指出："贝勒斯早在17世纪末就非常清楚地懂得，必须结束现行的教育和分工。因为这种教育和分工按照相反方向在社会的两极上造成一端肥胖，一端枯瘦。"18世纪资产阶级民主主义者卢梭就强烈反对衣租食税的世袭贵族，并认为体力劳动是每一个社会成员不可避免的义务。他把一切游手好闲的人都看作是骗子，认为一个自由的人应当掌握各种劳动职业，只有靠自己劳动生活的人，才是真正的自由人。

卢梭把手工劳动不止看作是对学生身体训练和双手灵巧性的发展，而且强调把学生童稚的求知心引导到发展他的机敏性、创造精神和预见性上。卢梭还把手工劳动作为使儿童正确理解各种社会关系的手段，看成人的智力、人的社会意识发展的源泉。在卢梭自然主义教育思想中，教育与生产劳动相结合思想具有一定的正确意义。他对这一问题的见解，在法国、瑞士和德国都引起了强烈的反响。法国国民公会力图通过立法来实现这一主张。可是卢梭的教育与生产劳动相结合的思想，是以手工业和农业劳动为基础的，这是由它的历史时代的局限性所决定的。瑞士民主主义教育家裴斯泰洛齐受卢梭的影响，认为劳动是教育和发展的最重要条件，劳动不仅能发展体力，并能发展智力，形成人的道德。裴斯泰洛齐特别指出劳动教育对于培养"人"的作用。劳动教会人蔑视那些跟事实脱节的语言，帮助形成精确、诚实等品质，有助于形成儿童跟成人之间和儿童之间合理的相互关系，合理地组织儿童体力劳动能够促进他们的智力和道德力量的发展。裴斯泰洛齐把教学和手工业和农业的生产劳动相结合，作为教育的基本原理之一，并且设立了一所学校以实施其理念。

19世纪法国伟大的空想社会主义者傅立叶抨击资本主义"文明制度"，主张用"和谐制度"代替"文明制度"。傅立叶在描绘未来社会的生活图景时，特别关心和谐社会的教育事业。他主张利用儿童对待劳动的天性，从幼年起就参加家务劳动，他认为劳动教育中有着智力发展的源泉，并把劳动教育和培养新道德联系起来。傅立叶从"人的本性"提出交换工种的大胆设想，主张人们一边工作，一边学习。

英国空想社会主义者欧文经历了英国产业革命，目睹了在这一阶段里，大批破产的手工业者成为无产者，广泛使用廉价的女工和童工，残酷的剥削没有止境。欧文主张用工厂法来限制剥削，并拟订了一个美好的社会计划，以图根本改变这种不合理的社会关系。他指出新生一代将从事于以"在力学和化学的力量协助之下"的科学和技术的成就为基础的劳动（欧文所说的劳动是大工厂中的劳动）。"所有的人都将利用科学所提供的一切改良措施，轮流参加新村一项或多项工作，他们还要交替从事农业和园艺。"欧文把教育与生产劳动相结合建立在机器大工业的物质技术基础上，在新拉纳克进行实践，并为此付出了巨大的精力和财富。

在马克思以前的先贤们已经认识到社会主义经济制度同人的发展的关系。圣西门的实业制度、欧文的工业制度等都是他们预测未来社会的蓝图，揭露了分工的弊端。应该说，马克思在提出关于教育与生产劳动相结合的思想之前，对于先贤们的理论及其主张都进行了翔实的分析和研究。最终取其精华去其糟粕，批判地继承了这些思想，这对他之后关于教育与生产劳动相结合的阐述有着重要的参考作用。

（3）教育与生产劳动相结合的意义

①教育与生产劳动相结合是提高社会生产的一种方法。马克思在考察和研究了先辈对教育与生产劳动相结合的实践，以及19世纪英国工厂法的实施之后，对教育与生产劳动相结合的意义做出了更为深刻的总结，那就是教育与生产劳动相结合是提高社会生产的一种方法。

在资本主义生产方式以前的生产中，人们主要从事的是农业和小手工业生产，这种生产的技术结合是手工工具和手工操作技艺的结合。生产经验还没有上升为科学理论，靠父传子、师带徒的方式传递生产经验，在直接操作过程中锻炼自己的体力和提高技能的熟练程度。在这种条件下生产，主要是农民、手工业者的个体生产，而不是社会化生产，教育和生产劳动基本上没有直接联系，社会生产力水平是十分低下的。而第一次产业革命改变了这一切，使劳动资料由人的手工工具转变为机器体系，改变人力在生产过程中的地位。马克思也说，"科学通过机器的构造驱使那些没有生命的机器、肢体有目的作为自动起来运转"。

机器是科学应用于生产的结果，是物化的智力。在机器生产的条件下，随着生产技能从工人身上并入机器，劳动职能大大简化。科学技术的发展，使物质生产中的智力因素不断增长，生产劳动逐渐变成科学劳动，社会劳动不断智力化，整个社会的科学文化水平同生产力发展水平成正比，科学越发展，生产力也就越提高。

②教育与生产劳动相结合是造就全面发展人的唯一途径。马克思在《资本论》中明确

提出了教育与生产劳动相结合，对社会生产和培养人方面的重大作用"它不仅是提高社会生产的一种方法，而且是造就全面发展的人的唯一方法"。马克思曾说过："劳动首先是人和自然之间的物质变换过程。人自身作为一种自然力与自然物质相对立。为了在对自身生活有用的形式上占有自然物质，人就使他身上的自然力——臂和腿、头和手运动起来。当他通过这种运动作用它身外的自然并改变自然时，也就同时改变他自身的自然。他使自身的自然沉睡着的潜力发挥出来，并使这种力的活动受他自己控制。"这里说明，人是在劳动过程中形成的，劳动不仅是一切物质财富的源泉，而且是人本身发展的根源，劳动创造了人本身。劳动是人体力和智力活动的显示和享受，人的个性、才能、世界观正是在劳动过程中形成的。历史上多少人文主义者和启蒙思想家，都提出过参加劳动的问题，但他们受历史的局限，着眼于个性解放和正义道德。而马克思主张实行普遍义务劳动制，是在合理的社会制度下，每个有劳动能力的人都应当成为生产工作者，不仅用脑力劳动，而且用双手劳动。社会每个成员都能把体力劳动与脑力劳动结合起来，使人的各个方面能力都得到充分的发展，从而成为全面发展的人。

马克思在《哲学的贫困》《资本论》等著作中分析了机器大工业条件下分工的特点，从生产的技术特性上证明了用全面发展的人代替片面发展的个人的客观必然性。马克思指出了机器生产对工人发展的影响："现代社会内部分工的特点，在于它产生了特长和专业，同时也产生职业的痴呆，工厂分工的特点是劳动在这里已完全丧失专业的性质。"

马克思预见到，资本主义大工业生产在客观上为消灭脑力劳动和体力劳动的对立，实现人的全面发展提供了物质条件，但在主观上决不能自行实现这一变革。在资本主义条件下人的全面发展不能不受到资本主义经济规律的制约。正因为这样，马克思把生产劳动和教育的结合作为克服体力劳动和脑力劳动分离和对立，劳动者畸形发展的社会弊病的抗毒素。马克思把废除私有制看作是解放生产力和实现人的全面发展的首要前提。把生产资料公有制的建立，作为发展社会生产、实现人的全面发展的基本条件。他认为，只有从根本上变革资本主义制度，建立社会主义和共产主义制度，并充分发展社会生产力，才有可能实现全体社会成员的全面发展。

③教育与生产劳动相结合是改造现代社会最强有力的手段。在《哥达纲领批判》中，马克思对于教育与生产劳动相结合的思想进一步深化，将它表述为改造现代社会的最强力的手段之一。大工业从技术上推翻了旧的分工制度，但是大工业的资本主义形式，阻碍了这些反映社会发展客观要求趋势的进一步实现。资本家为了使资本增值，不断地压榨工人，工人的片面发展进一步加剧，严重地加剧了生产过程中脑力劳动和体力劳动的分离和对立，使工人及其后代身心片面发展达到顶点。

生产过程中智力同体力相分离，智力变成资本支配的权力，是在以机器为基础的大工业中完成的。它破坏了大工业机器生产本身为教育与生产劳动相结合提供的基础。只有工人阶级夺取政权以后，消灭奴役，全社会的教育与生产劳动相结合才能得到彻底实现。工厂劳动使社会化劳动和机器劳动结合，而这种社会化生产在历史的发展来看是一种进步。因为社会化生产把劳动过程中的生产者结合成一个总体，加强了劳动者之间的联系，使劳动者摆脱了小生产时代孤立、分散的状态，扩大了他们的视野。正基于此，马克思并不反对儿童和少年参加到社会生产之中。由各种年龄的男女组成的结合工人这一事实，尽管在其自发的、野蛮的、资本主义形式中，也就是在工人为生产过程而存在，不是生产过程为工人而存在的那种形式中，是造成毁灭和奴役的祸根，但在适当的条件下，必然会反过来变成人类发展的源泉。

马克思将参加社会生产看作是一种进步。针对《哥达纲领》中禁止儿童劳动的说法，马克思进行了强有力的回击。他认为在用年龄界限划分儿童的方式和具备保护儿童的其他预防措施的条件下，生产劳动和教育的早期结合是改造现代社会的强力手段之一。马克思希望青年一代在日常生活斗争中去接受教育，了解无产阶级的现实生活和社会关系，培养一种阶级意识。但这需要亲身参加并经历阶级关系而获得，只有通过教育与生产劳动相结合的方式，才能形成这种教育并最终导致社会的变革。

3. 我国教育与生产劳动相结合理论应用

随着社会的发展，对于教育与生产劳动相结合的解读与理解变得更加广泛。教育的范畴可以指普通教育、高等教育、职业教育及非正规教育，生产劳动的范畴包括一切有利于社会的活动。校企合作育人则是新时代下教育与生产劳动相结合在职业院校和企业之间的实践。

（二）利益相关者理论

利益相关者理论经常出现在很多企业管理研究中，这一理论最开始是来自经济学家的研究中。关于它的定义有非常多的版本，在国外就有30多种不同角度、不同层面的定义。而国内对其研究也非常多，在知网检索利益相关者理论可以查到上万条信息，而这些信息大多与企业研究相关。但是随着对它研究的不断深入，这个理论的研究和应用得到了延伸。简单的描述利益相关者理论即为："影响企业利益的不仅仅是企业的出资人还有企业的员工、消费者、企业的合作单位还有政府和企业利益相关的个人或者群体、组织。企业需要在经营中获得他们的支持，考虑他们的利益需求，使各自利益得到最大化。"

利益相关者理论在产教融合中的应用，据利益相关者理论将"产教融合"涉及的主要部分进行分类，分为直接利益获得者、间接利益获得者和外延的利益获得者，并且分析他们在产教融合中的利益诉求，明确各主体在产教融合方面的责任和义务，形成产教融合利益分配的办法，使他们在过程中都能够受益。

1. 直接利益相关者：企业、学校和学生的利益诉求

企业属于营利性机构，其最终目标是实现利益最大化。在产教融合中，企业的价值追求在于获得合格的员工、必要的技术支撑及企业员工培训等。与此同时，其贡献点主要在于为学生提供实习（就业）岗位、实习实训设备、参与专业建设及人才培养方案的制订等。学校的价值追求在于提高办学知名度、获取更多生源、提升办学水平及获得办学资金等，其主要贡献点在于培养符合用人单位需求的高素质技术技能人才、为企业提供职工培训等。学生的价值追求在于提高专业技能和素养、获取实习（就业）岗位等，其贡献点在于为企业创造更多经济利益。

2. 间接利益相关者：教师、行业协会和地方政府的利益诉求

教师虽属于间接利益相关者，但对于产教融合的顺利开展也起到关键性的作用。在产教融合中，教师的价值追求在于提升专业水平、获得相关专业一线知识及培训等，其主要贡献点在于传授专业知识、为企业员工提供在职培训、制定人才培养方案和课程标准，提升"双师"素质。行业协会的价值追求在于促进相关行业的规范有效运行，其主要贡献点在于为地方政府、学校和企业搭建产教融合的平台，并发挥其协调、指导及评价作用。地方政府的价值追求在于推动教育和产业统筹融合、协同发展，从而促进就业和经济增长，其贡献点在于提供必要的经济和政策支持。

3. 边缘利益相关者：家长、社会组织、媒体及社会大众的利益诉求

家长、社会组织、媒体及社会大众作为产教融合中的边缘利益相关者，相对于其他利益主体来说，其参与度较低。边缘利益相关者基于各自利益的诉求对于职业院校产教融合的管理决策所产生的影响力较弱。家长的价值追求在于从学生的立场出发，关注学生能否习得相关专业知识与技能、未来就业前景等；社会组织的价值追求在于能够及时了解行业信息，实时调整自身发展路径；媒体的价值追求在于获取新闻热点，提高媒体的影响力，同时能够增强产教融合的宣传力度；社会大众的价值追求在于了解产教融合相关劳动力市场的就业动态，根据需要调整个人的职业规划等。

二、产教融合与校企一体化的要素分析

当前产教融合需要加强哪些要素的融合概括起来主要有三个方面：专业融合是基础，

教学融合是重点，师资融合是关键。

（一）专业与产业的融合

专业是职业学校的基本要素，是产业变化的晴雨表，从职业学校专业设置的变化往往可以观察到一段时期内的产业变化。所以，专业与产业是紧密相连的，换句话说，专业对接产业是产教融合的基础。如果专业设置与产业脱节，产教融合就失去了根基，所谓的产教融合也就无从谈起。目前，职业学校专业设置存在的主要问题包括：一是专业设置脱离产业。什么样的专业好招生就开设什么专业，盲目跟风，完全忽视产业特别是区域产业对技术技能型人才的需求。二是专业繁多。一些学校开设了不少专业，有的甚至几十个专业，表面看上去对接产业广泛，实际上什么产业都没有对接好，让学校失去了特色。严格来说，职业学校不应该是综合性的，而应是具有产业特色的"专科"学校。一所有特色的学校往往从校名就可以判断它对接了什么产业、具有什么特色，这也是职业学校区别于普通学校和综合高中之处。三是专业简单对接产业。一个大的产业往往是由系列相关产业组成的产业集群，而很多学校往往只有一个或两个专业对接产业集群的某一个或两个产业，在产业广度上对接远远不够。此外，一个产业从研发到生产、销售、售后维修，往往是一个较长的产业链条，而我们的学校往往只对接其中一个环节，这造成了产业人才需求断节断链。因此，对应产业集群和产业链，建设专业集群，系统培养产业技术技能人才，形成办学特色，在当前尤为重要。其次是教学与产业的融合。专业与产业的对接只是产教融合的必要条件。对接只是融合的基础，只有对接，没有教学环节的融合，根本算不得真正意义上的产教融合，顶多只是一种形式上的连接。

（二）教学诸要素与产业的融合

一是教学标准与职业标准的融合。职业教育严格来说应该是职业资格或者是职业能力的教育，职业教育的教学内容来自职业标准，教学内容要对接职业标准。国家职业标准是对从业人员的一般要求，专业教学应该保证每个学生都能达到。与此同时，专业教学还要及时关注行业、企业的新发展、新要求，不断更新教学内容。因此，有人主张职业教育专业课程要采用活页式的教材是不无道理的，其目的就在于方便教学中随时更新教学内容。

二是教学过程与生产过程的融合。严格来讲，专业技能不是教会的，而是学习者在实践中练会的。教师教的只是程序性知识，即可以言传的明言知识，而更多的不可言传的意会知识只能靠学习者在反复练习中体会、琢磨而习得。因此，工作技能形成的最有效的途径是在工作场所中的"做中学"。教师只有熟悉了所教专业对应岗位的生产过程，才有可

能将生产过程引入教学过程，并按照生产过程安排教学过程。

三是评价方法与产品验收方法的融合。企业生产成果最终体现在产品上，产品的质量决定生产的效率。同样，职业教育很多专业的学习可以通过学生作品来呈现学习结果与学习效果。因此，职业教育专业教学的评价要推广以作品为导向的评价方式，引入企业产品质量评价标准和评价方法，评价学生的综合职业能力。通过作品评价，不但可以检验学生是否熟练掌握了产品技术标准，而且还可以通过作品完成的程度透视学生学习过程的工匠精神和职业素养。作品评价是专业教学融入产业、融入生产过程的重要标志，应该大力推广。在这方面，美术类专业早有值得我们学习和借鉴的经验。

第二节　产教融合与校企一体化的路径与模式

一、产教融合与校企一体化路径诠释

从产教融合与校企一体化的核心要素分析来看，产教融合与校企一体化的路径可以在此基础上进行修正。一体化内聚力可以增加政府引导力、市场吸引力变成"五力"；一体化目标可以调整为专业设置与产业需求对接、课程内容与职业标准对接、教学过程与生产过程对接、毕业证书与职业资格证书对接、职业教育与终身学习对接共五个对接；在一体化目标之后增加一体化平台构建，平台构建必须具备协同育人功能、协同创新功能、创业教育工贸、产业调研功能和成果转化功能；一体化课程与教学在原有课程范式项目化、课程组织多样化、课程实践生产化、课程成果产品化的基础上增加课程改革同步化；一体化评价在学生满意度、企业满意度、学校满意度、社会满意度基础上增加政府满意度；在一体化评价后增加一体化保障，主要从动力机制、组织机制、制度驱动机制、运行机制、利益分享机制五个机制，产教融合与校企一体化的主线仍然是教育性，在此基础上各个利益契约合作关系中，体现出相互的包容、优势的互补、利益的互惠。

二、产教融合与校企一体化目标设计

（一）一体化内聚力形成

产教融合与校企一体化的内聚力共有"五力"，包括企业教育力、学校服务力、学生发展力、政府引导力、市场吸引力，这是实现产教融合的前提条件。产教融合与校企一体化，必须考虑合作企业的教育力，企业生产规模、生产效益要兼顾，但更重要的是要考察合作企业所具备的承担学生培养、学生生产实训中的技术技能指导的实力；学校自身也要根据师资、专业结构、学科技术和技能优势、科研能力等衡量与企业合作中能给以企业的服务力；更重要、也是最根本的还要考虑学生的发展力，学生的专业性和专业能力培养是校企一体交汇的出发点和目的。政府对于学校、企业的引导力也是必需的，良好的政策、项目、资金支持，会营造优质的产教融合环境；市场吸引力则为产教融合与校企一体化提供了要素资源重新配置的空间。

（二）一体化目标要求

产教深度融合的基本内涵是产教一体、校企互动。其基本目标的实现是"五个对接"：专业设置与产业需求的对接，专业随产业发展而动态调整，提升服务区域产业发展急需的人才的培养能力；课程内容与职业标准的对接，按照产业技术驱动开发课程，改革教学内容；教学过程与生产过程的对接，打破传统学科体系，依照生产工作逻辑重新设计课程序列，深化技术、技能学习和训练；毕业证书与职业资格证书的对接，将职业资格标准与行业技术规范作为课程的核心体系，进一步完善学院职业资格证书与学历证书"双证"融通制度；职业教育与终身学习的对接，增强职业教育的开放性、多样性，满足学习者职业发展的需求。

三、产教融合与校企一体化平台构建

产教融合与校企一体化必须把握"服务"与"培养"之间的平衡，因此在构建一体化平台的时候必须强调协同育人、协同创新、创业教育、产业调研及成果转化等核心功能。

（一）做好协同育人

产教融合与校企一体化的主要目的和中心任务应聚焦于培养人才，因此育人是产教融合与校企一体化的核心。产教融合与校企一体化是一种开放跨界的教育运行体系，其独特文化体现在跨越院校、政府、行业企业、科研机构等不同领域的联动上。通过多方协同联动，以政产学研市立体协同推进为实施手段，变革职业院校人才培养模式，强调职业素养，把人才培养贯穿于教学、生产实践、创新研发和应用服务的全过程，适应经济发展的新需要。

（二）做好创业教育

产教融合与校企一体化平台本质上就是一个创业创新的有效载体。鼓励并引导学生、教师参与创业创新实践，并将创业与专业、与科技、与区域产业、与政府导向相结合，提升师生的创业知识和经验、创业意识、创业能力、科技知识和创新能力、创业成效也是产教融合与校企一体化平台的一项很重要的功能。通过这个载体，形成完整的创业实践教育体系。

（三）做好产业调研

产教融合与校企一体化平台融合了大量的企业和相关行业，利用政产学研市的联动机制，可以深入了解整个行业和主要企业发展的现状、问题及发展趋势，从而为政府、行业、企业提供咨询建议，为职业院校提供人力需求报告，为科研机构提供产业需求的一手资料。

（四）做好成果转化

长期以来，产学研成果转化率低是突出问题，原因在于成果转化、技术转移只有在特定的创新体系和组织制度环境下才能发生和实现，从而使得技术知识或技术成果在不同利益主体之间传递。也就是说，如果只有企业和职业院校两个轮子，也无法有效"驱动"区域创新经济的发展，而必须依靠政产学研市的一体化提供技术转移、成果转化的土壤。

四、产教融合与校企一体化教学与评价

（一）一体化课程与教学

合作目标确定以及平台建成后，如何科学地设计课程结构与内容，吸纳用人单位直接参与课程设计就变得非常关键了。课程范式项目化，强调实践课程要将专业性融入相关的专业生产项目之中，以专业生产过程的关键知识、核心能力安排实践课程。课程组织多样化，强调实践教学并不排斥传统的课堂教学、模拟性的实训教学等，倡导课程组织的灵活性、多样性。课程实践生产化，强调专业的实践课程要突出专业生产的知识特性和技术特性，尤其在真实的生产过程和生产环境中培养学生的专业技术及应用能力，是最关键的要求。课程成果产品化，是校企一体化实践教学绩效评价的特殊要求，因学习是真实产品生产中的学习，实践性产品的质量将是评价学生学习态度和知识应用及迁移能力的重要指标

评价参照体。课程改革同步化，就是如何根据产业技术的变化驱动课程改革，从而使教学活动在真实的环境中开展，按照企业真实的技术与装备水平设计教学内容，并按照真实的业务流程设计教学空间和课程模块，激发学生学习兴趣，推动教学方法改革。

（二）一体化质量评价

产教融合与校企一体化的质量评价指标主要依据学习主体、合作主体间的"满意"程度进行。这种一体化质量评价主体建议从学生满意度、企业满意度、学校满意度、社会满意度、政府满意度五个维度进行。学生满意度是最核心的标准，是整个路径操盘的重中之重。路径也考虑到产教融合与校企一体化的多面性，提出了校企合作双方的满意评估。职业院校同样肩负着重要的公益服务的社会职能，校企一体化的效应不仅作用于相关联合体之间，也不可避免地会产生社会辐射及先导作用，放大职业院校社会公益服务功能，让更多的行业企业同享职业院校的优质资源，这是社会满意度的意义所指。作为政府提供教育服务公共产品的主要力量，政府作为主办方和投资者，政府满意度可以作为评价产教融合与校企一体化的办学方向与成效。

产教融合与校企一体化质量评价实施可以分为职业院校和生产企业的内部评价及行业组织第三方质量评价两个层面进行。产教深度融合与校企一体化质量内部评价内容重点考察产教深度融合的组织与领导、职责履行、人才培养方案、基地建设、毕业生社会声誉、教师成果转化等；生产企业产教深度融合质量内部评价主要考察技术培训、订单完成、新产品开发、新技术引进等。行业组织第三方质量评价重点对产教融合是否符合行业产业发展等进行检查和评价，并及时反馈和修正。同时，通过制定具体标准，开展产教深度融合督导检查，合理设计各种奖惩措施，以调动产教融合各方的积极性。

五、产教融合与校企一体化保障机制

如何保证产教融合与校企一体化目标的实现、如何保证产教融合与校企一体化的自我运行与调节，需要一系列的机制作为保障。在相关法律法规缺失的背景下，产、学、研主体可以从动力机制、组织机制、制度驱动机制、运行机制、利益分享机制等方面保障产教融合与校企一体化的有序运行，推动产教融合与校企一体化迈向更深层次和更高水平。

（一）动力机制

产教融合与校企一体化产生的动力机制是指合作主体多方要素之间相互作用、相互联系、相互制约的形式和作用方式。合作动力的产生主要由于利益驱动、优势互补、政策推进和发展需求等因素综合作用，激励院校、行业企业、科研机构在政府的影响下和市场的需求下产生合作意愿，提高合作兴趣，巩固合作发展的有关政策、制度和运作方式。

产教融合与校企一体化各主体会受到多方面因素的影响和作用。企业受市场需求的驱动；院校是人才和科技成果的摇篮，单独依靠企业自身不能培养出合格人才的时候，企业就会对产教融合表现出浓厚的兴趣。科研机构参与产教融合与校企一体化除了经济利益驱动，还有实现社会价值，提高学术水平、社会地位的动力。行业协会作为企业的"娘家"，参与产教融合与校企一体化的动力主要是推动本行业良性发展。政府和院校为社会最大限度地提供人才公共产品的服务是其职能所在。

（二）组织机制

明确的组织机制是产教融合与校企一体化的基础，是形成自我约束、自我规范的内部管理体制和监督制约机制的保障。政府应设立校企合作的组织管理协调机构，加强对"产教融合与校企一体化"工作的领导，把"产教融合与校企一体化"工作作为一项重要内容纳入各级领导任期目标责任制的考核，加强对"产教融合与校企一体化"工作的指导、协调、监督和服务，保障"产教融合与校企一体化"工作顺利开展。职业院校也应成立"产教融合与校企一体化"组织管理机构，在学校层面指导和管理各个专业与企业的合作，统一协调解决合作过程中遇到的问题。

职业院校要建立理事会（董事会）的社会联系和合作机制，完善理事会（董事会）结构，规范决策程序。设立专业指导委员会，负责协调和指导产教融合与校企一体化的开展，解决合作发展中的重大问题；设立教学工作委员会，负责校企共建专业、课程、师资、实训基地；设立订单与就业委员会，负责订单培养计划的签订，毕业生就业推荐、选聘与服务工作；设立社会服务委员会，负责技术研发与服务、企业员工培训工作。此外，还须完善体现职业教育特色的职业院校章程和制度，制定符合职业教育特点的校长（院长）任职资格标准等。

（三）政策驱动机制

政策驱动机制主要是指各级政府主管部门制定出台的相关政策措施。政策体系的建立是"产教融合与校企一体化"良性发展的前提，也是其赖以生存和发展的基础。目前，我国"产教融合与校企一体化"体制存在着很多不利因素，企业参与校企合作的积极性不高、动力不足，要改变参与"校企一体化"进程中学校"一边热"的不利局面，政府应不断建立完善政策驱动机制，制定出台产业政策、税收政策、金融政策、就业政策、激励政策等相关政策。通过政策的制定，理顺政府与"校企一体化"进程中其他各主体之间的关系，制定具有前瞻性、战略性及科学性的政策体系，使我国的"产教融合与校企一体化"尽快步入科学化的发展轨道。

（四）运行机制

运行机制是保证产学融合一体化正常运行的制度保障，主要包括协议机制、沟通反馈机制、行业定期指导机制、监管机制、风险管理机制等内部长效运行体系。其中，协议机制主要指在尊重市场决定性资源配置的前提下，政产学研中所有与院校合作的单位必须签订合作办学协议，明确院校、行业企、科研机构、政府四方的责、权、利，以契约方式规范合作办学行为。行业定期指导机制主要是邀请行业协会专家定期对行业、企业的发展做面对面的指导交流，提供整个行业发展的最新信息以及相关企业的优秀经验，同时对相关项目的开展提供咨询。

（五）利益共享机制

在产教深度融合过程中，利益主体涉及学生、教师、学校、企业等，构建各主体之间的利益共享机制，实现利益共赢是产教融合与校企一体化得以顺利实现的基本条件。尤其是政府、相关行业协会的参与，是当前产教融合利益共享机制构建的需要解决的新课题。政府、相关行业协会是产教融合与校企一体化的引导者、组织者、服务者、氛围营造者、政策提供者、资金支持者，也是产教融合与校企一体化的过程受益者。政府、行业协会通过这个过程深度了解产业发展的现状、问题，同时得到职业院校、企业给予政府、行业协会关于产业发展的建议、对策以及获得区域经济发展需要的人才。当然，政府、行业协会也可通过购买服务的方式共享职业院校及企业的高端知识要素、人力要素、技术创新要素等，与职业院校、企业进行合作，获得政府、行业协会所需要的专项成果。

六、产教融合与校企一体化的模式

（一）职教集团型模式

所谓职业教育集团化就是将经济学领域中的"集团化"经营模式引入到职业教育领域中，是在市场经济推动下，在职业教育领域进行的符合职业教育办学规律的体制创新。其内涵是以职业教育为核心，在采取创建、联合、兼并、合资等方式的基础上联合其他职业教育主体，由职业教育院校、企业行业管理部门、中介机构、用人单位等共同组建职业教育集团。其目的在于联合企业、依托行业、在有关中介机构的指引下，强化职业院校与企业之间、职业院校之间的联系，有效地整合教育资源和经济资源，从而实现资源共享。我国职业教育集团化办学已经有多年的历史。

职业教育集团发展对有效调整职业教育办学结构，进一步丰富、整合职教资源，减少重复建设，不断提高人才培养水平，使职业教育更好地服务地方经济，实现职业教育规模化、市场化、集约化是一条重要途径。在职业教育集团内部，招生即招工、招工即招生，进入职业院校岗前培训，或半工半读修满学分后颁发毕业证书。职业院校的学历生也可转入"双制班"，根据企业订单要求，灵活安排学习和实习、实践、生产，做中学，学中做，毕业即在职教集团内部就业。

然而，在职教集团发展过程中也存在着实际办学效果欠佳，各成员单位参与集团办学的积极性不高，职教集团的各成员单位即利益相关者的诉求难以得到满足，部分地区职教集团成为政府和学校的政绩工程等现象，因此要通过政府引导、明确集团定位、健全机制、打造品牌等措施提升职业教育集团化办学水平，达到资源整合与共享的目的。

（二）校企合作发展联盟

如何基于企业和学校两类不同社会组织的管理体制和运行机制差异，撬动政府出政策、行业出标准、企业出资源，政行校企联动系统培养高素质高技能人才，校企合作发展联盟就是有力的实践证明。

从理论角度，同质组织间的竞争会大于合作，资源的使用效益会降低。由一所职业院校牵头，组建校企合作联盟，将资源依赖与互补结合起来运用，在合作过程中动态优化选择合作企业和合作项目，会提高资源配置效率。

校企合作发展联盟就是全体成员组成理事会，各理事单位均为独立法人，在理事会内具有平等地位。理事会设立由理事长、常务副理事长、副理事长、秘书长、副秘书长组成的常务理事会，下设秘书处。

联盟理事会制定理事会章程，规定理事会的职责、组织机构、理事的权利和义务、经费及资产管理办法、理事会终止办法等多项规章制度，有效保障校企合作联盟理事会机构的顺利运行。

（三）现代学徒制

1.现代学徒制运行机制

构建了校企"双主体"育人新机制。校企双方推动建立了一批产业学院、实习实训基地、大师工作室、产教研协同基地，在工学交替、岗位成才的人才培养过程中，同步助推企业发展。

通过成本共建共育机制实施，在学徒培养中，学校和企业共同传递企业文化，增强学生对企业员工身份的认同感，融入企业特色，使得学徒岗位更具有企业自身的针对性。确定一体化育人目标。校企共同制订《校企合作联合招生招工方案》，确定"招生-招工"一体化模式。校企明确招生规模、学徒培育岗位，开展联合招生宣传，通过考试、面试等遴选程序，由学校、企业、学生、家长共同签订《现代学徒制学生培养协议》，明确学徒双重身份，保证学校、企业及学徒三方的共同利益。学徒由学校和企业共同进行管理和培养，享受企业准员工待遇。学徒经学校与企业考核合格后颁发毕业证书，直接进入公司基层管理、技术后备，作为企业人才进行培养和储备。

①建立联合学生（学徒）招生（工）机制，主要包括招生（工）策划、宣传、遴选等工作。

②形成联合人才培养机制，主要包括确定试点专业设置方向、人才培养方案、教学组织实施、教学资源建设、双师队伍等内容。

③形成多方质量评价机制，主要负责学校现代学徒制教学、学生学习、学生在企业生产（实习）的考核，将存在的问题反馈给专业与合作企业，后两者针对存在的问题完善招生（工）和专业建设内容。

2. 现代学徒制育人模式运行路径

（1）紧扣"现代学徒制"核心理念，构建特色课程体系

学校及时对接产业最新发展动向，以"双一流"建设为引领，紧跟"一带一路"国家倡议，按照"合作共赢、职责共担"的原则，校企共同设计人才培养方案，推进学校教育与岗位培养相结合的工作，实行工学交替的学习模式。

实施以"现代学徒制"理念为核心的"专业技术教育+岗位技能训练+创新创业实践+核心素养融入"的课程体系，培养多元化、国际化职业人才。

（2）紧扣"现代学徒制"核心理念，共建双导师制度

建立双导师选拔、培训、考核、激励制度、奖惩制度、管理办法，实现学校专业骨干教师进入合作企业时能胜任理论指导，企业专业技术人员进入学校课程时能成为合格的技能型教师的目标。

（3）紧扣"现代学徒制"核心理念，建立质量保障体系和多元评价机制

试点专业围绕现代学徒制培训全过程，通过构建一系列制度、程序和方法，将现代学徒制项目人才培养质量保障活动系统化、规范化、制度化，确保现代学徒项目始终在学校

制定的质量标准范围内运行，确保项目前期的合规管理，合作期间的监控和改进，而项目的质量保证阶段性绩效考核将学生的职业生涯规划与学徒的培养目标紧密结合起来，使企业和学生同时受益，从而保证现代学徒制项目的长期稳定。

（4）紧扣"现代学徒制"核心理念，共建现代学徒制协同育人的长效机制

依托项目试点工作，校企双方共同建立招生（工）机制、教学运行机制、教育成本分担机制、质量评价机制等，校企共同实施人才培养过程管理和考核评价，用制度规范教学运行，充分保证现代学徒制的实施效果，从而实现三方共赢。

（四）产教融合校企一体化模式创新对策

1. 共建治理结构

（1）职业院校需要将"理事会"作为治理结构

即学院方担任的主要职位为副理事长、执行院校与三名理事职位，企业方担任的主要职位则为理事长、副执行院长与四名理事职位。双方需要制定规范的理事会章程，明确规定议事程序、理事提案管控方式，凡是与高校办学方向、体制创新、发展规划等相关的重大事件需要通过理事会的决策与审议，且日常教学与管理需要遵循院长负责制。

（2）职业院校需要创建完善职能部门

分设相关办公室，如校企合作、企业发展探索、学生管理、企业人员培训与专业教学等，注重产业发展的服务，无论是课程体制设计和审核、培训信息的收集与整理、年度培训规划编制、培训考评体制还是课程的实际实行与效果评价等都需要各尽其职，通力合作。

（3）加强制度管理

为了保障各项活动的健康发展，需要在充分了解与掌握理事会章程的基础上制定合理的管理制度，如"学院章程""培训管理方式"与"跟岗实习管理方式"等，以及有效融合教学机制、激励机制、管理机制、控制机制、监督机制。

2. 强化校企合作机制创新建设

（1）加强实训基地的建设，产生健康发展的态势

实训基地的合理建设与健康发展的产生，需要遵循一定的教育规律及市场运行规律，高度关注与重视投资者利益，最大限度地保障投资者的利益，主动分析与研究投资主体多途径、多元化进行资金筹集，从而保障职业院校实训基地投入资金的安全，真正促进实现基地的顺利开展；职业院校需要分析与研究实训基地的模式与做法，依据实际情况创建职

业院校提供场地与管控，企业提供技术与设备支持，从而营造良好的工作环境。

随着校企合作的深化，校内外的实训基地逐步发展为职业院校学生与企业员工共同学习、培训与工作的场所，促进资源互补及利益双赢的实现；在具体实行过程中，需要向社会开放现有的实训基地，真正促进资源共享。

（2）创建产学研合作委员会及专业理事会

产学研合作委员会的创建，有利于加强学院、企业、政府、科研院、行业的联系，定期分析各个行业企业的人才需求，以及论证与评议职业院校的重要合作项目与专业设置；科研单位、学院、企业间需要共建实训、示范基地等，以促进优势互补、共同进步发展的实现；创新与改革文化育人的形式与载体，有效渗透企业文化与职场文化，以促进产业文化、工业文化、工厂文化进教育的实现。专业理事会的创建，有利于探索新的校企合作方式。

职业院校可以选取部分专业进行试验，如物流管理专业、园艺技术专业等，遵循职业院校提供设备与师资，企业提供场地、技术、设施与人员的方式，成立专业理事会。在充分了解与掌握企业管控模式的基础上产生良好的合作办学体系，在专业理事会成立的基础上开展教学创新改革、专业建设等。

（3）强化国际沟通和合作，展开国际化办学

职业院校需要加强和国外院校、企业之间的沟通合作，可以选派部分优秀的教师去国外进行培训沟通、诚邀国外的优秀教师来学院讲学、派遣部分合适的学生去国外留学、创建多边沟通合作机制等，真正促进职业院校走向国家化教育的道路，并大量学习与借鉴国外优秀的教育资源与教育经验，为职业院校学生提供良好的出国求学机会。

3. 共创培养模式

我国快速消费品大型连锁商业企业作为新型的生产性服务业，不仅发展速度较快，而且具备自身独特性，相比于传统服务业，其较为显著的特征是工作岗位的信息化程度较高、职业活动较繁杂，所以人力资源的开发与职工团队的培训普遍受到企业的关注与重视。一定程度上说，高素质高技能人才的培养与使用潜移默化地影响着企业发展，并对企业的核心竞争力有着决定性作用。基于校企合作、工学结合的模式框架下，职业院校在有效结合长线专业和短期培训的基础上，逐步探索并实行了"3+1"与"专班"的人才培养模式，以更好地满足企业发展与现实用工的需求。

（1）"3+1"人才培养模式

企业内部不断提倡新的理念，如创新发展理念，积极建立学习型组织，创建人才培养规划、储蓄机制、三级培训体系。为了有效对接，职业院校创新与实施了"3+1"人才培

养模式，也就是说学生在历经 3 年时间的经济管理学习之后，自愿去相应企业进行长达 1 年时间的深造，从而将这些学生培养成支持企业文化，熟练把握一定的运营知识与技巧，可以处理一些基础的业务，胜任基层管理岗位的高素质、高技能人才。

①校企双方需要组建"3+1"人才培养的教育引导工作委员会，进一步明确人才培养的规则与目标，培养方案的开发，相应课程与教材的安排等。

②学院教务部门需要结合企业提倡的"发展式培训"理念全面测评学生，合理地对接测评结构和"三级培训体系"，并将课程体系划分为三个层级模块，即店长、主管、员工，依据企业制定的"三级培训体系"课程设置安排合适的课程。

③结合企业制定的"职业计划手册"为学生详细讲解入职后各个阶段与各个岗位所需达成的标准，学生依据岗位胜任水平测评结果，科学制订个人就业发展计划，选取适合自己学习的模块。

④课程实行采取的是"前店后校"的模式，即学生在下半年定向分流，去门店进行实践，学习与体会企业文化、业务操作、经营理念与管理模式等；上半年在学院与企业间工学交替，从而提高全面职业能力。

⑤制定合理的评价体系，对于表现突出的学生给予一定的物质与精神奖励。

（2）"专班"人才培养模式

"专班"人才培养模式，指的是为了满足信息化发展和企业发展的需求，选择定向培育的方法，有目的地培养信息化管理人才。专班学员的选择具备一定的要求，即需要从职业院校的应届毕业生之中选拔产生，校企双方经过协商，选派较为合适的教师进行任教，有效融合信息化管理的顶端软件操作和情景模拟，以亲身经历零售终端的管理、控制、运营的实际情况，着重培养与提升学生收集信息、处理信息、选择信息的能力。

同时，职业院校需要对在 3 个月内完成所有培训课程并考核及格的学员给予肯定，颁发相应的结业证书，使他们真正成为企业信息管理队伍的优秀成员。

第六章 产教融合与校企一体化的教学创新

第一节 产教融合与校企一体化的专业与课程建设

一、产教融合与校企一体化专业建设理论概述

产教融合校企一体化建设是职业教育共同关注、探索和研究的热点问题。职业教育的特殊性决定了产教融合校企一体化建设的必然。学校教育与企业生产仍然有相融互化的结合因子，通过机制构建维系、保障相互的利益。

（一）产教融合与校企一体化教育流程

产教融合校企一体化教育流程提出和建立的理念，可从流程主轴与核心要素两个方面阐述。

校企一体化的主线仍然是教育性。在此基础上，再从校企的既得利益契约合作关系，体现出相互包容优势的互补和利益的互惠。

流程主轴的四个层级包含着丰富的内涵，其中必须关注的核心要素有"三力""五共""四化""四度"。

校企一体化的内聚力，简称"三力"，这是实现一体的前提条件。搭建校企一体化教育流程的平台，必须考虑合作企业的教育力，企业生产规模、生产效益要兼顾，更重要的是要考察合作企业所具备的承担学生培养、学生生产实训中的技术技能指导的实力。学校自身也要根据师资、专业结构、学科技术、技能优势和科研能力等衡量与企业合作中能给予企业的服务力。最根本的还要考虑学生的发展力，学生的专业性和专业能力培养是校企一体交会的出发点和目的。

校企一体化有了共建的平台，继而需要达成合作目标，简称"五共"。教学、生产共时，要求学校的实践教学计划及安排，要结合企业的生产时性；企业安排学生的实践岗位要尽量考虑与实践教学的计划和内容相联系。技术资源共享，就是强调职业院校的人力、智力、研发等优势与企业的生产、技术、市场化等优势充分整合，使之成为教育与生产共享的资源。课程体系共建，就是把专业课程与具体的专业核心能力结合起来，专家与行家

共同为学生制定课程。专业队伍共建，是优势互补、资源共享的重要体现，让合作专业的教师成为企业的技术顾问和新产品研发的骨干，让企业的技术师傅成为学生生产实践的指导教师，以提升校企双方专业团队的实力。校企利益共赢，是一体化所追求的最终目标。合作目标确定后，是实质内容的分解，其中"四化"要求不能忽视。课程范式项目化，强调实践课程要将专业性融入相关的专业生产项目之中，以专业生产过程的关键知识、核心能力安排实践课程；课程组织多样化，强调实践教学并不排斥传统的课堂教学、模拟性的实训教学等，倡导课程组织的灵活性、多样性；课程实践生产化，强调专业的实践课程要突出专业生产的知识特性和技术特性，尤其在真实的生产过程和生产环境中培养学生的专业技术及应用能力，是最关键的要求；课程成果产品化，是校企一体化实践教学绩效评价的特殊要求，因学习是真实产品生产中的学习，实践性产品的质量将是评价学生学习态度和知识应用及迁移能力的重要指标评价参照体。

流程的最后层级是检测和评价。本流程依据学习主体、合作主体间的满意程度从四个维度建立评价体系。学生满意度是核心的标准，是整个流程操盘的重中之重。流程也考虑到校企一体化的多面性，提出了校企合作双方的满意度评估。另外，职业院校同样肩负着重要的公益服务的社会职能，校企一体化的效应不仅作用于相关联合体之间，也不可避免地会产生社会辐射及先导作用，放大职业院校社会公益服务功能，让更多的行业企业同享职业院校的优质资源，这是社会满意度的意义所在。

(二) 职业院校校企一体化专业建设的基本范式

有学者提出，产业要素、行业要素、企业要素、职业要素、实践要素是中国特色的职业教育必须融入的五大要素。职业院校校企一体化教育流程的操作体系，将五大要素类归于两大生态系统，即学校教学性生产生态系统和企业生产性教学生态系统。如前所述，在本流程教育性主导理念下的校企一体与一般校企结合的区别，就在于学校的专业实践教学，甚至校内的专业性实训教学是在生产过程（或模拟性生产、拟景式实验）中完成的，使专业性与生产性紧密地结合在一起。这种变革充分体现了课程范式项目化的特征，实现了专业教学实践与专业生产实践的链接，本流程称为教学性生产生态系统。另外，因学校服务的介入和企业自觉分担育人职责的履行，企业的生产性与学生学习性生产在内容和形式上达到了高度统一，使生产职能赋增了教育性，在同样的产品中注入了不同的内涵，形成了生产性教学的新模式。

1. 校企一体化的基础平台是学校和企业

生产性教学融通于企业生产系统之中，绝不是取代或改变企业生产性质。因此，企业的生产是特定的、具体的，由此分化出众多的行业或企业，构成同类或他类的产业集群和产业链。确定了产业后，随着产品生产环节的分类，需要进而对主要技术进行分解，生产的统一性促成了相关技术的统一性，即分中有合、合中有分，形成生产技术链。技术表现的主体是相关的专业人才，这是企业生产生态中不可或缺的因素，以生产产品技术需求配置专业技术人才，人才链由此生成。同理，学校教学系统对应于企业生产链，内在的次生链也可分为专业链、课业链、能力链的节点，这是由学校教育的规律所决定的。学校专业人才培养目标的实现，首先需要专业及专业群来分担；当专业确定后，体现专业之不同或执行专业计划最重要的载体是课业，它包括大量的学科群和活动网；职业教育课业教学的落脚点是准职业人的培养，而专业实践教学的重点是职业能力的培养。可见，学校教育与企业生产的运行规则各有侧重，甚至存在着根本性的区别，对此在研究校企一体化关系中是不能回避的。

2. 校企一体化教育流程的机制建立

校企一体化中专业链与产业链、课业链与技术链、能力链与人才链就是"一体化"的连接点。开什么专业的重要依据是区域行业产业人才需求的动态和趋向；给学生教授什么样的专业知识，配置什么课业体系，则参照企业生产的核心技术及项目生产必备的理论基础知识；综合产业与技术对人才素质的要求，学校的教育教学活动进而强化学生的专业技能，提高学生的动手能力。

3. 职业院校校企一体化教育流程的目标是实现利益双赢

一方面，确保育人质量是流程构建的重要目的，同时也要为合作企业提供优良的服务，发挥职业院校人力、智力、技术、科研等优势，为合作企业排忧解难，获取更好的生产效益；另一方面，合作企业在确保计划生产和利润的同时，也应和学校共同担当育人的责任。

二、基于校企一体化专业建设的质量保障与评价

（一）基于校企一体专业建设的质量保障体系

与一般专业建设质量保障体系不同，校企一体化专业建设必须考虑合作多方的责任共担、利益共赢，并依此确定各自评价的关键要素。形成由决策指挥系统、管理执行系统、监督评估系统、教学资源保障系统、教学信息反馈系统、宣传激励系统与教学仲裁系统七大系统组成，以六位一体专业导学群为架构的专业建设质量保障体系，其中每一子系统都

由学校、企业、学生、学生家长等多主体成员组成，各子系统分工明确，协同配合。

1. 质量保障体系构建原则

（1）目的性

制定专业质量保障体系，深入落实以生为本的育人理念，以提高人才培养质量、服务学生成长为主要目的。具体地讲，就是专业建设中专业的定位、培养层次、课程体系及教学内容必须与学校定位相一致，与社会需求相匹配，与行业发展相兼顾。所以，构建专业建设质量保障体系时就要检验专业建设是否能达到预期的目标，与传统专业建设不同的是，还要检验是否实现了校企双赢，以保障合作的长效性和专业内涵建设的持续性。

（2）可操作性

构建专业建设质量保障体系的目的是监督和保障专业建设，使之能按照一定的流程和操作规范执行，以保证校企合作多方开展教学性生产和生产性教学。因此，在构建专业建设质量保障体系时一定要保持与实际的建设过程一致，以便运行。

（3）监督性

从职业院校专业建设质量保障体系现状看，由于缺乏监督性，保障体系落实不够，效果不好。所以，形成全方位的闭环保障系统，在运行的同时加以纠偏很重要。

（4）稳定性

专业建设质量是一项长期的系统工程，需要校企一体的专业建设多方长期地贯彻质量方针，切实做好各项工作。这就要求专业建设质量保障体系中的指标及内涵在一定时间内保持不变。

2. 基于专业导学群的六位一体专业建设保障体系构建

（1）"导学群"教学服务体系的提出

学习对象本身特性决定需要提供全方位的教学服务。职业院校学生本身自主学习、自我管理能力相对薄弱；特别是在互联网技术飞速发展的今天，各类网络诱惑越来越多。近年来，从学生座谈会及调研可见，学生在"希望的学习之帮助需求"中，绝大多数内容属于课程学习以外的需求。因此从用人需求上，需要为学生提供全方位的学习服务。在以创新为主题的当今，培养跨专业复合型人才，以及学生的创新思维、创新意识和创新能力将是教学改革的关键。为此，要更加重视学生第二课堂及课外拓展的指导与帮扶。

从教学管理上，需要为学生提供全方位的指导服务。增加学生学习的自主权是十分必要，自主权包括为学生提供自主选择专业机会，增加学生自主选择课程、自主选择老师的比例。这些选择需要为学生提供良好的指导服务。

现代教育理念的落实，需要为学生提供全方位的"导学"服务。教育的核心是教学，现代教学要体现以学生为主体、教师为主导的理念，在加强课堂教学管理指导的同时，不能忽略信息社会的特点，因学习资源种类、途径繁多，如何选择学习资源，如何应用网络技术，也必须由专业化的队伍指导。所以，在网络环境下，"教"与"导"的分工越来越明晰，"教"应该更侧重众多资源的输送，"导"应该是服务主体围绕教学资源全面落实而采取的诸多服务方法和手段的总和。

如何更好地做好学生服务，特别是课外学习、个性张扬等方面的服务，如何充分利用互联网的平台优势，在学生指导与服务方面实现全方位、多途径、线上线下互动、实时与非实时结合，应该是未来课堂教学创新行动计划落实效果的关键因素。

（2）"导学群"的组成

横向是专业（群）制，开展专业内部服务，一个专业一个群。

纵向是层级制，分为学院级、分院级、专业级；每一层级的职能各不相同，但均围绕导学活动开展服务，一层服务一层，一层带动一层。

六位一体的组织。每个专业的导学群采取组长负责制，组长为专业带头人，成员包括专业教师、辅导员（或班主任）、教学管理员（或教学助理、秘书）、教学资源（含技术）服务员（一般由专业教师兼任）及教学对象，负责为学生拓展学习收集或整合学习资源。六位一体职能互补、分工协作，整体解决学生学习的全部需求。

（3）导学群的运行

体现线上、线下结合的学院课堂教学改革创新的特点，导学群运行采取以下两种方式：

①线下例会制教研活动。将每周两次教师坐班确定为专业导学群活动时间，开展线下实质性的集体活动。

②线上虚拟导学活动。充分利用世界教育云平台，建立专业导学群平台和课程导学群空间，专业导学群平台由本专业各课程导学群空间组成，根据专业问题或课程问题分别为学生提供服务。

专业导学群平台由专业负责人负责将所属课程、导学群成员、本专业学生整合在一起，并负责开展导学活动；六位一体的成员各司其职，切实解决本专业学生自主学习、素质拓展、职业规划等所需。

课程导学群空间由课程负责人负责将与本课程相关的成员及学生组织起来开展导学活动，切实解决本课程学习中学生所需。

（二） 一年一度的院级专业评估

为了构建有序的专业调整和退出机制，激发办学活力，本着"以评促建、以评促管、以评促改"的原则，启动了一年一度的专业评估，对专业建设工作起到了很好的促进作用。

学院专业评估构建每年一轮的长效机制，每年3月开展学院专业评估工作。

评估对象：学院对全院所有开设3年及以上的专业进行年度评估。

评估主体：评估以专业为单位进行，对于有多个专业方向的专业，可在专业评估材料中分方向佐证。

组织机构：学院成立以教学主管院长为组长，教务处、学生处、科研处、人力资源部等部门负责人为副组长的专业评估领导小组，全面负责评估工作，负责评估方案的制订与适时调整、评估工作的组织、评估结果的公示和认定等工作。领导小组办公室设在教务处。

各分院（系）成立专业评估工作小组，由分院（系）负责人、教研室主任、专业带头人等组成。主要职责是根据学院方案组织本部门专业评估。

评估内容及指标体系：基于构建长效性的学院专业评估机制，评估要客观公正、求真务实、讲求效率，采取定量与定性相结合的指标结构，强化数据支撑，简化评估程序和工作量。

评估组织方式：评估采取各院（系）自评与学院评估相结合的方式。其中，学院评估采取分工与合作相结合的方式。整体工作由教务处牵头组织，学生处、党院办（人力）、校企合作等配合组织此项工作，学院学术委员会、院督导指导和参与。

评估结论及整改：学院专业评估着力构建长效性的评估机制，旨在通过评估激发活力，提高学院专业建设的针对性。评估结论在给出专业等级和排名的同时，应客观公正地提出专业存在的问题及后续建设的意见和建议。反馈的意见和建议需要经过学院学术委员会指导评议，以提高专业建设的针对性和明确专业后续建设的方向。各专业须根据评估结论制订相应的整改方案并组织落实，其整改效果将作为下一年度专业评估考察内容之一。

评估结论的应用：学校以专业为单位根据评估等级发放专业建设奖励经费，评估结论也是学院分配招生名额的依据。更重要的是，专业评估结束后对每个专业的反馈意见，将是专业后续建设和重点整改的重要依据。

三、产教融合与校企一体化的课程建设

产业不断发展往往伴随着转型升级，必然会对人才的数量、类型甚至是技能的需求产

生相应变化，而职业院校的校企合作产教融合的目的之一就是提升院校教育人才与企业需求人才之间的匹配程度。所以，职业院校一定要根据区域经济相关产业的发展要求以及合作企业对人才的需求设置专业，或者是对已有的专业进行修复重组。此外，专业的设置和修复一定要考虑经济相关产业的现状发展和需求情况，同时要避免社会所不需要的人才培养计划，以防止产生学校人才与企业需求人才不对口的情况。优化专业课程方案，也离不开学校和企业两方的信息和支持。企业可以为学校提供优化专业课程的要求，使学校根据要求有目的和有意识地进行改编课程，而学校则通过改变课程来更好地适应合作企业的要求，从而提升教育人才和企业需求人才之间的匹配度，不仅使学生从校园进入企业的过程更加顺利，还能够有效促进学校与企业之间的合作，在为学校创造更好的声望和生源的同时，也为企业提供更高质量的人才。

（一）产教融合与校企一体课程建设的缘起

产教融合与校企一体化建设是适合当下时代特性的职业教育模式，在提升学生专业技能、优化专业结构的同时，为院校培养"双师型"的师资队伍，通过教育事业的改变，为我国的社会发展和繁荣、行业产业升级等方面提供动力。在当下的职业教育中，越来越多的院校认可并推行这种教学模式，将产业和教育一体并行，推动职业教育的事业发展。

1. 现有职业教育课程在产教融合方面存在不足

职业教育课程长时间以来都处于一种简化与衍生状态，如高职课程简化衍生于本科教育课程，中职课程简化衍生于高职教育课程，这样造成了职业教育课程学科化明显的特征，偏重于理论化、知识化，不利于技术技能的习得。还有一种倾向是过分强调技能动作的训练，简单重复的动作训练不仅使学生很快乏味，而且对学生综合职业能力的形成不利。这两种职业教育课程观都忽视了学生作为职业人在未来可持续发展上的诉求。

2. 校企双方在人才培养目标上有共同的诉求

职业教育的人才培养目标是为社会各行业培养技术技能型人才。在职业教育人才培养标准和质量方面，学校和企业双方有广泛而深入合作的契合点。实践证明，职业教育单靠学校一方很难完成人才的有效培养。学校必须和企业紧密合作，汇聚产教两个方面资源共同培养，才能有效保障人才培养质量。确保"学校所教、学生所学、企业所用"三个方面一致，避免造成人才培养上的"供需错位"。

3. 校企一体化课程是职业教育集团化办学的必然选择

校企合作是职业教育的灵魂。校企合作深度达到一定程度之后的发展路径是职业教育集团化办学。集团化办学以利益一致为基础，通过契约的形式组成更加广泛的合作关系，能够带动社会中的各方力量参与职业教育，在促进职业教育发展中发挥重要作用。在职业教育集团化办学框架下，集团内的学校和企业联系更加紧密、合作更加深化，双方在人才培养最为倚重的课程建设上有共同的利益追求，因而校企双方在共建一体化课程方面可以说是"一拍即合"。

（二）基于产教融合的校企一体化课程建设的内涵

1. 基于产教融合的校企一体化课程的含义

基于产教融合的"校企一体化"课程针对校企联合培养人才中的难点以产教融合作为职业教育教学工作的基本理念，本着"行业企业指导教学，共建标准"的原则，以实现"工学结合，知行合一"为目标，做到课程标准对接职业标准。

在课程建设层面，"校企一体化"课程是"对接最新职业标准、行业标准和岗位规范紧贴岗位实际工作过程调整课程结构，更新课程内容，深化多种模式的课程改革"。其秉承"教育与生产劳动、社会实践相结合，突出做中学、做中教"，着眼于增强专业教学的职业性，倡导基于工作过程导向的教学，强调提高实践性教学的实效。

2. 基于产教融合的"校企一体化"课程建设的特征

基于产教融合的"校企一体化"课程建设打破了原有课程的学科结构，转变为能力结构；打破原有课程的学科本位，转变为能力本位；打破原有课程的以学科为中心，转变为以能力为中心。基于产教融合的"校企一体化"课程建设是校企深度合作的产物，是职业教育集团化办学的必然选择，是实现职业教育课程改革从学科知识体系向能力核心体系改革发展的方向。

（三）专业与课程一体化建设的原则

1. 培养目标定向的能力本位原则

应用型人才的培养目标是培养具有专业能力、社会能力和方法能力的高端技能型人才。其中，专业能力注重掌握技能、掌握知识。以获得合理的知识和技能结构；社会能力注重具备从事职业活动所需要的行业规范及价值观念，注重学会共处、学会做人，以确立积极的人生态度；方法能力重在从事职业活动所需要的工作方法及学习方法，注重学会学习、学会工作，以养成科学的思维习惯。因此，应用型人才培养目标建设要体现工学结合一体化，注重能力培养。

2. 专业内涵建设的职业属性原则

应用型人才培养的专业是对社会职业的岗位群、职业群所需的知识、技能与态度的集合，由对应职业能力设置的一组或几组课程群组成，这决定了应用型人才培养方案具有工作属性与行动本质。因此，师资、实训实验、课程等专业内涵建设要体现工学结合一体化的职业属性。

3. 课程开发的工作导向原则

应用型人才育人课程不再是静态的学科体系显性理论知识的复制与再现，而是着眼于动态的行动体系隐性知识的生成与构建；课程也不再是一成不变的。课程开发的全新理念是使学生在课程学习过程中通过反思在经验中获得能力。课程开发是通过分析工作过程的对象、方式、内容、方法、组织、产品等行动顺序的每一个工作环节来构建课程内容和确定课程排序，组成能实现实践技能与理论知识整合的行动教学内容。因此，课程开发要遵循工作导向原则。

4. 师资队伍建设的一体化原则

应用型人才培养不应仅传授理论知识，更重要的是培养学生具有很强的职业素养和实际动手能力，使学生成为高素质、精工艺、懂管理的社会需要的人才。要求师资队伍建设必须走一体化建设的道路。其一是专兼结合教师一体化。因为兼职教师的聘用不仅可以加强学校的师资队伍，而且可以发挥社会高层次人才对学校专业建设、学科发展及教学、科研水平提高、青年教师培养等方面直接或潜在的作用。他们不仅具有相应的专业知识和工程师等证书，并有相当长时间的企业工作经历，而且还能把企业的生产、经营、管理及技术改进等方面的最新情况与学生所学的内容紧密、及时地结合起来，真正体现理论联系实际，让学生学以致用。其二是教师本身的理论与实践一体化。职业教育培养的学生是高技能人才，这就要求教师不仅有较高的理论水平，同时也应具备较高的技能水平，只有这样才能实现职业院校的培养目标。

5. 教学方法改革的行动导向原则

教学模式突出做中学的过程教学，通过行动来学习，强调行动即学习。这里的行动是指有目标的动作行为和心智行动的整合。行动导向的学习强调学生是学习过程的中心，教师是学习过程中的组织者与协调者，教学互动过程遵循"资讯、计划、决策、实施、检查、评估"这一完整的行动序列，让学生在独立获取信息、制订计划、实施计划、评估计划等"动手"实践中掌握职业技能，习得专业知识。

6. 学习环境建构的情境建设原则

应用型人才培养强调过程性与经验性知识的习得，与具体情境紧密相关，这使得职业教育的教学应以情境教学为主，向项目法、案例法、仿真法、角色扮演法等新教学方法转变，要求教室、实验室和实习基地建设也必须围绕职业情境的创设做出创新变革。传统的描述性、报告性的传授型课堂，要向多功能一体化的兼有理论教学、小组研讨、实验实训和生产操作的"教学工场"或生产车间、技术中心转换。开发与工作过程导向相适应的学习与训练情境成为课程建设的一大重任。

7. 教学评价改革的职业胜任原则

应用型人才培养强调以人为本的整体性评价观，在指导思想层面，重视对学生能力高低认定的主导观念，既关注结果性评价与过程性评价，也关注同一性评价和特质性评价，同时还有终结性评价与发展性评价。实际评价的实践办法，是通过健全突出职业能力与素质考核的评价标准，使实践与理论结合、仿真与现场结合、结果与过程结合、动态与静态结合、专业成绩与能力评估结合等。

8. 教学管理的弹性学制原则

根据"校企合作、工学结合"的人才培养模式，要求教学管理能按弹性学制进行，强调与工作过程导向的课程教学相适应。弹性学制在学籍管理、学分互认与积累、工学结合修读课程等方面，要求课程安排必须具有开放性和弹性，突出以人为本的设计和管理精神。教学安排满足工学结合的灵活需要，教学内容与教学组织必须在一定程度上满足学生自主选择学习内容、时间、方式、地点的基本要求。

第二节　产教融合与校企一体化的师资队伍建设

在师资队伍建设中，必须树立"队伍建设服务专业建设，专业建设促进队伍建设"的理念，建立人才引进和培养机制，全面实施"以人为本、人才兴校"发展战略，构建和谐社会新的教师管理模式，建立有利于人才成长和展示的运行机制，完善和优化教师队伍结构，努力开创教师队伍建设的新局面。

一、建立产教融合型师资队伍的理论基础

产教融合与校企一体化师资队伍的改革最应注重的是教师实践能力与教学能力的融

合，在一定激励制度的刺激下将教师社会实践能力的提升贯穿于其教学职业发展生涯的每一个阶段。以教师职业生涯发展阶段论、双因素激励理论作为研究的理论基础。

（一）教师职业生涯发展阶段论

美国著名心理学家和精神分析学家埃里克森的人格发展八段论把人一生的心理发展过程总结为八个阶段，每一阶段对应的年龄段会表现出不同的心理特征，同样教师作为一项社会职业，也存在着不同的阶段，每一阶段呈现出不同的规律和特点。教师职业生涯发展阶段论旨在揭示教师整个职业生涯发展过程中所呈现出来的阶段性特征和发展规律的理论，这是在充分考虑人的生命周期和职业周期的基础上所得出的一种理论。

不同学者对教师职业生涯发展阶段持有不同看法。最早开展研究的是美国学者富勒所提出的教师关注阶段论，她认为教师关注的事物不是一成不变的，而是遵循着一定的规律：首先，是职前关注阶段，教师关注的是自身能否适应并很快地的胜任这份工作；其次，是教学情境关注阶段，教师在适应了新的工作环境后，便把关注的重点转移到了课堂教学表现、学生成绩是否有提高等相关问题上；最后，是学生关注阶段，进入到该阶段说明教师顺利通过了前面两个阶段，已经拥有稳定的生存环境，取得了优异的教学成果，此时开始关注学生个体之间的差异。富勒的三阶段论为教师职业生涯发展阶段理论的研究打开了突破口。休伯曼根据教师工作的工龄，将教师职业生涯划分为了五个阶段：入职初期、平稳期、能力建构期、关系平缓疏离期、离职期。在此基础之上，费斯勒认为，教师的职业生涯是动态发展的过程，1985 年他提出了教师生涯发展循环理论，将教师职业发展分为了八个阶段：职前教育阶段、引导阶段、探索转变阶段、热心和成长阶段、生涯挫折阶段、平静和疏离阶段、生涯低落阶段、生涯退出阶段。与前人的研究相比，费斯勒提出的理论更加科学和完整。

通过对教师职业生涯发展阶段论的梳理，在建设师资队伍时，不仅要符合职业院校的办学特色，更应遵循教师发展每一阶段的规律。教师教学能力和实践能力的融合不是一蹴而就的，需要结合教师的职业生涯发展阶段进行逐步提升，如在教师招聘阶段，他们处于求职的过程，希望拥有一份满意的工作，这时学校更应重视教师的社会实践经验，是否有过企业工作经历；在人才引进阶段，要从多渠道吸引优秀人才的加入，如知名学校、企业、科研机构等；在职前教育阶段，他们对教师这一职业还处于想象阶段，此时加强教师产教融合的意识会得到较好的效果；在教师入职任用阶段，教师倾向于关心课堂教学和实践效果，希望得到认可；在在职进修阶段，他们已不满足于先前的教学和实践水平，对提升自我有更高的要求，学习欲望较强。总之，职业院校合型师资队伍的建设不是一句口号，应体现在教师职业生涯发展的每一阶段、每一环节。

（二）双因素激励理论

双因素激励理论同时又叫激励保健理论，它包含激励因素和保健因素，最早是于 20 世纪 50 年代末由美国心理学家赫茨伯格提出的。在他看来，影响工作满意程度的因素是多方面的，其中使员工感到自我价值的实现并能激发工作热情的内在因素属于激励因素，比如，工作上被赏识和认可、工作能给人成就感、有提升自我的机会、发展空间大等，如果员工认为工作中缺乏激励因素的话，会极大地降低工作积极性；造成员工对工作不满的外在因素则属于保健因素，如薪资福利、人际关系、工作环境等，如果这些使工作不满的保健因素得到了改善，那么员工对工作消极懈怠的心理也会得以缓解。所以，赫茨伯格认为，从本质上看，激励因素和保健因素都是使工作令人感到满足的关键因素，要想调动员工工作热情和工作积极性，就需要在双因素上下功夫，既要满足员工对工作的外部条件，同时又要满足对工作本身的要求。

师资队伍的建设需要重视双因素激励理论所起的作用。在激励因素方面，为发挥出教师队伍的内在整体能动性，职业院校必须通过设定明晰的队伍发展目标来实现，队伍发展的共同目标越明确，教师所被激发的潜能和个体能动性就越大。除此之外，有必要促使教师提升自身各项能力、努力实现自我价值，如通过科学合理的考核制度、晋升办法和职称评定等，刺激教师形成工作的动力，使教师感受到工作本身带来的成就感和荣誉感；在保健因素方面，职业院校应通过间接条件的满足以消除教师对工作的消极情绪，比如，改善工作环境和氛围、加大科研经费投入、保障教师个人生活等，实施正确的薪酬制度来提升产教融合型教师的教学和实践能力，让教师从被动的产教培训转变为主动的教学与实践能力的学习。

二、建立产教融合型师资队伍的意义

（一）有利于加强产教双向互动

产教融合，顾名思义是产业系统与教育系统双向整合的动态过程，学校和企业通过互动联通来共同推进产教融合的发展，形成满足双方需求的利益共同体。教师群体是职业院校推进产教融合中的关键者，也是职业院校与行业企业相结合的中间纽带。职业院校建立产教融合的师资队伍，有利于加强产教双向互动性。主要体现在三个方面：第一，职业院校将一些从学校毕业就直接留校任教的教师送到专业对口的行业企业进行挂职锻炼，可以加强教师与企业的结合，提高教师的实践能力；第二，职业院校从企业和学校引进一批具有应用型人才教学经验和一定实践经验的高水平教师来校教学，不仅有利于教师掌握行业先进的技术，而且有利于教师通过专业的理论知识为企业解决生产难题；第三，职业院校邀请行业大师、企事业单位优秀工程师或管理者进校，不仅能使其参与职业院校育人的动态过程，还能加强学校教师和企业技术人员间的交流与合作，双方通过积极的学习互动，有利于使理论与实践互相渗透。所以，建设一支产教融合型师资队伍可加强职业院校与企业双向互动式合作，促进校企双方、产教双方共同发展。

（二）有利于拓宽师资来源多渠道

"重科研，轻实践"一直都是我国职业院校发展过程中的存在的问题，导致职业院校聘请的大部分都是从学校毕业就直接留校任教的教师，缺乏社会实践经验，造成教师来源单一。职业院校作为以产业需求、学生就业需求为导向的院校，要想培养出高层次的应用人才来服务于地方经济的发展，不仅要在学校机构设置上设立校企合作处、实训基地等，也要在师资力量上做到"产""教"的深度结合。除校内的理论教师外，还须注重聘请来自企业生产前线、事业单位管理一线等实践技术水平高的专家来校传授新理论、新技术、新工艺、新方法、新规范。这样做不仅有利于拓宽教师来源的渠道，增强师资队伍的多元化，做到将理论与实践并重，提高教学质量，也为高素质应用型人才的培养提供了有力保障。

（三）有利于实现学生就业为导向

职业院校有必要根据目前市场或企业需求对其学科建设、专业设置等方面进行改善与调整，形成与专业对口岗位职业需求能力所相应的教学模式。所以，职业院校从师资力量出发，建立一支严格适应企业需要，以实践能力为本位，以岗位需求为标准的教师队伍，是实现学生就业为导向的前提与基础。教师仅有丰富的专业知识和学术水平，没有较强的实践技能，不了解企业的生产情况或者仅有很强的实践技能，不懂得职业教育的本质规律和教学方法，都是担当不起职业教育的重任的。职业院校建立产教融合型师资队伍正是这两个方面素质在一个人身上的集中体现，只有这样的教师才能逐渐满足职业院校对其专业课教师的基本要求，这样的教师培养出来的学生才能快速适应生产力的发展，满足社会的用人需求。

三、建立产教融合型师资队伍策略

(一) 强化教师职前社会实践意识

1. 明确产教融合型师资定位

各职业院校为了在同类型院校中脱颖而出，办出特色，并发挥示范引领作用，首先就应对自身的师资队伍有明晰的定位，想要建设一支怎样的教师队伍、哪种类型的师资队伍是适合且有助于学校发展的，是每所职业院校在办学过程中应思考的问题。

政府可通过政策文件来引导对产教融合型师资的重视。学校一方面在招聘教师时要重点关注应聘教师的实践生产能力，严格要求教师的社会实践经历；另一方面学校要加强舆论宣传工作，定期或不定期地宣传"双师型"教师的突出成绩和先进事迹，成为其他教师的学习楷模。同时，教师自身要有严格要求自己的意识，均衡地发展社会实践能力和学术科研能力，提升自身创新力。

2. 大力改善师资队伍结构

科学合理的师资队伍结构是维持职业院校可持续发展的重要保障，在一定程度上决定了教师队伍的整体素质。

①优化师资年龄结构。职业院校师资上存在"少多老少"的现象，以青年教师居多，中老年教师偏少，中老年教师是职业院校发展的中坚力量，关乎师资队伍建设的质量。首先，学校要转变"教师队伍年轻化""重青年轻中年"的传统认识，在引进教师时，应拓宽招聘渠道，从各行各业中重点引进实践经验丰富、专业知识扎实的领军人物；其次，增加对中年教师的经费投入，由于大部分青年教师是从学校毕业后就直接站上了讲台，所以在聘任他们时学校没有报酬压力，导致招聘的青年教师过多，优厚的待遇有利于吸引中老年教师的加入。

②提升师资学历结构。针对教师队伍存在低层次学历结构占比大，高层次学历占比少的问题，第一，在招聘教师时，提高教师学历标准，把研究生学历作为教师的基本要求，坚持以博士毕业生为主；第二，支持校内教师提升学历，鼓励本科学历的教师积极考研、硕士学位教师攻读博士学位，在课题申报和职称评定时向高学历教师倾斜，以鼓励低学历教师积极参加学历进修。

③平衡师资专兼职结构。对于校内专任教师远远多于企业兼职教师的情况，学校应该加大聘请专业技术人员进校的力度，如拓宽兼职教师的聘请渠道、深入各行各业与高级技

术人才接洽，以建立一支兼职教师数量充足的师资队伍。

④完善师资职称结构。因为高级职称教师不多，所以职业院校要树立对低职称教师的培训和帮扶意识，以高扶低、以老带新，帮助低职称教师提高教学和科研能力，为晋升打下坚实基础。

3. 规范校企教师入职标准

职业院校要成功建立一支产教融合型的师资队伍，最重要的一点就是从教师源头入手，严格教师聘任标准。规范、严谨的教师入职标准是确保职业院校能吸纳高质量、高水平教师的关键一招。

一方面，在聘任学科专任型教师时，学校要转变重教学科研轻实践的观念，招聘不能只凭论文数量、刊物等级、课题项目一概而论，这种标准会使得所聘任教师出现同质化倾向，造成学校迷失了办学特色和师资定位目标。所以，教师入职标准要从重教学科研转向实践、教学与科研三位并重，严格要求应聘职业院校的教师技术技能，如必须具有至少1年的社会实践经历、亲身从事过专业所在领域的生产过程等，甚至可以对企业实践经验丰富的专任教师放宽入职标准，以弥补师资实践能力薄弱的缺点。

另一方面，在聘任企业兼职教师时，要提高准入门槛。虽然他们在自己的专业领域有着较强的技术资格，但仍要重视他们的文化素养和职业道德，考察他们是否对进校教学工作有极高的热忱，而不是单纯为了增加收入，以及为人处世是否符合职业院校行为规范，不能为了聘任而聘任，要做到层层严格把关，形成师资队伍高素质的良好氛围。

(二) 重视教师在职实践能力提升

1. 加大人才培养力度

随着社会的前进与发展，人们对教师的要求也越来越高，其过去的知识储备和实践经历已经不能满足学生的需求和教师自身的发展需要了。所以，即使教师已经通过准入门槛，在职期间学校和教师也必须具备时刻加强教师专业发展的意识，加大教师培养力度，与时俱进，这样才有利于教师、学生和学校的长远发展。

首先，学校要重视教师的学历提升，将教师的在职学历提升方案纳入制度体系中，为教师自我提升提供制度支撑。鼓励青年教师境内外攻读博士，扩大可参加名额，要求未获得博士学位的教师至少报名参加一次，将国内学习与国外进修相结合，加快培养一批学科带头人和骨干教师，拓宽教师国际化视野。由于教师时间和精力有限，在职期间参与学历提升教师的工资、校内津贴、福利及参加专业技术职务评聘等待遇要与在职人员相同。若进修教师成功取得了博士学位，可全额报销教师学习费用，并将其学习经历纳入年度考核工作中；若教师参与学历提升，但中途放弃或未能取得最终学位，也应受到一定的处罚，如只报销部分费用或不予报销。利用奖惩结合的方式，鼓励教师参与学历提升，提高教师队伍的专业水平。

其次，针对目前师资建设存在实践渠道单一、"双师型"教师不足的问题，学校应制定专门的教师赴企事业单位锻炼办法，或者在校内设置专业的实践训练中心。一方面，在要求教师进企实践锻炼上，应提供多种企业类型、多种岗位，教师可根据自身学科特点和所欠缺的能力来自主选择适合他们的企业和岗位，不仅使教师能"对症下药"，也能提高他们的工作热情。除此之外，因为职业院校是以实践教学为主的，所以必须严格规定每年须从校内选派 30%～50% 的"非双师型"教师参与锻炼，且应以脱产学习为主，连续锻炼实践不少于两个月，累计锻炼时间至少 1 年，并由企事业单位管理者形成教师实践期间评价报告，掌握教师在此过程中的实际锻炼情况，1 年的锻炼结束后，可要求这一批教师参与技术资格认定，以了解他们是否真正掌握了专业生产技术，并提高"双师型"教师比例，将所收获的实践知识更好地运用于学生的培养工作中。另一方面，学校也应该积极建立校内教师训练中心等实践性机构，加强对教师应用技术能力的重视，并为这类机构聘任专门的工程人才和行业大师进行管理和指导工作，配备专业的实践器材，引入 AR、VR 技术，通过情景模拟使教师在校内也能进行技术操作，避免因进企锻炼后长时间未操作而有所生疏。

2. 加强人才引进工作

引进高水平高层次人才，对提升学科实力、加强学科团队实力建设，意义重大。职业院校在人才引进上必须拓宽人才引进渠道、扩充人才引进类别、创新人才引进方式，形成各类人才"引得来，留得住，用得好"的良好格局。学校可以要求各学院从事业经费中单独拨出一部分资金，用来设立人才引进专项经费，通过优厚的福利待遇，吸引优秀学术人才和技术人才的加入，打造一支符合职业院校特点的产教融合型师资队伍。

在引进对象上，主要分为两大类，一类是重点引进学科带头人等高层次人才，他们在学术领域具有一定的权威性，尤其是针对一些重点学科建设的急需师资，有利于夯实人才队伍基础，提升学科竞争力；另一类是要引进国内外工程实践能力强的企业知名技术专家，让越来越多的技术精英走进校园，强化师资队伍的实践力量。职业院校若想在推进产教融合工作中做出成绩，必然离不开大量卓越工程师的参与和指导，由引进来的工程人才来管理校内教师训练中心，定期更新专任教师的应用技能，让校内每一位教师都能及时掌握国际前沿技术，更快地与专业理论知识相结合，从而培养出能适应当前市场需求的人才。

在引进办法上，学校应拓宽人才引进渠道。一方面，学校要主动走出去，进入重点职业院校和知名企业中去，积极与高层次的学术人才和工程人才交流接洽，将学科领军人才和有精湛技能的人才引进学校；另一方面，学校可充分利用现有资源，利用已被引进人才的人脉关系，通过他们的介绍和推荐，去接触更多同类型的优秀人才，将高层次人才的社会关系网作为学校人才引进的渠道扩展，实现"以才引才，以才聚才"。

（三）完善教师职后考核监督工作

所谓无规矩不成方圆，建立一支符合要求的产教融合型师资队伍，不仅要加强其职前社会实践意识、重视教师在职实践教学能力提升，更应制定严格的教师职后职称评定标准、考核评价体系和激励保健机制，并通过对教师的监督管理加强校企双方的深入合作。

1. 职称评定体系合理化

目前，我国职业院校在教师职称评定标准上，起决定作用的仍是教师在学术科研方面是否有突出的成绩，如发表的论文数量和刊物级别等，但职业院校的职称评定应突出办学特色，强调教师实际科研水平的同时，也要重视教师的实践能力，将教师的产教融合实践教学活动，作为职称晋升的必备条件，如进企挂职锻炼 1 年以上、帮助企业解决技术难题等经历，而不是只以论文为重，要形成由学术能力、实践能力、道德素质等要素构成的专业职称评定体系。除此之外，要鼓励教师积极参与"双师型"教师的评定，对获得双师资格认定的教师进行物质奖励，来调动职业院校"双师型"教师的能动性。

2. 考核评价制度专业化

专业的教师考核评价体系是职业院校发展的内在要求。由于职业院校主要由专业理论教师、实践指导教师和"双师型"教师三大类组成，所以在考核其教学与实践工作时，也应采取不同的评价标准，做到客观、公正，使考核结果更具专业性和针对性。首先，在考核专业理论教师时，要打破按资历辈分决定考核分数的错误观念，坚持"校内教师社会实践至少 1 年"的原则不能动摇，且对在学术上有所建树的青年教师、参与社会实践成效明显的教师可予以一定的考核加分；其次，在考核实践指导教师上，因为大部分是企业兼职教师，所以要定期与教师所在企业单位联系和沟通，重点考核其实践技能水平、指导积极程度、教学热情和基本文化素养等，避免出现指导匮乏、教师队伍素质水平低的现象，建立起行之有效的实践教学指导教师工作考核机制；最后，在考核"双师型"教师时，不仅要对教师的学术科研能力提出更高要求，还要严格考核其实践操作水平，大力表彰考核结果排名靠前的"双师"教师，通过树典型、立榜样的方式，鼓励其他类型教师朝着"双师型"教师方向发展。

3. 激励保健机制健全化

在完善师资队伍建设时，要重视双因素激励理论的作用，建立健全职业院校教师激励保障机制，以推进职业院校实现产教融合工作，必须使教师的需求得到满足。健全激励保障机制是指在维持教师既定工资待遇和工作环境的同时，激发教师工作的意愿强度，所以不仅要满足教师的物质需求，更要满足教师的精神需求，积极出台必要的激励政策。

（1）在激励因素上

要让教师看到自我价值在工作中的实现，充分给予其提升能力的机会，尤其是社会实践能力，每年评选出具有优秀实践教学能力的教师，获得该奖项的教师可优先晋升或进行课题申报，并通过舆论宣传使他们觉得被赏识和尊重，获得成就感和荣誉感，以此刺激教师工作积极性的提高。

（2）在保健因素上

对于高层次人才，除了要满足教师基本的生活需求外，还应为他们提供良好的工作环境和氛围，购置先进的实践设备和器材，配备专业的实践指导教师，并加大教师住房补贴、子女入学、配偶安置等福利方面的支持力度，逐步消除教师对工作不满意的情绪。由此，通过激励因素和保健因素的双管齐下，为职业院校产教融合型师资队伍的建设提供有力的保障。

4. 校企双方教师合作深入化

校企双方要想进行深入合作，除了要提高双方参与的积极程度外，更要重视互相监督管理的作用。实施一定的监管制度有利于加强校企合作的积极性，提高企业的参与积极性，共同保证校内教师与企业大师产教融合工作的积极运行。

一方面，企业须设立专业管理人员进行监督与评价，不仅要监督企业技术人员是否全力配合学校工作，更要监督其对学校教师的指导程度，企业实施一定的监督工作不仅有利于加强对技术人员的管理，还能使教师受到更专业的锻炼。

另一方面，学校也应成立相应的监督部门，该部门在监督校内教师是否按时保质参加锻炼的同时，也应对企业的配合情况予以客观评价。双方通过互相监督管理形成合力，在加大校企双方融合力度的同时，加快教师产教融合能力的形成。

首先，可以由双方监督管理人员向对方的参与者发放实践指导反馈表，通过对反馈信息的分析总结，除了可以从校方教师角度了解到企业技术人员在指导过程中的不足之处及教师对实践锻炼的具体要求，如企业指导人员数量是否充足、技术是否过关等，还可以从企业角度得知校方教师锻炼的详细情况，如教师参与互动是否积极、与指导人员是否交流频繁、从锻炼初期到锻炼后期教师的技能水平是否显著提高等，这些都是双方合作的真实反映。

其次，双方监督管理部门定期或不定期地召开交流会议，及时获取校企合作的开展情况，对各自存在的问题做出及时的调整和改善，并合理规避可能出现的合作风险，只有这样才能让学校和企业产教融合的工作不再浮于表面。

第七章 产教融合一体化育人模式的构建路径

第一节 产教融合的改进路径

一、经费方面

经费在个人和组织的生存与发展中扮演着越来越重要的角色，个人或组织一旦没了经费，就会丧失在现代社会生存的砝码。同样，没有足够的经费支持，职业院校产教融合动力好似无源之水，无法流长。

（一）产教融合缺乏教育专项经费支持

各地可结合现实状况，完善相关财政政策，对改革试点统筹给予倾斜支持，加大对产业发展急需、技术性强、办学成本高和行业相关专业的支持力度。建立以结果为导向的绩效评价体系，中央财政根据改革试点进展和相关评估评价结果，通过中央财政支持地方职业院校发展等专项资金，适时对改革成效显著的省（区、市）给予奖励。

鼓励职业院校健全多元投入机制，积极争取行业企业和社会各界支持，优化调整经费支出结构，向教育教学改革、实验实训实习和"双师双能型"教师队伍建设等方面倾斜。许多职业院校也通过项目立项等形式设立了专项经费，但这些经费数额有限，无法为职业院校深化产教融合提供有效支撑。

职业院校的二级学院是深化产教融合的改革试点和实施主体。深化产教融合，要求二级学院在学科专业调整、课程开发、教学改革、实验实训实习基地建设、"双师双能型"教师队伍建设等方面实施综合的系统改革。不幸的是，经费的不足使许多在改革之初意气风发的二级学院，在真正推进改革的时候往往步履蹒跚。

（二）企业没享受到减免税收优惠

多数企业不知道或没有享受到减免税收优惠，职业院校的学校管理人员也不了解减免税收政策，因而无法以此切入点激励企业参与校企合作。出现这种情况的原因，一方面可能由于一些企业不了解减免税收政策或者企业人员不了解公司的财务或减免税收情况，另一方面可能因为减免税收政策在具体的操作和实施层面宣传不到位或者存在一些运作困难。

二、师资方面

教育是教师培养学生的活动，没有好的师资，实践型人力资源的培养就好比没有专职园丁看管打理的果园，不可能结出人们预期的硕果。《指导意见》指出，加强"双师双能型"教师队伍建设。"双师双能型"教师是在以往"双师型"教师基础上对教师素养要求的进一步提升。"双师型"教师主要指"双证"或"双职称"教师，这类教师既具有专业技术人员、工艺师等技术职务，又取得教师资格并从事教育教学工作。"双能型"教师则要求教师既具备理论知识的传授能力，又具备实践教学能力。职业院校深化产教融合迫切需要"双师双能型"师资的保障，但是职业院校在短期内很难培养出"双师双能型"教师，这进一步削弱了职业院校深化产教融合的动力。

（一）师资力量不足

职业院校的教职工数量、专任教师数量、高级职称教师数量、高级教师占专任教师的比例、最高学历为博士的教师数量及其占专任教师的比例、享受国务院津贴专家的数量均低于地方重点职业院校，高级职称教师包括职业院校中的教授、教授级高级专业技术人员、教授级高级经济师等，副高职称教师包括副教授、高级实验师、高级专业技术人员、高级经济师等，最高学历为博士的教师不包括正在攻读博士学位的专任教师。此外，职业院校拥有的两院院士、"万人计划"入选者、国务院学位管理协会学科评议组成员、"973"项目首席科学家、长江学者、"百千万人才工程""国家杰出青年基金"获得者等国家高层次人才屈指可数，远低于地方职业院校。职业院校薄弱的师资力量直接造成其在学科实力、科研能力、声誉和教学产教融合的水平方面弱于地方职业院校，无法吸引行业企业的主动合作，也不利于提高应用型技术技能型人才的培养产教融合的水平。

（二）专职教师实践能力不足

专职教师的实践教学能力亟待提高。招聘的青年教师基本上都是毕业后直接任教的硕士和博士，他们科研能力强，但几乎没有在企业待过，不了解一线的实践知识的传授情况，教师的实践教学能力很差。许多45岁以上的教师年轻时曾在行业企业工作过，改革开放后他们逐渐通过进修、读大学成为教师，有一定的实践经验，但这些实践经验显然已落伍于时代。要积极引进行业公认专才，聘请企业优秀专业技术人才、管理人才和高技能人才，有计划地选送教师到企业接受培训、挂职工作和实践锻炼，加强"双师双能"教师队伍建设。职业院校实际拥有的真正的"双师双能型"教师可谓少之又少，许多职业院校的二级学院"双师双能型"教师的数量少。虽然一些职业院校号称其"双师双能型"教师占到学校总教师数量的1/3以上，但实际上真正能既讲好理论课又上好实验实践课的教师可谓凤毛麟角。

（三）教师培训阻力大

教师培训是提高职业院校教师实践教学能力的重要途径。目前，可操作的教师培训方式有两种：教师到企业挂职学习；教师到国内较好的职业院校轮岗实训。但是，资金不足，教师培训意愿不高，评价制度、观念等现实条件的束缚给职业院校的教师培训带来一系列阻力。尤其是教师培训，在薪酬没有相应增加的情况下，多数教师习惯于过去的以讲授课本知识为主的教学方式，并认为按照现有的教学方式照样可以完成教学工作，所以不愿意去企业参加培训。

（四）外聘兼职教师实用性不高

在校内教师实践教学能力不强和优秀的行业企业师资难引进的情况下，应用型职业院校只好外聘一些兼职教师来弥补"双师双能型"教师的不足。兼职教师主要在企业工作，学校只能要求他们定期或不定期地以讲座、报告、教授少量实践课程的方式参与教学工作，并提供一定的报酬。在如此零散的教学方式下，学生的收获非常有限。

三、实训设施方面

（一）校内就业前实践的专门基地数量有限

就业前实践的专门基地也称实训中心，是学生实习（实践）和培训的主要场所，既包括学校自己筹办建立的校内就业前实践的专门基地，也包括学校和企业合作建立的校外就业前实践的专门基地。就业前实践的专门基地是提高实践型人力资源实践能力和职业素养的重要场所，一般为真实或仿真度较高的生产车间或场所，配备有一系列可供学生操作的设备和仪器。职业院校的校内就业前实践的专门基地较少，一所职业院校通常不超过五个。这是因为就业前实践的专门基地占地面积大，仪器配备数多，很多基地必须装备一些完整的操作系统而非一两套仪器，需要投入大量的经费，一般的职业院校很难有此财力。

职业院校的校外就业前实践的专门基地较多，只要和企业建立合作关系，企业基本可以成为学生的就业前实践的专门基地，尽管一些企业只允许学生在企业的特定部门或车间实习。较之校内的就业前实践的专门基地，教师和学生在校外就业前实践的专门基地进行教学的成本很高。其原因在于，学生到企业实训的交通费、住宿费花销较大，学校和学生都不愿意承担这笔花销。因为，一则学生缴纳了学费，按规定已经缴纳了参加实训等人才培养的费用，不应该再缴纳其他费用；二则职业院校的学费收入和办学经费本就紧张。此外，职业院校和行业企业的沟通成本也不小，尤其是一旦学生出了安全问题，双方极容易出现"扯皮"现象。

（二）实验室条件和运行维护缺乏资金

实验（试验）室，也称实验教学中心，是理工类学科培养人才的重要载体，也是应用型技术技能型人才培养的重要教学设备。实验室是职业院校在校内培养人才的重要场所，其经费来源渠道一般为学校自筹、政府专项财政支持和企业募捐等。职业院校实验室的经费投入有限。受办学经费的限制，职业院校很难自筹经费建设大型实验室。

职业院校实验室的数量少、条件一般，多数实验室处于基本可以支持人才培养的水平。职业院校几乎没有国家级重点实验室，省级重点实验室数量一般不超过 5 个，实验室的条件还相对简陋。职业院校实验室的运行和维护经费有限。实验室的运行和维护包括购置教学设施和实验教学软件，改造实验室环境，安排专门的管理人员。受经费限制，职业院校很少更换教学设备和实验教学软件，很多实验室建成后几乎没有装修过。由于实验室管理人员没有编制、工资低、工作时间长（很多实验室是 24 小时开放），且要具备一定的专业知识（如化学实验室管理员行必须掌握一定的化学知识），学校很难招聘到好的实验室管理人员。为此，不少职业院校只好安排教师轮流值班或者高年级学生轮流值日，维持实验室的运行。

（三）实践教学设备购买困难

众所周知，职业院校的一些教学设备非常昂贵，一台仪器、一块材料、一些药剂的价格可能动辄上万元。职业院校经费有限，教育教学设备本就不足。雪上加霜的是，职业院校深化产教融合培养实践型人力资源，需要购买大量的生产一线的教学设备。实践型人力资源的培养需要让一批又一批的学生长期反复实践学习，校企缺乏合作也反过来要求学校购买较多的实践教学设备，这两个方面的现实越发加剧了职业院校教学设备的紧缺。按照所服务行业先进技术水平，采取企业投资或捐赠、政府购买、学校自筹、融资等多种方式加快实验实训实习基地建设。捐赠说白了是希望职业院校激发企业的善心去"空手套白狼"。企业是有善心，但是企业更需要利益或好处，没有现实利益的激励，企业的善心相当有限，也无法持续。

第二节　产教融合理念下的人才培养模式与创新

一、产教融合人才培养的必要性

（一）地方职业院校人才培养的需要

就业质量的好坏往往与生源的好坏呈正相关，一个学校能否顺应时代发展，取决于该学校对社会的贡献值，就业质量的提升有利于学校对社会产生良好的社会效益，带来良好的社会影响。提升职业院校的就业质量对于一个职业院校的发展至关重要。产教融合人才培养也应遵循发展规律，需要因材施教，理论联系实践的教育才能提升学生毕业之后的职场能力，职业院校应联系市场需求对学生制订培养方案、规划培养方向、制定人才培养目标，同时合理地对教学资源进行配置和准确的教学评价也对职业院校能否培养出高素质人才投入市场至关重要。

在我国，许多职业院校在水平和特色上往往达不到报考院校的学生和家长的期望。究其原因是职业院校在人才培养方面一直没有重大改革，它们依然沿用过去传统的教学方式，没有找到合适自己的道路而是换汤不换药照搬各大院校对学生的人才培养思路。这样做的一个很大坏处是不仅没法赶上其他院校的发展，而且直接导致职业学校的特长和优势被掩盖。由此，对教学资源进行配置和准确的教学评价，将无法被实现，理论联系实践的人才培养模式也只会成为空谈，最终结果将会是无法培养出适应市场需求、适应职场需要的高素质人才，直接影响职业院校的就业质量，最后限制职业院校的自身发展。

显而易见的是，学校与企业进行深度合作培养学生，积极主动与市场对接，对市场需求进行调研分析，以产教融合为着手点，能够科学有效地推动职业院校教育体系的转变进而改进职业院校的人才培养模式，充分发挥出各地方职业院校的优势，化逆势为优势促进地方产业经济的发展。

（二）地方区域经济发展的需要

技能技术型人才对于一个地方的经济发展尤为重要，职业院校是为各地方输送技能技术型人才的主要途径，因此，地方职业院校与该区域的经济发展是互利共赢的，双方相互扶持、相互协助。所有企业都迫切地需要具有高职业技能的人才来帮助企业快速发展，就目前人才市场的结构来看，我国极度缺乏高职业技能型人才，挑战带来机遇，各大职业院校亟须尽可能多地了解所在城市的经济发展结构和发展状况，结合了解到的信息发挥自己特长，制定自己独特的教学方针，落实相关的教育模式，为地方企业源源不断地输送具有较职业院校业技能的人才，做到校企之间互利共赢，同步发展，共同进步。

应用与技术型人才的缺少是我国人才市场的一种普遍现象，这是由我国职业教育过多地开展理论课程教育，没有将人才培养的目标与产业和市场相结合造成的，这种教育模式通常不能适应当前我国经济发展的需要。所以，当务之急是政府需要从更高的战略目标出发，更多地强调技能技术型人才培养，强调我国产业转型的必要性与重要性，通过产教融合的理念、校企合作的方式来实现技能应用型人才的培养，是我国职业教育必经的过程。

二、产教融合的政策分析

（一）以市场需求为导向进行校企合作的人才培养模式

新时期的职业教育有了新目标、新方向。校企合作协同育人一方面有利于提高职业院校学生就业率；另一方面有助于企业转型升级，加强企业竞争力，能够有效帮助实现人才兴国的目标。新时期产教融合、校企合作的政策对人才培养模式提出了以下三点要求：

1. 要了解并预测产业需求，提供产业与人才方面的供需信息，完善多方主体人才培养评价体系，构建治理模式和校企合作保障机制。

2. 根据产业长远发展和用人需求，职业院校和企业要共同制定人才培养目标、培养过程和培养方法，促进学校专业设置对接产业需求，从而深化校企合作。

3. 在校企合作协同育人理念下，共同设置专业、开发课程，引入企业技术人员作为导师指导学生，建设实践基地，为学生构建一个真实的职业环境进行实践学习，及时引入新技术、新标准、新方法，保障校企需求。

（二）政府角色和职能的转变

在党的十九大之前，产教融合的政策基本都是以政府为主导的治理模式，在此之后，关于职业教育的政策发生了转变，职业教育的治理体系由过去政府主导逐渐变为政府推动，职业学校根据自身情况和企业自主合作，学校和企业在政府政策的引导下，深度合作，共同培养人才。这一时期的政府职能主要是以服务校企合作为主，根据学校和企业的需求，制定相关政策，提供法律保障和财政支持。在产教融合要求下，政府部门不断提升治理能力现代化的水平，推动校企深度合作，协同育人。

（三）聚焦"双师"素质，加强教师队伍建设

职业院校师资队伍需要引入企业来共同培训学校师资，完善学校管理制度，对职业院校师资的学历结构、"双师型"比例、整体素质等方面进行改革。为了推进"双师型"教师队伍建设：一要落实好教育部印发的《职业学校教师企业实践规定》，鼓励在校教师到企业去实践学习；二要推动职业院校与优质企业联合培养教师，共同建设培训基地，制订培训方案，引入第三方组织对教师培训进行考核与评估；三要改革教师招聘资格制度，制定教师资格标准，加强"双证"上岗的要求，教师要进入职业院校任教，须有企业实践的经历。

三、产教融合人才培养的实践模式

（一）"产学研"人才培养模式

我国很早就提出"产学研"这个概念，并用于职业教育培养人才。"产学研"是目前职业院校实现产教融合、校企合作育人的一种较为理想的模式，这种模式在职业院校中应用较为广泛。这种培养模式的目标是将学生培养成为实践操作能力强、具有较高职业素质能力和核心竞争力的人才。学校和企业共同商定人才培养方案，制订的方案以企业需求为主，来确定教学目标。此培养模式能够结合学校与企业双方的资源，优势互补，为学生提供教学场地与教学资源，整个培养环节中，企业能够参与进去。"产学研"这种人才培养模式，之所以能广泛地被职业院校应用，是因为它要求职业院校在专业设置、课程安排、教学内容等方面要符合企业的需求。也就是说，在这种模式下培养的人才是企业所需要的，不存在企业和人才供需不对接的情况。"产学研"这种模式，要求企业为学生提供实际场地、模拟工作环境，从而使学生的课堂理论知识与实践技能有机结合，让学生做到知行合一，提高理论知识转化为实际生产力的水平。

（二）"订单式"人才培养模式

"订单式"人才培养模式是校企积极合作，共同研究并制订人才培养方案的一种模式。学生和企业签订合同，学校和企业在技术、师资、实践产地等方面进行合作，校企双方共同招生并对其培养，毕业的学生能够直接到该企业就业，企业为培养的学生给予一定的补

贴作为支持。这种人才培养模式建立在学校和企业相互信任的基础上，校企双方的合作具有自愿性，一旦企业愿意主动与学校合作育人，那么这种模式能够促进企业对学校人才培养的积极性。"订单式"培养模式能够和用人单位，也就是企业的需求对接，以企业需求为培养导向，从而提高职业院校毕业生的就业率，此模式得到了社会和学校的广泛认可。但目前在"订单式"培养人才的过程中，校企双方的地位很不平衡，学校对企业的了解也不够深入。

（三）"工学交替"的人才培养模式

该模式的基本特征是，学生到学校后，第一学期首先在企业进行实践学习，企业负责传授学生基本的专业思想以及给学生进行入学教育，并让学生轮岗实践，在不同的技术岗位实践学习。第二、第四、第五学期学生在学校接受老师所传授的课堂理论知识。在第三学期学生到企业进行全岗学习。等到第六学期，学生能够独立上岗，学校和企业要求学生在此学期上岗进行毕业实践并完成毕业设计。"工学交替"这种模式不仅能够让企业参与到学校的人才培养整个过程中来，这种参与是全方位的，包括培养方案、教学计划、实践环节、考核标准等，而且学生在这种模式培养下具有双重身份，即"员工"和"学生"，将课堂知识与企业要求的实践技能更好地衔接起来。

（四）"2+1"人才培养模式

第一阶段，学生在学校学习两年的理论知识，培养自身的综合职业素质，学校以课堂的形式传授学生专业知识，时间为两年。第二阶段，学生在学校获了专业理论知识后，去企业实习1年，在相应的岗位进行培训，将所学的理论知识进行实践，企业给予学生相应的劳动报酬。1年以后，学校对学生的学习情况进行考核和毕业评定，对其进行就业指导。

学生在企业的实习属于"顶岗实习"，学生不是在学校的实训基地实习，而是到企业，学生和其他员工一样，也要遵守企业的规章制度和工作要求，有自己的工作细则。在企业实习的一年里，学生要练习在学校所学到的专业知识，在实践过程中将其掌握，以实践验证真理。这种培养模式让学生毕业后能迅速满足企业的用人需求，避免毕业生的实际工作能力与岗位要求不对接的问题。

"2+1"培养模式能够将学生在学校学到的专业知识与实践相结合，提高学生对职业技能的掌握能力，这种能力不仅包括学生理论知识的掌握、综合职业技能、还包括多问题的处理能力以及将知识转化为生产力的能力。这种培养模式与传统的教科书培养模式不同，它培养的是学生知行合一的能力，通过在企业的实训，学生能够快速掌握企业的工作

要求，从而提高培养质量与就业率。

四、产教融合对人才培养的要求

(一) 产教融合对人才培养理念的要求

首先，产教融合要求职业院校培养的人才不再局限于对理论知识的掌握，而是做到将理论知识很好地运用到实践过程，将理论与实践有机结合。职业院校本身具有职业属性，所以培养人才应以职业技能为导向。学校和企业在共同育人时，产教融合的理念应该贯穿于整个教学过程，做到将理论知识与实践相结合，教育与产业相结合，人才与市场需求相结合。

其次，学校对学生的培养理念应该建立在市场需求上，以市场需求为导向培养的人才是产教融合所提倡的。同时，还要注重学生的综合素质和自我学习能力的培养，使其能很好地适应市场需求的变动。

(二) 产教融合对人才培养过程的要求

第一，产教融合要求专业的设置应该符合产业发展的需求，学生所学专业能够与产业发展需求相对接。学校需要积极主动调研、预测市场的需求，根据具体情况，分类设置专业培养人才，并根据市场变化，动态调整。

第二，教学内容要注重理论课程与实践的结合，实践课时至少占理论课时的一半，使学生学到的理论知识能及时、有效地转变为实践技能。此外，学校应该在政府的牵头引导下，与企业积极合作，共同制订培养人才的计划，安排学生的实践。

第三，产教融合要求职业院校建设一批"双师型"教师来培养人才。"双师型"教师的建立，对提高人才培养的质量起到了重要作用，各职业院校应加大、加快"双师型"教师的建设，培养出理论与实践相结合的应用型人才。

第四，在人才培养质量评价考核方面，应该以多维度的层面来考核，摆脱过去传统单一的考核方式。评价维度可以从政府、学校、企业三个方面分别来考核，从而实现产教融合的要求。

(三) 产教融合对人才培养方法的要求

首先，职业院校要与企业共同商定制订人才培养的方案，该方案要注重学生的实践比重，让学生在课堂教学之后能及时地将理论运用到实践中，做到知行合一。校企共同合建实践基地，共同开发人才，由过去单一的教学方式多元的教学方式转变，以政府为主导，积极构建校企合作育人平台，实现资源共享机制。此外，政府要主动实施职业教育集团建设工程，将多个职业院校和企业相互连接，打造学生培训、员工培训、技能培训与鉴定为一体的职业教育集团。最后，健全政府保障机制，以此来保障地方职业院校和企业合法、有效、稳定地培养人才。

五、产教融合理念下人才培养模式的创新

（一）产教融合背景下人才培养理念的创新

1. 牢固树立产教融合人才培养理念

目前，我国大多数地方的职业院校都存在着对产教融合理念认知不到位和不重视的现象。即使地方职业院校响应国家号召，开始采取产教融合一体化的策略，但是还存在着职业院校在教学模式和方法上严重依赖于教师的情况。产教融合的教学要求是将传统的教学要求和技术能力提高到相同的水平层面上来，而不是过于依赖某一方面的成效。这种认知意识无疑将影响职业院校产教融合的推动。

所以，在职业院校产教融合一体化的进程中，应该要不断地提高自身的意识。各地区职业院校也应该积极地开展与企业互动合作的项目，促进传统的教学方式向开放式教学方式的转变，使产教融合的理念贯穿于整个教学过程。让学校的教学管理融入当地企业的市场经济发展，开辟出更多的"培训基地"和"岗位实习机会"。让学生具备社会适应能力和岗位竞争能力，让职业院校真正走上产教融合的发展道路。

2. 转变教师育人观念与教学观念

地方职业院校在培养学生的过程中，一定要积极转变教师的教学育人观，为职业院校的发展创出一条更科学、更高效的道路。职业院校教师教学观的转变能够真正影响到学生的发展，因为在产教融合的理念下，教学内容的选择和教学等工作都需要教师来完成。在这一过程中，教师采用产教融合一体化教学的方式，直接影响职业院校培养新型人才的质量。可以看出，在产教融合的理念下，教师教学观念的转变是提高教学质量和培养新型人才的关键。

首先，职业院校的教师应积极地深入到地方企业和行业中去，这样才能摸索出这些用人单位对职业院校学生的需求特点。然后，根据这些需求特点，将其直接转化为课堂教学内容，以提高职业院校学生适应社会和适应企业为目标，培养学生运用相应的理论知识和

实践技巧。教师要做到有针对性地规划教学内容，培养出有竞争力、适应企业的专业型人才。

其次，教师在其教学过程中，必须有意识地把理论和实践紧密结合起来。虽然国家一直强调职业院校的理论知识和内容应该做到"必须使用"和"足够使用"，但是，这并不是说教师可以将理论的内容大大减少，而是需要精准计划、配套教学。教师应当根据当地企业的需要，以适应学生就业发展趋势的理论为导向，改变教学理念，将相关学科的重要知识整合简化。这样学生就可以拥有高质量的素质技能和理论知识，以便适应在未来就业过程中的各种相关工作，避免单一的就业状况，从而实现终身受教的培养目标。

（二）要树立培养复合实用型人才的理念

职业教育的发展核心是人才的培养，它也是职业院校是否具备强有力的竞争力的具体表现。根据我国各地方的产业需求，不少企业所需要的人才不是单一型的专业技能型人才，而是复合型的人才。因此，在人才培养模式中，更应该着眼于学生综合素质的培养，把学生培养成全方位的发展型人才。这样全方位的人才，不仅仅需要掌握专业技能，还需要有其他学科的基础知识、对事物认知能力和自我更新的能力。从当今的社会需求来看，人才的培养一般都是面向生产、服务和管理的第一线，所以这就要求职业院校的人才培养必须从多方位、多角度出发。此外，当今的社会是一个快速发展和变化的社会，企业的需求也是多变的，职业院校培养复合型的人才能够使学生在今后的工作中终生适用。

（三）坚持以顺应地方产业发展为主导的理念

地方职业院校培养出的人才主要还是服务于地方产业，而地方产业的发展又能带动职业院校的发展，两者相互依存，共同发展。因此地方职业院校的人才培养目标需要审时度势，适应地方产业的发展，这样才能使地方职业院校和地方产业共同发展，达到更优的结果。

首先，《国务院关于大力发展职业教育的决定》（以下简称《决定》）中就明确地提出地方产业的发展水平决定着地方职业院校的发展定位，《决定》指出，各个地方及各个部门都需要根据经济发展和人才发展的需要，制订符合战略规划的培养计划。产业的发展高度决定了职业院校培养人才的程度，地方产业发展越好，地方职业院校的培养条件越好。地方产业支撑着地方职业院校的发展，如果没有地方产业作为支撑，那么职业院校的发展也会陷入困境，所以说，大力发展地方产业，能给地方职业院校带来良好的发展条件，比如学生能够在产业中进行良好的培训，获得最先进的理念和技术。

其次，好的地方产业的企业文化、发展理念和发展目标都影响着地方职业院校的办学目标，科学的产业发展观念会自发地带动和影响地方职业院校的指导思想，地方产业的需求特点，也影响着职业院校的专业设置计划。确切地说，地方产业需要什么样的人才，地方职业院校就会为这些产业的需求培养出适合需求的人才，这样既可以保证职业院校学生的就业要求，也能保证企业获得需求的人才。这种催生表现在地方企业需求特点催生了职业院校与产业需求相关的专业设置，地方产业的特点决定着地方职业院校专业的特点。这样的催生，形成了不同的就业岗位和就业机会，推动着职业院校人才培养的构建，形成地区独特的职业院校。

最后，地方产业的科学发展推动着职业院校的科学发展，地方产业的经济运转需求，引导着职业院校的人才培养模式；反之，若地方经济发展水平不够、科技含量较低，那么地方职业院校在专业设置上就会相应地减少，科技发展水平也会大大降低。地方产业发展迅速，需要的人才也会是高质量、高水平和高技术的人才，地方产业的技术需求引领了对职业院校人才培养的要求。不同地方产业的需求影响着不同地区的职业院校人才培养模式，地区经济的集结引导着职业院校不同专业的培养力度，使其成为具有地区特色的职业院校。

所以说，地方产业发展迅速、发展良好，可以推动职业院校快速发展，无论学校采取什么样的培养模式，都应该顺应地方产业的发展趋势和要求。

（四）产教融合背景下人才培养过程的创新

1. 招生环节的创新

（1）政府对校企联合招生给予资金投入和政策支持

政府为学校和企业的联合招生提供资金的投入和政策的支持。在市场经济大发展的时代，我们不能只是一味地要求企业去承担社会发展的责任、只讲奉献而不求回报，政府应该大力支持那些校企联合招生的学校和企业，向这些学校及企业提供必要的资金支持和政策保护，让企业也能从参与中获得利益，这样，校企联合招生办学才能更好地发展下去。校企联合的一种非常优化的培养模式是现代学徒制，要让现代学徒制继续发展下去，需要企业的鼎力支持和配合。当地政府可以根据相应的政策给予校企联合招生办学的学校及企业发放一定的补贴和奖励，根据校企联合招生的人数给予企业相应的奖励，这样企业也愿意更好地配合职业院校。此外，政府可以通过选择活动评估企业的综合竞争力，只有通过评估的企业才能参与到校企联合项目现代学徒制试点的工作中去，这些活动本身也有利于打响企业的知名度和提高企业的形象，企业一定会积极参与其中。另外，政府可以采取签约的制度，让企业与学生直接签约，学生在完成校企联合的培养计划后，可以进入企业工作，企业按照学生在岗的工作年限给予其配套奖励，这样还可以减轻企业招聘无人的担忧，也为企业留下了专业对口的人才。

（2）优化选择考试招生方式

一个地区的职业院校，它从建立之初的目的就是为了培养出服务于地区经济发展要求的人才，在这样的目的驱动下，招生问题就显得格外重要了，什么样的招生方式可以符合地区发展的要求呢？一个地区的经济不只是依靠一种产业带动发展的，它有多种多样的产业，为了符合多产业不同的需求，职业院校在招生方式上就要开始改变，不再是一种简单的、单一的模式，而是多需求、多元化招生模式，这样的招生模式为考生提供更多的机会，也为职业院校的发展提供了动力。区域内的职业院校应该要紧密联系在一起，互帮互助，建立良好共生的招生模式。

教育主管部门在安排职业院校招生方式时，要考虑到要根据不同类型的职业院校，建立不同的招生制度。要根据专业性质的不同，合理安排不同的考试形式。对职业院校来说，更应该注重专业职业技能的考察，对不同层级的职业院校考试难易程度也要有变化，尤其在国家重点培养专业上，招考制度要更加严格。

职业院校主管部门方面，要充分考虑最有利于学生与学校共同发展的招生模式，让不同类型、不同层级的职业院校在满足充分优质生源的情况下，也能保证学生的输出精良。这就要求职业院校招生主管部门，在不同专业的招生模式上做出调整，在培养年限较长的专业上，职业院校可以采取中职院校专业对口培养的招生模式，与中职院校结对子，把符合要求的优质中职学生输入到高职中来；在一些培养年限较少、专业要求不高的专业上，高职招生主管部门可以采取不同专业单独招生的方式。随着科学技术、专业需求与专业对口的发展，选择多元化的考试招生制度，是未来高职发展的方向。

（3）拓宽招生途径

在校企联合培养的职业院校中，招生工作需要多方式、多类型、多元化的组合。校企联合招生有一个巨大的优势，学生可以在校期间就进入联合的企业进行实习，那么如何能更好地把这个优势发挥出来呢？这就需要校企联合的职业院校进行招生模式的变化以及变化之后的宣讲活动。首先，学校和企业两方在招生环节上达成共识，共同进行招生，"双身份一面试"这样的招生模式就指，考生参加考试及面试，在被职业院校招录的同时也拥有了企业员工的身份，这样的模式对于有志报考职业院校的学生来说，非常有吸引力，学生在学校就读的同时，也接受企业对员工的教育，在学生毕业后，就可以直接进入企业工作。企业的员工也是职业院校的生源之一，企业中达不到技术要求、专业要求的员工或者希望获得相应理论知识的员工，在经过申请审核之后可以进入联合培养的职业院校进行再深造学习，解决员工的继续教育问题，这样的招生模式一方面保证学校的生源充足，另一方面也保证了企业员工的高素质。

2. 教育教学环节的创新

（1）政校企搭建平台来制订人才培养方案

职业院校的人才培养方案不能仅由学校设定，这样的培养方案缺乏科学完整性。职业院校应该联合企业和政府共同制订人才的培养方案，为校企联合培养的适用性人才提供优良的培养方案。人才培养方案中包括：培养目标、培训目标、课程设置、实践训练、就业规划等。由政府、企业和学校三方共同设置的培养方案可以很好地解决学校培养方案过于理论化的问题，在新的培养方案中加入政府的指导方向、企业对人才的需求，打造适于区域经济发展的新型技术人才。三方合作的平台致力于培养出高质量、高素养的、高技能的人才，不同专业的学生有不同的培养方案，在政府指导下学校和企业的课程设置上可以根据实际需要设置理论与实践相结合的课程，让学生真正走入社会工作岗位，锻炼学生未来在就业岗位中的实操能力与竞争力，使学生在理论的学习中掌握技能的运用。

（2）设置满足企业生产需求的课程

普通职业院校的课程设置缺乏实践性，大多只有理论的堆积，缺少真正实践的机会，这样培养出来的学生在走上工作岗位的时候，缺少竞争力，对需要大量动手的实操岗位不能尽快地融入和适应。所以产教融合的学校，应该在课程设置的方面紧跟三方合作的培养目标，根据企业的发展需求，设置相应的实训课程。再者，职业院校的学生本身对于纯理论文字性的知识接受起来就非常不易，单纯理论的学习会让学生失去兴趣，把实操训练加入课程的设置之中，可以很好地调动起学生的积极性，理论与实践的结合才能使更好地发挥作用。因为学校实操训练的场地等原因，某些教师可能把实践课当成理论课来教授，但这并不是职业院校的课程设置的目标，也失去了职业院校的意义。职业院校应该联合企业，在教授理论知识后，充分结合市场需求，根据不同专业匹配更好的专业课，以提高学生的实操水平。

（3）加强师资队伍的建设

地方政府在师资队伍培养方面，应该加以完善。严格执行教师资格制度、实施教师专业考核、建立教师专业评估标准、完善教师职称的评定办法、健全完善校长培训制度、实行以5年为一个周期的全员教师培训制、落实教师企业实践制度。政府必须支持学校按照相关规定招聘兼职教师，聘用企业技术人员、高技能人才到学校相关专业担任兼职教师，而兼职教师教学情况会作为其教学能力和教学水平的考核。加强中高级职业技术师范院校的建设，推动职业院校及企业共同建立"双师型"专业训练基地。职业教育科研队伍的建立和优化，有助于提高教师教育教学的能力和科学研究的能力。

3. 管理环节的创新

（1）校内外实践的管理

职业院校的教学环境是与实践紧密相关的，政府应当出台相关法律政策作为学生实践环节顺利进行的保障，明确学校和企业在学生实践期间的权责。校内实践场所，如实验室和培训研讨会等，都需要设立严格的规章制度保证学生在实践中的安全。在学生进入企业实践期间，学校的教师应该就实践实习专门召开动员大会和安全会议，在学生进入企业实践时，教师在不影响学生实践的同时要时刻监管学生，以防发生突发事故。在学生进入企业时，企业管理人员也需要与学生签订正规的实训协议、安全协议等，以此来保证学生的合法权益，并且需要提前告知学生企业实践的危险注意事项，与随训教师联合对学生进行管理。职业院校的学生，自我克制力较低，在脱离学校之后，没有教师随时监督，会造成学生思想意识的松懈，这样的行为是非常危险的，容易造成安全事故的发生，所以学校与企业必须加强对校外实践学生的管理。学生应该处理好校内外合作过程中自我角色的变化，在实践活动中，培养自己自律的习惯。

（2）实训基地的管理

职业院校的实践教学训练场所是培养高技能人才的重要基地，好的实践训练场所，对职业院校来说是必不可少的，没有教学训练场所，就没有好的实践学习机会。从政府层面来看，地方政府应以实施国家级和省级高技能人才振兴计划为出发点，依托大型重点骨干企业（集团）、重点高职技工学校和职业技术培训机构，建设起能培养国家级和省级高技术人才的培养基地。实训基地分为两种：一种是校内封闭的实训基地，另一种是与企业合作的校外实训基地。校内实训基地，对于职业院校来说，管理相对校外实训基地来说非常方便，实训班的学生在教师的带领下可以进行操作训练，教师在训练之前宣布实训场地的管理方案，让学生根据操作守则，规范地进行训练，学校聘请联合企业的技术人员对学生进行实操培训课程。若建立校外的实践基地或直接进入联合企业进行实操训练，从管理方面来说，会大大加强学校与企业的管理难度，这就需要学校教师和企业负责人相互配合，以达到训练目的。学校和企业可以建立联合培养办公室，对进入实践的学生管理在册，做好相关记录。

4. 考核评价环节的创新

（1）建立和完善职业教育考核制度

职业院校要建立和完善其教育考核制度，必须将社会需求、办学条件、办学质量、就业质量、社会服务等作为主要进行职业院校的评估内容。推进职业教育教学评估与评价模式的改革，转变学生评价机制，坚持以能力导向，突出学生学习和实践过程的评估考核。建立和完善学校、企业、行业组织、研究机构和其他社会组织参与的第三方评估体系，对不同层次、不同分类型的教学工作进行评估。

（2）建立"双证书"的考核评价体系

"双证书"一般出现职业技术的领域，它涵盖两种必需的证件：一种是职业院校的毕业证书，另一种是相关专业的职业从事资格证。"双证书"是从事职业技术岗位人员在求职时必备的两个证书，也同样是用人单位必查的证件，很多用人单位根据应聘者的学历及证书确定工资待遇。我国教育部颁发的实施纲要里面提出，我国要全面实行"双证书"制度，必须做到持证上岗。必须实行毕业考察和职业资格考察这两种制度，保证职业院校的学生在毕业时取得两证。职业资格证书是技术岗位的上岗条件之一，若不取得相关证书就会被企业拒之门外，就像教师资格证，若没有教师资格证，毕业生就不能走上教师岗位，这是对学生以及学校的负责制度。拥有职业资格证的人员持证应聘、凭证上岗，这不仅是对学生操作实践的证明也是对企业用人的安全保障。

5. 就业环节的创新

（1）建立就业和用人的保障政策

全国各级各地区政府部门，应该大力支持符合条件的职业院校建立相应的职业技能鉴定站点，完善职业院校毕业生获得相关专业资格证书的试行办法。各级各地区人民政府，应该创建公平、平等的就业创业环境，争取消除影响就业公平的一切因素，如性别歧视、城乡差距、行业高低等，政府机关和事业单位在招聘时不得歧视职业院校的毕业生。提高企业高技能人才的收入，必须建立收入再分配制度，鼓励建立高技术人才服务津贴等相关补贴制度。

（2）用人单位岗前培训制度

在校学生无论平时的成绩多么优秀，在正式进入岗位前都要进行入职准备，也就是说要进行岗前培训。培训的形式也多种多样，可以采用"师徒制"，就是企业技术岗的老员工带新人；也可以采取集中培训制，就是集中培训同一批的新员工，大班培训的形式对比起一对一的师徒制来说具有操作方便、培训时间较短等特点，但是需要注意人数，否则不能达到很好的效果。最好是几种方式的结合，在规定时间内进行考核，让新入职的员工能够尽快地适应新环境。对于这些新职员，企业要注重对他们实操的培养，毕竟在学校学习理论知识和进入岗位独立操作存在本质上的差别，学生需要的是尽快把学到的理论知识，转换为实际的操作。所以说，岗前培训制度是非常必要且重要的环节，岗前培训的内容注意一定要充分、具体、清晰。企业不仅需要在毕业生进入企业之后、上岗之前进行产前培训，也需要在此之前选派优秀的人员进入职业院校的课堂，为学生进行学校和工作衔接的培训。培训方式可以选择科技与人的结合，用高科技的手段进行实操演示再配合企业选拔的技术人员进行演示，这样的方式利于学生理解，对学生的实操训练有比较好的作用。

（三）产教融合背景下人才培养方法的创新

1. 构建实践创新机制

在产教融合的背景下，职业院校在培养人才的方式方法上需要创新。

第一，地方政府需要制定相关的实施细则。在产教融合培养模式里面，政府起到一个带头和支撑的作用，当地政府要根据当地区域经济发展的特点、企业发展的程度和产教融合的发展程度来制定符合当地经济特色的实施细则，政府制定的这些实施细则，主要是从大的方面做一个指导，由政府牵头，帮助企业和职业院校完成对口连接工作。政府要合理地指导校企合作的规模，还要积极带动和帮助学生在校企合作的模式中获得更大的发展。在建立政府指导、校企合作这样的模式时，要遵循职业院校和企业之间资源共享、定向培训的原则，由政府出资补贴职业院校和企业，每年甚至每个学期都可以做定向委培学生的项目，让学生在学校的学习中可以多参与政府、企业和学校的项目，提升学生自身的能力素养、提高专业技术，让学生开阔眼界、积累经验、提高素质。政府的实施细则之中，需要重点提出的是，在学生实践或项目的学习中，企业和学校还有政府都必须参与到其中，做好学生的指导工作，带领学生认真完成项目。为了保护在危险岗位工作学生的生命安全和满足他们最基本的生活所需，给他们购买保险并给予他们相应工资。那些积极为学生实践提供锻炼机会的企业，应该得到相应的奖励，在这些奖励的激励下，学校和企业就会更积极地投身于为学生建设实践的场所中，这些都是企业和学校合作需要做到的。但这些奖励政策要有实质性的内容。而且，为了方便企业根据所获得的奖励的内容选择多少学生来企业开展实践，这些规定还应该具体一些，例如，什么样的情况可以获得什么样程度奖励，什么部门来认定该企业可以获得这些奖励，等等。

第二，成立专人专门负责办公室。产教融合是一个较新且还没有完善的一个培养模式，现阶段的目标就是要完善产教融合的模式，其中最重要的一点是管理层的构建。必须在政府的指导下，职业院校和企业互相配合，达成一致，必须加强区域内院校之间的合作交流，承担起提高职业院校教育发展的任务。在这样复杂多样的形势下，有必要成立专门的组织机构，如校企合作办公室，由办公室专项专人负责职业院校与企业之间的事项安排。办公室的成立，并不是单独由政府、企业或者学校三者之一任何一个部分单独组成的，而是由三方出专人共同负责校企融合模式的构建。在政府部门制定的法规细则的指导下，认真进行工作的统筹安排，督促校企双方的交流，完成实践基地的建立并且进行巡视工作，对做得好的学校和企业进行表彰，给予更多的优惠政策，发挥领头羊的作用。

第三，加强公共实践基地建设。学校可以考虑建立学生实践基地，根据学生的实践能力进行相应的锻炼，在就业培训中表现突出者，可推荐就业。各地级市学生实践中心，实时把各大企业的实习岗位信息通告给学校，并把企业招聘实习生要求完整收集一并下达给学校。各个职业院校可以根据岗位表，再下发至不同学院不同专业的教师手上，让教师结合班上学生的情况，推荐到学校，再由学校推荐到企业。学校应该与企业签订实习生推荐协议，保障学生在实习中的安全，为学生安排好实习期间的各项工作，对在实习中表现优异的学生颁发证书，获得证书的同学在未来就业的时候，有被优先推荐的权利。学生在校外实践基地也就是对口企业中实习时，应该做好相应的记录工作，完成实践记录表，并在结束实践时上交给学校。学校和企业应该共同制定学生实习目标要求，构建一个合理的实践体系框架，并能突出学校和企业的优势与特点。建立实践基地要充分考虑学生的实际情况，突出校企融合培养模式的特点，要以培养高质量、高素质学生为目标。

第四，建立学生实践指导中心。为贯彻落实学生的实践政策，做好学生实践训练培养工作，监督职业院校学生实践完成情况，要建立学生实践指导中心，并且做网状管理结构的构建，由省政府建立全省职业院校的实践管理部，再逐级划分，建立市级指导中心分部直至校级，以网状形式的结构统领全省。可以在省级指导中心的网页上发布全职业院校的信息，以及与各所学校对接的企业，把所有信息汇总上去，可以让各界人士观察到最新的动态。在实践指导中心网站上，还可以发布实践和就业信息，为学生的实践就业工作提供帮助。学生实践指导中心最重要的任务就是，负责接受学生实训基地的设立申报和资格审核、负责学生实训基地的检查和评估、负责组织学生实践岗位交流活动、负责实践岗位信息汇总、负责实时信息的发布、负责培训实践证书的发放、负责协调省内外学生实践资源的互通，达到资源相互利用、合作共赢。

第五，由各市政府搭台建立实践基地。政府搭台建立实践基地的途径有：用人单位或相关校企主管部门向各市学生实践指导中心进行申报、各职业院校向各市学生指导中心推荐与本校合作的优秀的实践单位，然后实践指导中心来进行选择。实践基地须具备以下条件：合法化、规模化，能提供一定数量的学生实践岗位，具有充足的技能训练场所和良好的实践条件。要从内部对实践基地进行管理，严格要求基地的工作人员，做好相应的安保和医疗工作，这样不仅可以保证人员素质，还创造了良好的环境。从近年来的统计结果来看，如果实践基地注重对于学生的实际操作能力方面的训练，那么在这部分学生走入工作岗位之后，就会更快适应，也更容易做出成绩。

2. 构建职业教育集团化

政府应鼓励构建地方职业教育集团化建设，充分发挥集团化办学优势，扩大办学规模。政府部门要鼓励职业院校依法建立职业教育集团，构建职业教育集团可以由各支持办学的行业组织、科研机构等做牵头工作，组建职业教育集团中的全产业结构组织，共同构建、完善管理结构和政策机制。实施职业教育集团建设工程，必须多个职业院校相互连接，打造融学生培训、员工培训、技能培训与鉴定为一体的职业教育集团。合理安排校舍、教师、资金和设备等优质资源的使用。重点建设几个省级或市级示范性的职业教育集团，形成带动发展的校企联盟组织。

3. 政府保障体系的建立

健全的政府保障机制，可以保证地方职业院校和企业能够稳定有效地开展人才的共同培养，为确保产教融合构建顺利实施和运行，建议从建立良好的制度保障体系、建设相关的监督管理制度、加大教育经费的保障与投入三个方面入手。

（1）建立良好的制度保障体系

如果地方政府可以建立起良好的制度保障体系，那么对地方产业和职业院校合办的产教融合的办学模式的发展是非常有利的。建立健全良好的制度保障体系，不仅可以保护企业与职业院校的合法权益，还能提高产教融合办学方式的积极性，让企业能真正走进职业院校。建立良好的产教融合制度保障体系的政府应该从以下两个方面开展工作：

首先，政府及有关部门应该从职业院校的办学条件和地方经济发展的实际出发，再借鉴国外先进的产教融合模式，研究出适合我国各地区产教融合开展的具体相关规则，使产教融合一体化和实用技能人才的发展战略可以进一步地深入展开。

其次，政府应积极引导已经应用产教融合模式的学校与企业进行良好的互动合作，做好相关福利的分配工作、知识产权的共享、优惠政策、职称鉴定等方面的相关工作，确保产教融合中的所有部门结构都能够感兴趣并且有动力地贯彻落实产教融合人才培养的模式。

（2）建设相关的监督管理制度

在学校和企业培养人才的过程中，政府应当作为"游戏规则的制定与监管者"，从而建立相应的监督管理制度。为了让职业院校和企业在公平、平等、合法、有效的环境下共同培养人才，完善政府部门的监管是非常有必要的。让学校和企业在产教融合人才培养的各个方面都能够享有充分的权利，承担应有的责任。政府部门在监督管理制度的建设方面应该从以下两个方面着手：

第一，政府应该在学校和企业合作的过程中采取行政手段，建立各地地方行业协会、教育协会、校企合作联盟协会等。政府部门搭建产教融合、校企合作培养人才的平台，并由教育部门、职业院校和企业三方组成委员会进行育人指导，从而有效地推进职业院校在产教融合背景下人才培养的进程。

第二，为了预防各地职业院校在校企合作人才培养过程中出现方向上的错误，政府部门应该为学校和企业建立咨询和指导机构，提供及时的帮助，从而让职业院校产教融合人才培养的过程能顺利进行。

（3）加大教育经费的保障和投入

政府在职业教育经费上的投入力度很大程度上会影响职业院校人才培养模式的顺利进行。有必要认识到校企合作的重要性，所以相关部门可以从以下四个方面进行：

第一，各级地方政府应该加大对职业院校的财政支持力度，增加对职业院校的财政投入比例，加大拨款，减小职业院校与普通院校在教学经费上的差距，让职业院校有足够的经费来进行产教融合、校企合作，从而提高人才培养的质量。

第二，各级地方政府可以从扶贫经费中提取一部分用来支持偏远地区职业院校的发展。从某种角度来说，偏远地区职业院校培养学生，也是在一定程度上进行教育扶贫。因此，给予偏远地区职业院校充足、稳定的经费，能够确保职业院校培养的学生的质量，从而能提高学生的就业率。

第三，各级地方政府应该制定并颁布对职业院校校企合作的政策优惠及财政扶持。对那些产教融合、校企合作育人做得好的职业院校给予相应的奖励，如税收优惠、贴息补助等，以此来肯定它们在校企合作中所做的努力和取得的成就。

第四，政府部门可以通过建立专项资金资助、政府购买、银行贷款免息、向社会筹集资金等方式为职业院校提供教学经费。

第五，职业院校走产教融合的道路是时代所趋、市场所需，对人才培养模式的创新也是必行之路。职业院校对于人才培养模式的改革，其过程不仅漫长而且复杂，涉及的层面和主体很广。所以职业院校产教融合人才培养模式还有"一段路程"要走。

第八章　校企合作创新之路

第一节　创新开展现代学徒制

一、现代学徒制概述

(一) 现代学徒制的内涵

传统学徒制是一种古老的职业训练方法,在职业活动过程中,通过师父的传、帮、带使徒弟获得职业技术和技能,主要是在师父或专家的指导下掌握所学手艺或工艺的背景知识,取得实际工作经验。徒弟通过观察、模仿师父的技艺,在实践中获得技能与技术,受用终生。

现代学徒制是以学校本位教育和工作本位培训紧密结合为典型特征的新型学徒制度,它是以校企合作为基础,以学生(学徒)培养为核心,以课程为纽带,以学校、企业的深度参与和教师、师父的深入指导为支撑的人才培养模式。

现代学徒制是将传统的学徒培训方式与现代的学校教育相结合的一种"学校与企业合作式的职业教育制度",教师与师父的联合传授,课堂学习与工作岗位实践紧密结合,对学生以技能培养为主的一种现代职业教育人才培养模式。它是由企业和学校共同推进的一种培养模式,受教育对象既可以是学生,也可以是企业员工。这一模式强调能力本位思想,主张在做中学、在学中做,以期培养出适应现代社会生产需要,同时具备理论知识与实践操技能的应用型人才。通过推进现代学徒制达到深化产教融合,校企合作,推进工学结合,知行合一。职业技能和培养职业精神高度的融合,是培养学生社会责任感、创新精神、实践能力的重要举措。

(二) 我国现代学徒制的主要特点

1. 现代学徒制的教育性质

在教育性质上,现代学徒制属于正规教育。学校处于主体地位,企业许多岗位都需要生产者具有丰富的技术知识，只有正规职业院校才能培养这种现代化生产者，企业在培养过程中处于辅助地位。从学习时间上来看，学生接受学校教育的时间应该占到一半以上。理论学习之后马上到企业实践，但还要根据企业的生产忙闲来决定企业实践，因此企业实践与学校理论学习二者不能有效对接，不能做到理论与实践的统一。另外，学校的基本技能学习往往与企业的要求有些出入。由于学校的主体地位，往往决定了企业参与的积极性不高。

2. 体现以人为本的现代特征

从教育本身看，现代学徒制强调促进企业和学生个人协调发展。企业本位的学徒制较为注重企业发展的需要，而较为忽视学徒职业生涯发展的需要。我国的现代学徒制应该以系统科学思想为指导，充分考虑学生的职业转换和职业发展需要，合理地协调企业利益与学习者利益，体现以人为本的现代特征。

3. 理论知识与实践能力并重

在教育内容上，强调将现代技术理论知识与实践能力并重，传统的学徒制过于强调动手能力，使学习者失去发展后劲，而许多岗位对问题解决能力和创新能力的要求显著提升。因此，从知识水平上看，尽管职业院校毕业生工作在生产现场，但更接近传统企业中的工程师和高级技术员，而不是传统的技术工人。

4. 注重运用现代信息技术

在教育手段上，注重运用现代信息技术。现代教育技术为职业教育提供了丰富的现代手段，在这种条件下，一些专业实践能力的培养主要是在学校，而不是企业。

5. 逐步呈现多元化结构

在教育主体上，逐步呈现多元化结构。政府开始依法制定学徒合同，颁布职业院校和企业使用的人才培养方案基本框架；行业积极参与指导；培训企业具体实施学徒培训方案，配合职业院校完成人才培养过程；职业院校作为现代学徒制实施的基地，对人才培养质量起到保证作用。

6. 以"企业为主"的学徒制

这主要表现在"企业可结合生产实际自主确定培养对象""学徒培养的主要职责由企业承担""以企业为主导确定具体培养任务"等内容，即推行"招工即招生、入企即入校、企校双师联合培养"模式。此模式对企业的诉求了解更多，方案设置对企业有所侧重。

由于校、企二维角度不同，从学校角度出发，职业教育实施主体是学校，以学习的模式开展，"再怎么开展校企合作，再怎么向企业学习，还是要保留学校的特点和要求"；从企业的角度出发，企业是主体，围绕岗位需求开展，"岗位需求导向是市场、企业说了算，更直观、更直接一些"。"企业为主"的学徒培养模式有助于更快地调整技能人才的供求状况，解决职业教育培育人才与产业需求不匹配的现状。但是，不容忽视的是，特定的职业技能培训虽然有利于学员快速找到对口的工作，但是综合性知识的学习在技术人才未来职业发展中同样至关重要。从国际上的经验来看，德国职教体系的学生，并非单纯地学习企业岗位所需的技能，而是需要花费近八成的时间学习数学、科学、语言等综合性知识。

开展现代学徒制的核心目标就是提高人才培养质量，提高劳动者技能水平和职业素质，以学校为主体和以企业为主体的现代学徒制可以共同推进、相互借鉴、互为补充。

（三）开展现代学徒制的主要目标和任务

1. 开展现代学徒制的主要目标

现代学徒制工作应以面向市场、服务发展、促进就业为宗旨，以培育具有专业技能与工匠精神的高素质人才为根本任务，建立政府引导、行业指导、企业和学校双主体协同育人的现代学徒制度，形成校企从招生、培养到就业一体化育人的长效机制，深化教育链和产业链融合，推进现代职业教育体系建设，主动服务经济转型和产业升级。

2. 开展现代学徒制的主要任务

（1）形成协同育人机制。进一步明确职业院校与合作企业的权利与义务，完善校企双主体育人机制，改革人才培养模式，不断探索人才培养成本分担机制。

（2）推进招生招工制度改革。改革职业院校招考政策，改变企业招工制度，落实好"招生招工一体化"，明确学生与学徒的"双身份"学习制度。

（3）推进现代学徒制教学改革。针对现代学徒制特点，开发并制订现代学徒制人才培养方案，形成"双体系"的校企课程结构，实施"双交替"教学过程，构建校企考核评价体系。

（4）推进专兼结合的"双师型"师资队伍建设。不断完善双导师制度，进一步明确双导师责任与待遇，建立灵活的人才流动机制。

（5）推进优质教学资源的共建共享。充分利用企业资源，有效地将企业岗位标准、企业管理和文化等引入到学校中来，校企共同推进实训设施建设，做到校企数字化资源与信息化平台的共建共享，实现校园文化与企业文化的互通互融。

（6）形成与现代学徒制相适应的教学管理和运行机制。不断完善教学管理机制，加强课程标准建设，建立"双标准"考核评价体系，完善学徒权益保障制度。概括起来主要包括：

①双主体办学，即职业院校与企业各司其职，明确权利和义务，共同制订人才培养方案，共同完成高素质技术技能人才培养任务。

②双身份学习，即在完善职业院校招考录取，改革企业用工制度的基础上，落实招生招工一体化，学徒同时拥有在校学生和企业员工两个身份。

③双场所教学，即工学结合教学模式分别在学校和企业交替进行，在职业院校主要开展理论课教学，在企业主要开展实践课教学，双方共享企业生产设备、人员、技术和学校教学场所、设施、教师等资源。

④双证书制度，即在健全国家标准的基础上，不断推进职业标准、教学标准、评价标准等标准化建设，逐步实现职业教育学历证书体系与职业资格证书体系的有机衔接。

⑤"双师型"队伍，即人才培养任务具体由学校教师和企业专业技术人员双方共同承担，在专业建设、培养目标、课程开发、实施教学、教学评价等工作方面共同发挥重要作用，采取以企业职业培训为主，实施师父带徒弟教育教学方式，大力开展岗位技术技能训练。

二、现代学徒制课程体系

(一) 课程体系的内涵

现代学徒制人才培养目标是坚持以立德树人为根本，以服务发展为宗旨，以促进就业为导向，适应技术进步和生产方式变革以及社会公共服务的需要，培养数以亿计的高素质劳动者和技术技能人才。其核心内容有三个方面，即职业素养、专业技术知识、岗位职业技能。

现代学徒制课程体系通常分为四个模块，即职业素质养成课程模块、专业技术技能基础课程模块、岗位（群）技术技能课程模块、学徒个人职业发展需求课程模块。

（1）职业素质养成课程模块。该模块是培养学生（学徒）具有以社会主义核心价值观为基础的职业素养（包括职业道德、职业态度和职业行为）。设置此课程模块需要注意与企业文化和岗位实际相结合。企业文化是社会主义核心价值观的载体，个人的价值实现一定要基于工作岗位。

（2）专业技能基础课程模块。该模块应包含相对完整的专业基础理论知识体系和基本技能体系，是以行业工作岗位通用的工作任务和职业基础能力为依据，进行课程设置、教学内容开发、课程标准编制。该模块所有课程均为必修课，学徒必须通过每门课程考核，获取全部的学分。

（3）岗位（群）技术技能课程模块。该模块构建要以企业具体岗位的核心能力、合作企业岗位用人标准为依据，以职业资格考试为参考，开发至少两个岗位方向的技术技能课程组合模块，供学徒进行选择，课程以师父带徒弟岗位培养为主。

制定课程标准时必须了解合作企业的相关内容，诸如工作过程、企业的生产流程、工艺、操作要求等；了解岗位技术技能规范、企业管理和企业文化，营造和模拟企业工作环境，搭建实验室、实训车间平台等；同时，把合作企业中的与工作岗位相关的知识和技能纳入到学校的课程体系中来。通过课程有效地保证学校培养的学生更加贴近企业的要求，加强学生岗位能力的培养。

（4）学徒个人职业发展需求课程模块。根据不同职业的成长规律，该模块着眼于合作企业学徒的职业发展路径设计课程。学徒根据自身职业发展的需要，在师父的指导下选择课程，以师带徒的方式，实施在岗的个性化培养。

（二）现代学徒制专业课程体系建设

现代学徒制包含了职业教育最本真、最朴素的原则——"做中学"。大量的实践操作和反复操作，使学徒不仅"会"操作，而且操作"熟练"。现代学徒制与情境学习的理论相吻合。学徒在真实的工作情境中学习，所学的知识技能与其应用之间的联系是明显的，更能理解学习的意义和价值，从而主动学习，并更有效率地习得那些知识和技能。同时，在学徒制中，学徒通过观察师父及其他工作者的工作，耳濡目染，从而逐渐习得那些重要的"默会"知识和技能，同时养成某职业所需要的工作态度。因此，现代学徒制专业课程体系构建的基本方法主要从以下五个方面入手：

1. 企业岗位能力的调研

通过开展行业和合作企业需求调研，明确行业通用岗位和合作企业岗位需求，以岗位职业能力分析作为现代学徒制专业课程体系构建的切入点，分析行业通用的岗位基础职业能力和合作企业岗位（群）核心职业能力。通过对具体岗位（群）的工作过程进行分析，确定岗位（群）的工作任务和内容，对每项工作任务进行职业能力分析，对分析的结果进行排序、归纳与合并，提炼出岗位（群）的通用基础职业能力和核心职业能力。

2. 校企共同制定学徒岗位标准

以企业为主，校企双方共同制定学徒岗位标准。岗位标准应当规范岗位名称，描述岗位内容，确定岗位所需的知识和专项技能要求，明确核心能力和技术等级。以企业为主，校企双方共同制定岗位群轮岗实训标准，明确规定每一个具体岗位的实训时间、操作规范、技术要点、达标要求及轮岗顺序。

3. 校企共同建设基于工作内容的专业课程

专业课程应以学徒制岗位所需的知识和技能为载体，设计单项技能训练项目和综合能力训练项目（或案例），课程内容既要符合整个行业通用的专业理论知识和基本技术技能，也要符合合作企业所需的岗位技能。

4. 教学组织与实施

根据课程类型，灵活采用集中讲授、企业培训、项目教学和岗位轮训等教学组织形式。企业岗位轮训阶段主要以导师带学徒的方式进行教学，根据不同专业特点，1名师父可带2～5名徒弟，组成学习小组，确保学徒熟练掌握每个轮训岗位所需的技能。

5. 开发适合岗位标准的课程资源

校企双方应当积极开发基于岗位工作内容，融入相关国家职业技能标准的专业教学内容，开发适合试点专业岗位标准与现代学徒制教学相适应的教材和数字化教学资源，及时用于教学实践。

现代学徒制专业课程如何与企业开展深层次合作，做到校企课程有效对接，这是保障现代学徒制人才培养质量的关键。当前，许多学校的专业建设仍以学科体系为主，专业课程体系与教学内容尚未完全摆脱传统学科体系的约束，教师在教学过程中，常以知识的系统性作为教学内容的逻辑主线，由于缺乏对企业生产的理解，往往简单地将企业的重点工作项目直接作为课程教学内容的载体，使学生难以理解，造成项目偏大，针对性不强，岗位任务不能有机地融入课程内容，学生上岗后仍然需要一定的实习期。在开展现代学徒制合作后，学校通过与企业开展联合办学，实施课程置换来改造旧的课程体系，即将学校的相关专业课程，部分替换为企业成熟的专项技能课程，同时把部分专业知识课程搬到企业中，让学生到企业上课，由企业专家通过真实环境进行现场教学。同时，把企业需要培养的职业素养课程、安全教育课程等移植到学校课堂上，运用企业培训教学模式和较为科学、系统的课程内容，对学校现行的专业人才培养模式进行改革，并紧扣就业市场需求，突出学生实际工作技能的培养，提高学生就业率。课程置换是培养"企业人"的重要途径，它将学历教育对学生素质培养与职业实践经验相结合，使毕业生在获得专业学历证书的同时，还能获得企业的行业证书和一线实践经验，从而增强学生的"求职成功指数"。

通过学校课程与企业课程对接，学校已形成校企"双主体育人"合作制度，并不断探索校企合作培养"企业人"的新形式，力求在更深层次上推进校企合作，探索建立"企业人"培养新机制。近年来，很多学校已向社会各个领域输送"企业人"。其中，有不少毕业生甚至都已成为企业的技术骨干，有的成为各中等职业学校的实习指导教师，为学校办学树立了良好的教育品牌，这样必将有助于吸引更多知名企业参与到学校办学中来，形成校企结合、互利共赢的良好氛围和机制。

三、现代学徒制的实施

现代学徒制是根据学习者个人的情况，来制订学习计划，帮助个体进步。现代学徒制中师徒之间一对一的亲密互动，为学徒的个别化学习提供了更为宽松的条件。企业通常是根据自己的生产需要提供学徒岗位的，也就是说现代学徒制是从真实的人才需求出发，将学习者"拉进"职业教育体系。这样就有利于使劳动力供需更平衡，从而避免技术浪费或技能短缺。

（一）开展现代学徒制的基本原则

1. 政府统筹

要充分发挥政府统筹协调作用，根据地方经济社会发展需求系统规划现代学徒制试点工作。把立德树人、促进人的全面发展作为试点工作的根本任务，统筹利用好政府、行业、企业、学校、科研机构等方面的资源，协调好与政府部门之间的关系，形成合力，共同研究解决试点工作中遇到的困难和问题。大力发展现代学徒制需要成熟的立法、高效的执法，明确学校、企业、师徒的权利和义务，保证各方的合法权利和法律约束，着重解决学校和企业管理风险、企业经济效益维护、师徒权益保障等问题。

2. 坚持统筹设计，重点突破

要明确试点工作的目标和重点，系统地设计人才培养方案、教学管理、考试评价、学生教育管理、招生与招工，以及师资配备、保障措施等工作。以服务发展为宗旨，以促进就业为导向，深化体制机制改革，统筹发挥好政府和市场的作用，力争在关键环节和重点领域取得突破。建立教学质量标准及监控评价体系、学生质量评价体系；建立教学质量评估和监管机构，保证学校、企业、学徒三方规范化地落实现代学徒制。

3. 坚持因地制宜，分类指导

要根据不同地区行业、企业特点和人才培养要求，在招生与招工、学习与工作、教学与实践、学历证书与职业资格证书获取、资源建设与共享等方面因地制宜，积极探索切合实际的实现形式，形成特色。全面实施工匠职业从业资格考试制度和技能等级认证制度；建立教学质量第三方认证体系，建立相对独立的教学质量认证机构，形成相对全面的教学质量认证体系，采用相对科学有效的教学质量认证办法，为现代学徒制保驾护航。

4. 坚持合作共赢，职责共担

要坚持校企双主体育人、学校教师和企业专业技术人员双导师教学，明确学徒的企业员工和职业院校学生双重身份，签好学生与企业、学校与企业两个合同，形成学校和企业联合招生、联合培养、一体化育人的长效机制，切实提高生产、服务一线劳动者的综合素质和人才培养的针对性，解决好合作企业招工难问题。

（二）现代学徒制合作企业的选择

现代学徒制企业的选择非常关键，影响到现代学徒制的质量。因此，必须深入了解合作企业的发展情况，对企业的生产、经营情况、企业的生产规模、发展趋势及合作意向等各方面能力和优势进行充分了解，尤其要对企业的实践平台、产品特点是否与专业相近等进行考察，并在相关的人员进行充分论证和分析的基础上，从众多的合作对象中择优选择一所或者几所，必要时引入竞争机制，确保现代学徒制能够发挥效果。除此之外，企业所需要的人才类型、企业对于学校学生的薪资待遇、企业所需要订单式人才的数量等，也是学校方面必须和学生进行沟通的问题。进而选择出最为合适的合作企业，让学生有更好的发展。具体来说，在选择企业的时候主要有以下几种依据：

1. 全面了解企业的实力

校企合作模式下选择的企业最好是发展前景较好的大企业，这对于学生是一种有力的保障。

（1）被选定的企业应该是本地区发展势头好的企业。

（2）被选定的企业应该是支撑地区经济发展的骨干企业，从根本上解决政府支持力度不够的问题。

2. 选择具有积极性的企业

只有企业自愿地与学校方面合作培养订单式人才才能够让学生学有所成，学有所用；除此之外，还要考察企业的信誉度，避免出现违约现象，造成学生、学校方面的损失；最后要考虑企业需要的订单式人才的数量，要尽可能地让每一个学生都能够得到应有的发展。

（1）被选定的企业有意愿承担高技术技能人才培养义务，也确实急需这种人才的企

业，从根本上解决企业参与热情不高的问题。

（2）充分考虑企业接纳学生人数问题，可以选定多家企业共同参与现代学徒制，从根本上实现招生即招工。

（三）人才培养方案的制订要求

现代学徒制人才培养方案是实施现代学徒制教学及管理的主要依据。学校、企业及行业协会应根据技术技能人才的成长规律和行业企业工作岗位的实际需求，以岗位所需的职业技能为主线，按照知行合一的思想，由职教专家、企业技术骨干和学校专业教师共同按照企业用人需求来设置课程。

（1）学制：中高职一般 3 年。实行学分制和弹性学制管理，中职段学制可缩短 1 学期或延长 1 学期，高职段学制可缩短 1 学年或延长 2 学年。根据专业特点和企业需求，实行校企合作、工学交替的分段育人机制。

（2）方案内容及培养：目标现代学徒制人才培养方案应包括专业岗位标准、课程标准、教学标准、考核标准、毕业标准及相应的教学实施方案。人才培养目标应当高于同专业非现代学徒制实验班的培养目标，与相关国家职业技能标准相衔接，开展"1+X"证书或职业资格证书。

（3）教学资源配置：应明确规定各个教学阶段尤其是实践教学阶段的教学资源配置，包括实训岗位、技术力量（企业导师、学校导师）、实训场地、实训设备、实训材料、教材、课程资源等的配置与利用。

（四）现代学徒制课程的实施

课程是开展现代学徒制的基本依据，直接影响人才培养质量。深化课程改革，构建符合职业教育规律、体现现代学徒制特征、具有地方特色的课程体系，充分发挥课程在人才培养中的核心作用，是落实立德树人根本任务、适应职业教育内涵发展、全面提高育人水平的重要保证。

1. 校企共同制定学徒岗位标准

以企业为主，校企双方共同制定学徒岗位标准。应当规范岗位名称，描述岗位内容，确定岗位所需的知识和专项技能要求，明确核心能力和技术等级，明确企业课程内容。以企业为主，校企双方共同制定岗位群轮岗实训标准，明确规定每一个具体岗位的实训时间、操作规范、技术要点、达标要求及轮岗顺序。

2. 现代学徒制课程的基本内容

现代学徒制课程的基本内容包括公共基础课程、专业基础课程、专业技能课程和拓展课程等。

（1）课程组成。公共基础课程包括德育、语文、数学、外语、体育与健康等国家规定的课程；专业基础课程包括试点专业必需的专业技术基础课程；专业技能课程包括学徒制岗位所需的技能训练项目（或案例、模块）；拓展课程应充分考虑学徒（学生）的个人发展需求，多样化设置，供学徒（学生）根据自身职业发展规划进行选择。

（2）校企共同建设基于工作内容的专业课程。校企双方应当针对专业特点，制定课程标准，共同建设基于工作内容的专业课程。专业课程应以企业生产任务和学徒制岗位所需的知识和技能为载体，设计单项技能训练项目和综合能力训练项目（或案例），课程内容既要符合整个行业通用的专业理论知识和基本技术技能，也要符合合作企业所需的岗位技能。

3. 建立健全信息化教学设备和教学资源

为了保障企业岗位资源的有效使用，提高校内信息化教学的有效性，学校应根据专业教学需要，配备多媒体教室、微课教室、多媒体阅览室，多媒体教室中设有多媒体中央控制器、数字投影仪、视频展示台、扩音系统等。借助信息化教学手段，利用微课、慕课、翻转课堂建立核心课程数字资源库，并与日常教学有机结合，创建多种学习途径。

为了提高企业岗位技能的有效性和针对性，校企双方应当积极开发基于岗位工作内容、融入相关国家职业技能等级的专业教学内容，开发适合专业岗位标准、与现代学徒制教学相适应的教材和数字化教学资源，及时用于教学实践。教师将专业课程内容设计融入智慧化教学应用场景，将教学内容打造为画面丰富、直观性强的学习资源，学生畅游在信息化的学习情境中，根据自己的学习兴趣及知识掌握情况，自主定义学习路径，顺利学习，轻松掌握学习内容。

4. 教学组织实施

（1）按照工学交替方式安排教学过程

校企双方应当共同制订现代学徒制班级专业教学实施方案，根据学徒（学生）培养目标要求和校企双方的资源配置情况，将公共基础课程、专业理论课程、校内实训基地教学实践与企业岗位群轮训教学内容进行整体规划，制订教学计划，合理地安排双场所教学内容和任务，配置校企双导师双向流动授课，规范课程开设，做好教学记录，按照工学交替的方式安排教学过程。

（2）突出专业技能教学特色

专业技能教学是现代学徒制教育特色的具体体现，是实现培养目标、培养学徒（学生）职业能力和专业动手能力的重要教学过程，包括实验实训、项目设计等内容的各项专业技能教学应具备完整清晰的教学标准、指导书、教学计划和技能训练教材。专业技能教学实行岗位群轮训和岗位达标制度，每个岗位按照布置任务、策划、实施、检验、反馈、评价等完整的教学环节进行限定时间的训练，训练结束后进行考核。

（3）体现"做学教"一体化

根据课程类型和现代学徒制岗位知识和技能要求，采用灵活的教学方法，依据专业培养目标、课程教学要求、学生能力与教学资源等，倡导因材施教、因需施教，鼓励创新教学方法和策略，采用任务驱动、案例教学、项目教学等方法，坚持学中做、做中学。教师不断提高运用信息技术的能力，加大信息化教学手段的运用，开展信息化教学。将集中讲授、学生自学、企业培训、项目教学和岗位轮训等有机结合在一起。

（4）建立多方参与的考核评价机制

现代学徒制教学质量的日常考核要按照过程性考核和终结性考核相结合的原则，由双导师和行业、企业专家或第三方机构对学徒（学生）学习情况进行考核。考核的内容基本上是以校企双方共同制定以育人为目标的学徒（学生）考核评价标准，并根据专业特点，合理地分配学徒（学生）工作态度、实训表现、理论考核成绩和专业技能考核成绩所占比重。根据每个轮训岗位的实训考核标准，合理地设计各种评价表格，从学徒（学生）在岗位轮训期间理论知识和专业技能掌握程度、学习态度、实训表现、岗位工作任务完成情况和职业素养等方面，制定岗位技能考核指标和评分细则，对轮训岗位群进行技能达标考核。

5. 建立分段育人、多方参与评价的教学管理制度

校企双方负责组织现代学徒制班级的教学、岗位轮训和考核评价，并进行日常管理。

（1）学徒（学生）实行学分制和弹性学制管理。学徒（学生）的企业实践课程与学校理论课程学分可以相互置换，中职段学制可缩短1学期或延长1学期，高职段学制可缩短1学年或延长两学年。

（2）学徒（学生）在学校期间实行班级管理为主、小组管理为辅；在企业期间实行小组管理为主、班级管理为辅的合作管理模式。

（3）学徒（学生）实行毕业考核评价制度，建立科学的现代学徒制人才培养考核评价体系。

6. 现代学徒制质量控制体系

考核内容主要包括校企协同育人机制、人才培养制度与标准、招生与招工一体化、双导师队伍建设、学徒（学生）培养与管理、保障措施及创新点等。

建立合作企业、学校、第三方的质量评价和调控体系，切实保障现代学徒制试点培养的学生能适应现代企业产品结构转型、技术升级的需要，查找问题，不断地总结和完善。职业院校一定要确保学生在掌握所必需的公共文化基础知识、具备良好的思想品德的基础上，加强其技术技能的培养。按照"五个对接"要求，来设计质量调控体系，发现问题和不足，持续优化人才培养方案，不断提高现代学徒制的人才培养质量。

在考核评价中，要把好人才培养质量关。第一关是人才培养过程关，第二关是毕业"出师"关。对学生实行"双重"考核，即教师考核学生的理论学习成绩，占总成绩的50%；师父考核学徒在学艺期的绩效，按照绩效折算成百分制，占总成绩的50%。

（1）考核组织。现代学徒制教学质量的日常考核，按照过程性考核和终结性考核相结合的原则，由双导师和行业、企业专家或第三方机构对学徒（学生）学习情况进行考核。

（2）考核内容。校企双方共同制定以育人为目标的学徒（学生）考核评价标准，并根据专业特点，合理地分配学徒（学生）工作态度、实训表现、理论考核成绩和专业技能考核成绩所占比重。

（3）根据每个轮训岗位的实训考核标准。考核项目包括学徒（学生）在岗位轮训期间理论知识和专业技能掌握程度，制定岗位技能考核指标和评分细则，对轮训岗位群进行技能达标考核。

四、现代学徒制合作协议

（一）现代学徒制合作协议的内容

招生与招工一体化是开展现代学徒制的基础，招生即招工，入校即入厂。学校与选定的合作企业应签订"校企共育合作协议"。

1. 合作协议的条款内容

合作协议一般条款应该有：①企业能接收多少名学生，联合招生。②联合开发制订个性化人才培养方案。③企业为学生到企业实习提供的报酬、奖学金、支助资金、意外伤害保险、工作待遇、学生违约等。④学生在企业实习期间的管理制度、成绩认定、考核制度等。

2. 合作学校的专业基本条件

开展现代学徒制的专业应特色鲜明，并纳入学校专业建设规划进行重点建设，每年招生原则上超过 100 人；专业实训装备先进，基本对接合作办学企业实际使用的生产设备；拥有教学水平较高的专业教师团队；本专业社会用工需求量较大。

3. 合作企业的具备条件

（1）守法，诚信经营，管理规范，产品质量高，业内口碑好。

（2）属于行业领军企业或者政府鼓励发展的创新型企业；技术先进，实习和安全防护设备设施完备；科技创新能力较强，具有引领带动自身发展和行业发展的潜力；能提供试点项目专业轮训的所有岗位，能够选派足够数量的优秀技术人员担任学徒（学生）的企业导师。

（3）企业综合实力较强，行业地位较高，校企合作 3 年以上，企业培训机制完善，具有较高社会责任感的大中型企业或科技创新型企业园区优先选用。

（二）签订相关合作协议

建立学徒（学生）双身份管理制度。校企双方共同制订招生与招工一体化工作方案，鼓励采取多元招生与招工方式，明确学徒的企业员工和职业院校学生双重身份。企业、学校、学徒（学生）、家长签订四方协议，明确各方权利和义务。鼓励企业与法定劳动年龄内的学徒（学生）签订劳动合同。

（三）建立相关配套的政策和机制

现代学徒制的实施涉及到多方的利益，因此，必须有配套的政策和机制作为保障。一方面，组建校企双方参与的领导小组，同时校企还要各自建立现代学徒制工作执行小组，对合作专业现代学徒制人才培养的目标、教学内容的选定、方式的创新等进行协商，共同制订方案；另一方面，切实加强物质、资金保障。保障学生实训，必须按要求对学生进行投保。另外，保障现代学徒制中的师父的利益，既要完成企业的生产任务，又要完成培养学徒的职责，承担的工作任务较重。因此，学校要及时对师父进行鼓励奖励，可以拿出一定的经费，作为师父的培训指导资金，并通过建立和完善各种激励制度和奖励制度，对优秀师父和优秀学徒等进行及时的表彰，进一步巩固现代学徒制人才培养方式的成果。最后，企业材料的消耗等也要进行一定的补偿，避免企业经济效益受到影响。

（四）模拟工厂教学模式下的现代学徒制

目前，各个职业院校正在广泛地开展学徒制，并取得了一定的效果。但由于学徒制在我国刚刚起步，大家在现代学徒制的认识上还有所不同，在实践中存在着不同的做法。在学徒制中最关键的因素是企业，但由于企业更多地考虑经济效益，因此在学徒制的实施过程中困难重重。一方面，缺乏专项资金支持，企业对校企合作没有积极性，行业企业参与在很大程度上仍然是被动的合作，不是一种主动的需求；另一方面，职业学校缺乏学徒制管理手段、经验和能力，在企业实习过程中缺乏相应的管理制度和指导人员，实习效果较差。因此，如何探索实施基于模拟工厂环境下的现代学徒制，对职业院校来讲有着积极的意义。

1. 以现代学徒制内涵为核心构建模拟工厂教学环境

现代学徒制是以企业元素为基础，以学生的职业能力培养为核心，以学校、企业的深度参与和教师、师父的深入指导为支撑，通过课程连接学校和企业的人才培养模式。只有在真实的"工作情境"和"工作过程"中才能培养学生的综合职业能力。校企合作的根本出发点和目标就是通过学校、企业之间的合作提高学生素质，为企业培养高质量的人才。但在传统的学校教育模式中，更多关注知识的讲解与单一的技能训练，不能针对企业的需求开展教学。而在校企合作开展学徒制过程中，往往存在着学生被动地被安排在一个岗位上跟着师父学习，与以往实习没有太多的区别，这些工作内容有些与所学专业和课程内容无关，完全按照企业的生产要求进行，缺乏专业知识和技术的学习，成为企业的简单劳动力。学校学习与企业实习没有有效地对接，严重地影响了学生学习的效果和积极性，同时对学生心理也产生了负面的影响。因此，院校如何根据现代学徒的内涵要求构建模拟工厂教学模式具有重要意义：一方面，通过构建模拟企业的工作环境，让学生感觉身临企业其境；另一方面，构建了现代学徒制课程体系，通过课程来贯通学徒制人才培养模式的整个过程，通过校内模拟工厂完成学徒制的一部分内容，主要是完成岗位基本知识和技术技能的学习，这样当学生进入企业后就可以在较短的时间内适应企业生产。

（1）构建模拟工厂硬件平台，营造真实的生产环境

要模拟企业真实的环境：首先要保证车间设备与企业基本一致，应紧紧围绕生产实训项目的训练要求，来考虑完成实训项目的整个工作过程中所需用的各类设备，如生产制造设备、工艺装备、检测设备、检测工具等。引入企业管理模式，设置车间主任、班组长等，教师与学生兼具企业管理人员和员工的身份，承揽部分实际工厂生产任务，营造真实的生产环境，将学生基本技能训练与企业生产任务有机结合。例如，数控车间和机械车间

设备按照企业生产的要求购置设备，性能甚至超过企业。学生在模拟工厂内进行岗位实训时，把职业素质教育融入生产劳动的全过程，按"7S"和"PDCA"进行生产学习管理和经营管理，重视培养学生的诚信品质、敬业精神和责任意识，在"师父带徒弟"的过程中，强化学生的实际操作训练和岗位规范，帮助学生掌握职业岗位所必备的基本知识、技术技能与素养。学生通过在校有计划地开展现代学徒制的学习，完成"真刀真枪"的职业技能训练，学会了怎样学习技术、学会了怎样交流沟通和团队协作，提高了实践能力、企业岗位技能和质量意识，到企业后在较短的时间内就适应了企业生产。这种模式的现代学徒制使专业理论知识和实训项目更有计划性和针对性地对接，达到了实施学生职业能力与职业素养的实境化、系统化和规范化的培养，使学徒制模式和内涵更加多样化。

（2）教师和师父是构建模拟工厂教学模式下现代学徒制的关键

目前，在职业院校里，仅仅是"双师"素质的教师已经不能满足现代学徒制的要求了，需要有一大批来自企业的、有实践工作经验的技术技能人才。教师和师父是现代学徒制实施的重要支撑力量，直接影响着学生的专业知识、技术技能和职业素养。通过引进企业高素质的人才和教师同时担任模拟工厂中的"师父"，不仅仅可以传授技艺，引入企业的管理文化和真实产品，而且还可以承担课程教学、指导职业技能大赛训练等任务，强化了对学生职业能力、技能素质、管理素质等方面的综合培养。通过引进企业专业技术人才来校带学徒虽然带动了学校专业教师的成长，但同时必须强化专业教师的企业实践锻炼。

（3）成立"大师工作室"，开展大师进校园工程

通过引进技能大师进一步提升教师的专业素质，院校可以成立大师工作室，定期请大师们到院校进行技术、技能指导。大师们不仅仅传授技艺，而且可以担负少量的教学和技能指导等任务。

2. 构建基于模拟工厂教学模式下的现代学徒制课程体系是保证质量的关键

课程是实施基于模拟工厂教学模式下的现代学徒制的重要纽带，是人才培养的平台。在基于模拟工厂教学模式下的现代学徒课程体系建设中，要以岗位职业能力分析作为现代学徒制机制下专业课程体系建设的切入点，通过分析行业、企业通用的岗位基础职业能力和本专业企业岗位核心职业能力，通过对具体岗位的工作过程及主要工作任务进行职业能力分析，提炼出岗位的通用基础职业能力和核心职业能力，从而设计出生产技能模块、综合技能模块、基本技能模块和文化素质模块课程体系。

（1）以岗位职业能力为主线搞好企业调研

在调研的过程中，重点是了解企业对人才需求的类型、需求量、需求周期，确定学生需要学习的知识、能力、素质结构等情况，了解企业的组织形式、生产流程、标准和规

范、企业文化，以及质量管理和控制措施。调查对象应是企业负责人、相关专业技术人员、企业的车间主任、一线工人和专业对口的毕业生等。调查方案要目的明确，规定调查的范围、地点、对象、项目、内容、方式、方法、步骤和质量要求等，确定时间安排。面对企业的访谈调查要精心设计访谈，引导问题和调查问卷，并征求企业专家意见，反复修改完善。

（2）以岗位职业能力为主线设计技能模块

在目前职业院校课程设置过程中，基本上按照公共基础课程、专业核心课程和专业技能方向课程来设置，但在执行过程中我们往往在强调职业能力培养的同时却不知道如何培养。一方面关起门来自己办学，与企业生产割裂开来；另一方面，把学生简单地放到企业进行实习，与课程完成没有直接的关系，实习内容与整个课程内容没有太多的联系。因此，在基于模拟工厂教学模式的现代学徒制中，我们以基本技能、综合技能和岗位生产技能为主线设计课程体系。搭建工厂环境，模拟企业管理、生产流程从而来设计教学过程。强化理论实践一体化，突出"做中学、做中教"，保证学生有充分的动手训练时间，强化企业工作规范及安全生产知识，培养学生良好的团队合作精神、成本控制和环境保护意识。

（3）组织教学

在基于模拟工厂教学模式的现代学徒制机制下组织教学，首先要开展理实一体化教学。以企业岗位能力要求和职业标准为依据，以综合职业能力培养为目标，以学生为中心，根据企业生产流程、工作任务和工作过程组织教学，让学生在真实的生产情景中对工厂的生产过程进行学习。实现了能力培养与工作岗位对接合一、理论教学与实践教学融通合一、车间实训过程与企业生产过程合一。学生进入车间如同进入企业上岗，必须遵守企业化的规章制度，对所有的学生实行考勤、例会、日志等措施，让学生在工作前体会企业管理的威力。这种模式改变了在企业里开展现代学徒制往往是跟着企业的生产任务走，而没有更多地考虑学生学习过程的系统性和渐进性的弊端。通过搭建模拟工厂教学平台，开展实践教学可以使学生能够在模拟工厂环境中，按照现代学徒制的要求，开展知识、技能和职业素养的学习与培养，避免了学生直接进入工厂实习带来的一系列不适应和知识与技能的割裂等问题。

（4）教材开发

为了更好地开展模拟工厂教学模式的现代学徒制机制下的教学，可以聘请部分企业一线专家共同开发校本教材，在编写中按照"模拟工厂"教学模式基于工作过程导向的理论和实际一体化模式进行，对教学方法和过程进行详细的设计。在总结教学经验和企业岗位标准、规范、企业文化和质量管理等基础上，将专业技能方向、课程内容和职业标准相衔接。任务实施中不仅关注学生对知识的理解、技能的掌握和能力的提高，更要重视规范操作、安全文明生产、职业道德等职业素质的形成，以及节约能源、节省原材料与爱护工具设备、保护环境等意识与观念的树立。

现代学徒制在我国属于新生事物，在发展的过程中会有不同的模式，在当前企业参与不是十分积极的情况下，搭建模拟工厂教学平台，开展现代学徒制教学对于学校来讲更具有主动权，通过学校搭建模拟工厂平台，构建企业要素，开展基本技能、综合技能和岗位生产技能学习，让学生在学校就可以初步体验企业生产环境、流程与管理，培养学生养成良好的职业素养。这样，将来到企业顶岗实习时就有了心理、技术和技能上的准备，更容易受到企业的欢迎。

第二节 "1+X"证书制度试点探索

一、"1+X"证书的内涵及特征

(一)"1+X"证书的内涵

1. "1"为学历证书

学历证书指学习者在学制系统内实施学历教育的学校或者其他教育机构中完成了学制系统内一定教育阶段学习任务后获得的文凭。"1"具有基础性、主体性，要解决德智体美劳全面发展与职业对应的专业技术技能教育，为学生可持续发展打下基础。

2. "X"为若干职业技能等级证书

职业技能等级证书是在学习者完成某一职业岗位关键工作领域的典型工作任务所需要的职业知识、技能、素养的学习后获得的反映其职业能力水平的凭证。职业技能等级证书是在梳理社会、市场需要的前提下，结合国际经济发展形势及国家核心竞争力发展需要，由培训评价组织牵头，联合行业、龙头企业和职业院校，根据先进技术标准共同开发。"X"具有针对性、引导性、先进性，解决职业技能、职业素质或新技术新技能的强化、补充或拓展问题。

从职业院校育人角度看，"1+X"是一个整体，构成了完整的教育目标，"1"与"X"

作用互补，不可分离。"1"凸显的是教育功能，具有主体性和基础性特征。"X"凸显的是职业功能，具有针对性和引导性。二者不是简单的并列关系，而是育训结合、书证融通的完整体系。"1+X"证书制度就是学生在获得学历证书的同时，取得多类职业技能等级证书。"1+X"证书制度将相关的职业教育体现为一种教育的重要特征，是贯彻立德树人的基本任务、完善职业教育的相关培训体系、深化产教融合的重要体系。"1+X"证书制度的课程体系，是将职业技能等级标准的内容融入到专业课程教学中来，专业能力模块化课程将培训标准与专业课程融通，教学方法采用讲授法、讨论法、直观演示法、练习法、读书指导法、参观教学法、现场教学法、自主学习法、任务驱动法等。

3. 职业技能等级证书与职业资格证书的区别

职业技能等级证书与国家职业资格证书概念不同，口径不同，划分的等级层次也有不同。

（1）职业技能等级证书

院校内实施的职业技能等级证书可以定义为：学习者在完成针对某一职业岗位关键工作领域的典型工作任务所需要的相关知识、技能和能力的学习任务后，获得的反映其职业能力水平的凭证。面向院校在校生的职业技能等级证书是对学生在某一职业技能领域职业技能水平的客观反映，这与国家职业资格证书不同。它不仅是技术标准或行业企业标准要求的准确体现，还应该是能够在院校实施的职业教育或培训标准。"1"与"X"的相生相长还体现在它们之间的"配伍"关系，不能简单、机械地将中职、高职、职教本科同职业技能等级证书的初级、中级、高级一一对应，这样的话容易将职业技能等级变成又一套学历体系，"书证同质"会失去"1+X"证书制度的改革意义。

职业教育"双证书"制度人才培养模式培养出来的仅获取1个职业技能证书，仅拥有单一技术技能的毕业生已不能胜任当前工作岗位。随着新技术、新工艺、新材料等不断出现，工作岗位需要具备多种技能复合型人才，即拥有"X证书"各种凭证，具备多种技能的高素质复合型人才。显然，"X证书"中的X肯定不等1，如果等于1的话，就类似我们以前所说的"双证书"制度，已不符合职业教育和社会发展的要求，所以说X必定大于1，或等于2或等于3、4、5等。同时，"X证书"凭证需要解决新技术新技能的强化、补充或拓展问题，其考核标准须对应工作岗位技术技能，具有很强的针对性和先进性。以专业为载体的证书比较适合初入领域的个体获得，而以职业为载体的证书则比较适合岗位工作多年的、有明确工作方向的人获得。

随着"1+X"职业技能等级证书工作的深入，特别是企业对用人质量的提高将起到积极的作用。

（2）职业资格证书

执业资格证书是国家对某些特殊行业规定的准入资格；从业资格证书包括专业技术人员和技能人员职业资格证书。为扩大就业创业，国家逐步削减职业资格证书的规模，除了国家法律法规要求的对某些特殊行业规定的准入资格证书外，其他职业资格证书要逐步转变为水平类证书。市场将随着企业的需求变化而转变，不再过分强调执业职格证书，而是以满足企业需求为主线调整职业院校技能的学习，更加注重实用性、针对性和有效性。

（3）二者的区别与联系

教育部门的职业技能等级证书是以专业为载体，而人社部门的证书则是以职业为载体，一个专业涉及到的职业技能等级证书可能对应多个人社部门的证书，同一名称的两类证书在内涵上可能不同。最后，人社部门的证书与教育部门的证书应该发挥协同作用。

"1+X"证书制度试点精准指向"打造学生一技之长"这一职业教育的本质特性要求，可以有效解决"教学脱离实际、专业脱离职业、学生脱离岗位"等难题。"1+X"证书制度试点要求教师唯有掌握更高更新的技术技能，才能胜任"X"证书的培训教学工作。"1+X"证书制度试点有利于院校提升服务地方经济发展的水平，使学校主动对接产业需求、专业主动对接职业岗位、课程主动对接技术进步的过程，使产教更加融合、校企结合更加紧密。

（二）"1+X"证书的性质、功能与特征

1. 性质：它是职业技能水平的凭证，反映职业活动和个人职业生涯发展所需要的综合能力。在职业院校内实施的职业技能等级证书，本质上仍然是一种学习结果的凭证。

2. 特征：它是反映完成某一典型工作任务具备的综合能力，不是准入式的资格鉴定，也不是岗位工作经验和业绩的认定。

3. 功能：对学生个人来讲，有利于学生自我职业能力的认知，个人职业选择与发展。对用人单位来讲，有利于用人单位选人用人，将人力配置到最合适的岗位。

"1+X"证书做到了三个对接：一是对接科技发展趋势，即新技术、新工艺、新规范、新要求，对接国际先进标准；二是对接市场需求，对接关键岗位、生产一线岗位技术技能人才紧缺领域；三是对接职业标准，面向生产一线关键岗位，对接关键工作领域，反映能力要求，反映职业岗位所需的职业知识、技能、素养，是职业知识、技能、素养的综合体现。

二、开展"1+X"证书试点责任与分工

（一）开展"1+X"证书制度的主要要求

"1+X"证书制度是职业院校的一个新生事物，对于开展校企合作、产教融合，提高

人才培养质量有着积极的作用。因此，作为试点初期，在政策的指导下，做好各个方面的工作尤为重要。

1. 找好专业带头人和组建教师团队。支持、配合、参与培训评价组织对有关"X"证书和标准的开发建设工作，为实施试点工作奠定基础。

2. 创造条件成为"X"证书试点院校。做好各项准备工作，开展试点。

3. 参与职业教育国家"学分银行"建设。有序开展"1"与"X"的学习成果的认定积累和转换。

4. 做好"1+X"证书制度试点工作的宣传、推广、总结工作。开展"1+X"证书制度试验研究，为丰富和发展中国特色职业教育理论贡献力量。

（二）开展"1+X"证书制度的意义

启动"1+X"证书制度试点，是深化复合型技术技能人才培养培训模式和评价模式改革的重要举措，对于构建国家资历框架等也具有重要意义。职业技能等级证书是"1+X"证书制度设计的重要内容，是一种新型证书，不是国家职业资格证书的翻版。国家教育部、人社部两部门目录内职业技能等级证书具有同等效力，持有证书人员享受同等待遇。

办好新时代职业教育的顶层设计，需要试点先行，稳步推进。需要处理好"1"与"X"的关系。学历教育是基础，不能用证书代替"1"。"X"的数量与质量要研究，避免滥发证、乱培训。"1+X"证书要使企业诉求能更好地体现，使职业院校的人才培养更加符合企业的人才需求。而在学生层面，通过"X"项赋予学生更加贴合企业需求的能力，促进了学生的就业和持续发展能力。要充分认识"1+X"证书制度对促进人才培养、评价模式和教育教学管理方式改革的重要意义。

1. 提升职业教育质量和学生就业能力

职业教育的主要培养目标是社会需要的技术技能人才，传授满足生产劳动所需要的职业精神、知识技能。职业教育的出路是要求学生具有就业能力，对接行业、产业需求，按照岗位需求对学生进行知识、技能和能力方面的精准培养。职业院校将"1+X"证书制度试点与专业建设、课程建设、教师队伍建设等紧密结合，推进"1"和"X"的有机衔接，提升职业教育质量和学生就业能力，同时为企业培养了合格的人才。"1+X"证书制度普及后，职业技能等级证书会成为学生就业的"入场券"，学生可申请多种证书、多个等级，把学生的技能提升与个人兴趣、就业方向、持续发展等衔接起来，更加有利于学生的发展。

2. 深化教师、教材、教法 "三教" 改革

（1）教法改革

当前，许多教师在教法方面，主流仍然是老师讲学生听模式，职业教育培养的是技术技能型人才，强调学生的动手能力，纯理论教学方式既枯燥又无法调动学生的学习兴趣。

（2）教材改革

通过开展 "1+X" 证书制度的实施，课程标准、教学标准、实训室建设标准、顶岗实习标准将全面进入 "国家标准" 时代，这些标准的制定为 "1+X 证书" 制度的实施起到积极作用，课程标准是继专业人才培养方案后人才培养的主要依据文件，包括课程教学目标、教学内容、教学项目、课程学时、考核标准等内容。为推进 "1+X" 证书制度，要积极主动参考甚至引入行业、企业职业标准，对课程标准进行修订或改革，把技能鉴定要求纳入课程教学目标，把技能鉴定内容纳入课程教学内容，在课程教学过程中融入技能鉴定要求，提升教学的针对性。教材将因标准和课程内容的变化而进行修订和编写，学习和企业将进行深度合作，共同进行教材的开发和建设，将新的标准纳入到教材建设中来。

（3）教师培训

由于 "1+X 证书" 的实施，特别是新标准的实施，给教师带来了新的挑战，因此，教师要抓住机遇，深入研究本专业 "1+X" 证书的设计与实施，走进企业，开展技术技能学习。

通过深化教师、教材、教法 "三教" 改革，职业教育质量将得到极大提升，更有利于促进校企合作，产教融合，校企共同建好用好实训基地。

3. 培养优秀的高端技能型人才

学校应通过专业设置、人才培养方案、课程标准、师资队伍建设、教学内容重构、信息化建设、培训场地设施等重新制定教学标准和毕业学生质量检验标准，规范人才培养全过程，完善职业教育体系。

4. 健全质量保障机制

职业院校应通过制定高质量的相关职业技能水平标准，并按照有关规定，借鉴国际国内的相关先进标准，开发的相关职业技能标准要体现相关的新技术、相关的新流程、相关的新规范及新要求。

三、开展 "1+X" 证书制度试点及保障

（一）开展 "1+X" 证书制度试点重点工作

"1+X" 证书制度试点重点工作主要包括若干个技术技能人才紧缺领域 "X" 证书与

标准开发建设、培训大纲及教材开发、考试题库建设、培训站点建设、考核站点建设、信息化平台建设、学分银行建设、相关管理体制机制建设，以及培训、考核、颁证、信息查询服务、补贴发放等具体工作，此外，还涉及标准制定规范、流程、技术等问题研究和相关基础制度建设。

1. 重构人才培养"新"方案

如何搞好"X"证书培训体系与人才培养方案有机衔接，首要工作是做好专业教学标准和职业技能等级标准的对接，对职业技能等级标准的能力要求、标准内容、考核方案等相关内容进行深入学习、系统研究，对本专业职业面向、培养目标、培养规格、毕业要求等专业人才培养关键要素进行全面梳理、科学定位，以职业教育培养培训并重的新理念，重构"1"与"X"深度融合的人才培养方案，优化课程设置和教学内容。对接专业教学标准，逐步制订与不同类专业人才培养方案融合的培训指导方案，分为本专业、近专业类及社会培训类培训指导方案，尽快与现有相关专业人才培养方案融通，确保其可操作、可实施。

2. 确定考核大纲

与标准对应，创新考核方式，研究评价模块，形成《××职业技能等级证书考核大纲》，规定好考核人员条件要求、范围、内容、方式等。

3. 做好书证融通

按照"X"证书试点要求，结合学习成果认证与转换规则等，首先考虑与现有课题体系对接、融通方案；其次，开发推广"X"证书课题与资源，帮助修订人才培养方案；最后，拓展到各专业，开展学习成果认证与转换。

4. 搞好教材开发

对照标准和培训指导方案，开发初、中、高不同级别教材；对应不同专业、不同对象使用，设计教材系列丛书，制订计划，逐步开发、编写、出版；创新教材体例，采取活页式、工作页式等不同新的呈现形式，逐步完善机制。以职业工作过程为导向，通过项目实施教学，为学生参加"X"证书培训储备基础理论、工作方法和基本规范。

5. 做好题库开发

对照考核大纲要求，开发统一的题库，适合线上、线下考核使用，除技能考核外，考评要充分考虑安全、素养、职业习惯、道德、知识等方面的考评要素。

6. 创新开展师资培训

打造师德高尚、技艺精湛、育人水平高超的教师队伍，是"1+X"证书制度试点的一项重大任务。通过研究"1+X"培训师的资质要求，丰富"双师"标准内涵，将它与教师轮训制度、新教师实习制度和企业实践制度相结合。首先，要设计对试点院校教师培训方案，明确培训目标、对象、课程、培训教材等。试点院校要聚焦并注国家教育部领域内的"X"证书，与培训评价组织紧密合作，积极参与职业技能等级证书的开发；同时，对应研究初级、中级、高级三级培训师的资质要求，丰富职业教育专业的"双师"标准内涵，将胜任具有高含金量"X"证书的培训师作为"双师"的重要评判内容。其次，制订师资培训考核方案，每次培训后对教师进行考核，对应制定教师初、中、高标准，组织教师参加"X"证书的相关技术技能培训，将它与教师五年一周期全员轮训制度、新教师一年期教育实习制度和三年期企业实践制度相结合，提升教师实施高含金量证书的培训教学能力。考核后对应发相应证书给教师。最后，要制定对应相应级别标准的考核题库等，根据考核要求选择不同的试题。

7. 网站和网络资源建设

建立"1+X"试点专题网站，设置新闻、通知、试点院校展示、校企合作案例等，内设管理模块，对试点院校、考核点、专家、教师、学生信息进行信息化管理；结合教学资源库，开发网络培训、考核资源。

8. 设备开发与企业合作

对应标准实施，结合职业教育改革发展需求，对接专业教学标准，开发适合培训、考核、教学一体化，具有可拓展、可升级、扩组合的模块化多功能教学平台，服务院校人才培养；制定企业合作办法，实行企业动态推荐机制，切实为考核评价工作服务好，适合院校改革发展需要。

（二）开展"1+X"证书制度试点工作保障措施

1. 充分发挥行业优质资源作用，以"1+X"试点推进产教融合、校企合作

在各个职业教育教学指导委员会的支持、指导和监督下，整合行业优质企业、院校资源，开展与校企合作、专业建设、"三教"改革的相关的活动，共同促进职业教育改革迈向高质量。

2. 建立专业教育教学创新和创业平台，开展竞赛和相关交流研讨活动

组建专业教育教学创新联盟，不断以"1+X"试点为核心，促进教育教学改革、促进教学模式创新、人才培养和评价模式创新等。开展科研、课题研究和成果推广与交流等活动。

创新"1+X"证书教法，实现"1+X"证书中的"X"，需要调动学生的学习积极性和主动性。当前，职业教育的教法仍以传统的方法为主，已无法调动学生学习的积极性。因此，开发符合时代需求的教学资源，包括微课教学资源、慕课教学资源、教学视频资源、信息化教学资源、教材等资源。教学资源与职业标准、岗位要求对接，实现任务驱动。

开展"1+X"证书教学，最有效的方法是教师的教法能够吸引住学生，让学生对学习产生兴趣并主动参与其中。教法又分为教学手段和教学方法。教学手段分为板书、多媒体展示。教学方法可采用讲授法、讨论法、直观演示法、练习法、自主学习法、任务驱动法等。

3. 成立认证联盟

认证联盟包括政府机构、行业协会、龙头企业、大型企业、机构联合及国外机构等，这些机构颁发的证书应是业内公认的且具有权威性。同时，"X"证书必须依照职业标准组织开发职业能力标准制定，并按职业能力高低分层分级。证书的开发应植根于标准的开发，包括职业标准、职业能力标准、专业教学标准等系列标准的开发。

依据标准与证书实施推广实际需求，邀请行业、企业等不同单位，成立"X"证书认证联盟，建立动态建设机制，不断吸收更多成员加入，认可开发的标准、证书和配套的教学资源等，确保标准与证书的公信度、企业认可度和"含金量"。对于学校层面来讲，应考虑做好以下五个方面的工作：①设计制订好学校"1+X"证书制度整体计划和具体的实施方案。②编制相关经费预算，落实培训、考核的经费保障等，根据考核专业级别的不同，购置相关设备。③将专业人才培养方案与"1"和"X"有机衔接，将证书培训内容及要求有机融入专业人才培养方案，修订课程标准，优化教学内容。④按照学校整体发展计划，构建基于证书标准要求的一批高水平专业培训教师团队。⑤按照"1"和"X"要求，联合企业开发培训课程教学资源。

4. 加大宣传，扩大影响，开展社会监督

加大标准和证书的宣传力度，不断召开宣贯会议，邀请更多的企业、院校参与其中进行对接、洽商与合作，不断扩大人才需求与供应方的对话，使标准和证书得到越来越多企业的关注，扩大社会影响力和认可度；逐步建立证书信誉平台，接受用人单位、社会的监督与评价反馈，对试点院校、考核点整体工作质量实行多元评价机制，共同促进各方工作质量提升。试点院校要根据职业技能等级标准和专业教学标准要求，将证书培训内容有机地融入专业人才培养方案，优化课程设置和教学内容，统筹教学组织与实施，深化教学方

式方法改革，提高人才培养的灵活性、适应性、针对性。

(三) 专业课程标准与职业技能等级标准的衔接

1. 课程标准引入职业技能等级考核标准

职业技能具有明确的岗位面向，职业技能应适应产业、行业发展趋势，满足企业对技术技能人才的需求，并对学生的职业生涯发展有一定的促进作用。职业技能应对现有职业教育内容具有重要的延伸或补充作用。对职业教育来讲，不同教育阶段的培养目标定位不同，它们面向企业组织的岗位也存在差异。要紧紧围绕"学校课程"与"企业认证"这两个关键点，使人才供给侧与需求侧互联互通，从供需两端相向发力，达到了产教深度融合、校企协同育人的效果。这就要求我们的课程标准必须具有针对性、实用性和规范性，以具体的职业岗位作为依据，以岗位标准和能力培养为主线，校企共同对原有的课程进行改造，形成新的教学结构体系。以企业项目为依据开展教育教学工作，帮助学生对基础理论、基本规范、安全操作和工作方法等进行系统学习以完成"X"证书培训。课程标准引入职业技能等级标准，直接与企业岗位要求对接，并且考核评价也直接对接，因此，它是人才培养的主要依据文件，包括课程教学目标、教学内容、教学项目、课程学时、考核标准等内容。为推进"1+X"证书制度，参考甚至引入行业、企业职业标准，对原有课程标准进行修订或改革，把技能等级鉴定要求纳入课程教学目标，把技能鉴定内容纳入课程教学内容，在课程教学过程中改进教学方法，提升教学质量。

2. 推进专业课程考核制度改革

学生不同的教育阶段有层次之分，企业经营中因分工不同，岗位有层级之分。因此职业技能等级证书应对接不同教育阶段的层次和不同岗位的层级。不同教育阶段的毕业生会配置到不同层级的工作岗位，不同层级工作岗位对从业者职业知识、技术技能和能力水平呈现出不同要求，并体现出职位的层级差异。同一工作岗位不同从业者综合能力成熟度也会呈现出等级差异。而不同从业者能力成熟度的差异最终需要通过完成真实工作任务的质量程度来衡量。如何将职业技能等级培训与专业课程考核相结合是我们实行"1+X"证书试点中遇到的难点。"1+X"证书制度要融入专业人才培养，因此，参加职业技能等级证书考核的专业人才培养方案要进行适度调整。专业人才培养方案涉及人才培养目标、过程、方法及考核等，包括专业基本信息、修业年限、职业面向、培养目标与规格、课程结构与体系、教学计划、教学要求、实训实验环境、教学评价、师资保障等内容。同时，要认真分析职业技能等级标准的能力要求、标准内容、考核方案等，将这些内容纳入到专业课程的考核之中，重在过程而非期中、期末考核定结果，不断推进专业课程考核制度改革。使教学考核评价机制能够真正实现"课程标准与职业标准的融通""课程评价方式与职业技能等级考核方式的融通"和"学历教育管理与职业技能等级管理的融通"。并以此考核评价标准优化课程设置和教学内容，培养出更适合职业岗位需求的技术技能型人才。在融入的过程中，要注意以下三个方面：①要考虑职业技能等级标准与教学标准的并轨，让这两个标准统一为人才培养标准。②专业课程的设计，特别是与证书相关的课程，内容的前后衔接等都要与证书培训内容相协调，避免课程的重复设置与内容的无关叠加。③教学的组织与实施也要进行改革，学校的专业教育与证书的培训教育二者本来是两个独立的学习阶段，如今要合成为一个有机的学习阶段，必须做好时间的分配、师资的调配以及学习形式与场地的迁移等工作。

专业教学的主要内容是负责专业人才的基础理论知识的培训，而职业技能主要是通过加强专业特色的教育来进一步提高专业人才的特殊性。在人才培养的过程中，我们可以将学生在校的前半段时间主要用于专业知识的学习，这样可以进一步夯实学生的专业知识能力。而学生在校的后半段时间，我们可以进一步培养学生的职业技能，重点突出职业技能教育，这样可以形成"1+X"证书的教育制度模式，进一步提高教学质量，提高学生的人才素质。

3. 加强师资队伍建设

开展"1+X"证书制度试点，职业院校要着力打造一支专业技能强、能管理、善教学的教师团队。要准确把握"1+X"试点工作的背景与意义，通过组织教师参加"X"证书的相关技术技能培训，提升教师具备高含金量证书的培训教学能力；结合自己学校的实际情况，做好人才培养方案开发等试点工作的顶层设计。打造专业"双师型"团队，加强国培教师职业技能等级标准培训，提高专业骨干教师实施教学和考核评价能力。通过引进行业企业兼职教师，优化师资队伍结构，全面提高专业师资团队的教学与培训能力，并投入专项资金重点开发"X"证书培训课程，对于承担"X"证书培训教学的教师要实施分级管理和配套奖励，将教师的个人发展与"1+X"证书制度试点结合起来，拓展教师晋升新通道。"双师"的评判应当以能胜任具有高含金量的"X"证书的培训师作为重要内容。

四、"1+X"证书制度下的人才培养模式改革

职业教育是培养学生的综合职业能力，为企业提供实用性、高素质技术技能型人才。因此，在办学理念、培养目标、课程体系、教学管理、学习方法和考核评价等各个环节与企业进行深层次的交流与合作，建立与企业需求相适应的课证融合的人才培养模式是办好

职业教育的关键点。

（一）培养目标以企业需求为导向

职业教育的培养目标是以企业岗位群对职业素质、能力、技能的要求为导向，不仅强调专业知识和技能的培养，更加重视学生综合素质即核心能力的培养，强调安全意识、环保意识、质量意识，以及工作计划能力、协调能力、沟通能力等。

（二）构建"1"和"X"课证融通体系

在课程体系上，根据企业需求的"X"证书要求，完善和补充"1"相关课程体系，整合专业人才的相关培训，建立相关的考核组织，实施高素质的职业训练计划，通过深化改革提高课程质量。

在专业设置、课程开发上，及时根据考证企业对人才需求的变化调整课程和内容。在教学计划安排上，聘请企业生产人员参与教学和实践，将企业生产的专业技能和实践操作带进课堂，同时也把企业的职业知识、职业道德、职业文化等内容不断融入日常的教学内容之中，强调学校学习和实际岗位工作内容的一致性和先进性，将职业技能与职业素养相结合。以培养学生岗位核心技能和职业技能等级考核为主线，设计核心课程主要内容，构建专业学历证书与技能等级证书相融合的教学项目，实现校内专业课程文化与企业职业文化有效对接与融合。

（三）构建校企融通教学管理体系

在教学管理上，引入企业的生产管理理念和管理方法，充分借鉴企业化工作管理模式，建立校企融通的教学管理体系。

1. 教学程序企业化

首先召集学生列队点名，检查着装，布置工作任务，明确工作岗位，明确岗位职责，开展安全教育，开展实训教学，注重总结评价、设备维护和保养、环保卫生工作等。着重把握教学过程的实践性、开放性和职业性。

2. 教学过程企业化

学生参与从教学准备到教学结束完整过程，参与工具、仪器和材料等实训物品的领用、下料的各项准备工作，让学生熟悉采购、验货、入库、出库等制度过程。教学设备的使用按照企业化运作方式，从设备交接、设备使用、检查维护、设备保修、设备维修等进行档案记录。教学结束时，学生要对设备进行擦拭、保养和复位，对废物进行分类处理，搞好环境卫生。

3. 教学做一体化

注重将理论学习过程与实训过程一体化，采取分组的方式进行讨论，让学生学会收集资料、分析信息、制订工作计划、团队合作、与人沟通、互相协作、核算成本等。

4. 考核评价企业化

重视学生过程考核，考核学生知识、技能和核心能力。考核评价采取小组评价和教师评价相结合；核心课程学习注重校内考核与企业实践相结合，注重校内评价与企业评价的一致性，注重学历证书与技能等级证书相结合。

参考文献

[1]赖每.产教融合、校企合作新体[M].桂林:广西师范大学出版社,2018.

[2]和震,李玉珠,魏明.职业教育产教融合制度创新[M].北京:科学出版社,2018.

[3]刘印房.地方本科高校校企协同创新机制构建研究[M].北京:科学技术文献出版社,
2018.

[4]曾照香.产教融合校企合作创新研究[M].成都:四川大学出版社,2018.

[5]赖每.产教融合创新发展新体验[M].桂林:广西师范大学出版社,2018.

[6]黄艳.产教融合的研究与实践[M].北京:北京理工大学出版社,2019.

[7]罗惜静.高职院校产教融合发展与创新管理研究[M].北京:中国纺织出版社,2019.

[8]唐新贵.基于互联网生态助推产教融合发展[M].北京:中国财富出版社,2019.

[9]许士密.行业学院模式下地方高校产教融合专业群建设研究[M].青岛:中国海洋大学出
版社,2019.

[10]唐小艳.利益相关者视角下高职院校产教融合机制研究[M].成都:西南财经大学出版
社,2019.

[11]李国庆.基于校企合作的旅游人才创新创业能力培养研究[M].北京:中国水利水电出
版社,2019.

[12]吕成文.职业院校商科类专业校企合作机制的构建与探索[M].南京:南京大学出版社,
2019.

[13]钟波.现代职教体系视域下职教与产业协同发展创新之路[M].湘潭:湘潭大学出版社,
2019.

[14]曾凡远.高职建设类专业群建设路径与实证研究[M].镇江:江苏大学出版社,2019.

[15]周开权.中国职业教育产学研一体化发展研究[M].苏州:苏州大学出版社,2019.

[16]祝木伟,毛帅,赵琛.产教融合型实训基地建设与评价研究[M].徐州:中国矿业大学出
版社,2020.

[17]柏芳燕.构建产教融合生态圈的研究与实践[M].北京:中国原子能出版社,2020.

[18]徐健,周士浙.智能+背景下的产教融合模式建设水平提升研究[M].沈阳:辽宁大学出
版社,2020.

[19]娄小韵.产教融合背景下学前教育专业人才培养模式研究[M].长春:吉林人民出版社,

2020.

[20]于万成.校企合作创新之路[M].北京:机械工业出版社,2020.

[21]伍俊晖,刘芬.校企合作办学治理与创新研究[M].长春:吉林大学出版社,2020.

[22]易露霞.应用型民办高校校企合作探索与实践[M].北京:北京理工大学出版社,2020.

[23]周哲民,万秋红.校企协同视域下工科高职院校技术技能积累与创新[M].北京:北京理工大学出版社,2020.

[24]郭红兵,王占锋,张本平.产教融合校企合作高校建筑类特色专业群建设的研究与实践[M].北京:北京理工大学出版社,2021.

[25]蒋新革.新时代高职产教融合路径研究[M].广州:广州中山大学出版社,2021.

[26]秦凤梅.职业教育产教融合质量评价探索[M].重庆:重庆大学出版社,2021.

[27]李华,李辉.深化产教融合对策及案例研究[M].秦皇岛:燕山大学出版社,2022.

[28]王红亮,高鹏,张俏.校企合作下高职院校现代学徒制理论与实践研究[M].延吉:延边大学出版社,2022.

[29]荣长海.基于产教城融合的技能天津建设研究[M].天津:天津社会科学院出版社,2022.